der Evangelischen Kirche im Rheinland gGmbH

SPIRITUALITÄT

HANDBUCH
GEMEINDE & PRESBYTERIUM

© Medienverband der Evangelischen Kirche
im Rheinland gGmbH, Düsseldorf 2010

Alle Rechte vorbehalten

Redaktionsbeirat: Hans-Hermann Pompe,
Eckart Schwab, Hermann Wischmann, Dr. Sabine Zoske

Redaktion und Lektorat: Roselies Hoffmann,
Dr. Sabine Zoske

Gestaltung: zweizueins – Visuelle Konzepte
Andreas Magino, Katharina Sussek

Titelfoto: © istockphoto.com/alephx01

Umschlaggestaltung: Tatjana Walbaum

Gesamtherstellung: Set Point Medien, Kamp-Lintfort

Printed in Germany

ISBN: 978-3-87645-189-3

Bestellung und Auslieferung:

Medienverband der EKiR gGmbH

Kaiserswerther Straße 450

40474 Düsseldorf

Telefon 0211/436 90-422

Fax 0211/436 90-400

info@medienverband.de

www.medienverband.de

VORWORT

LIEBE LESERINNEN UND LESER,

geistliches Leben ist der Alltag des Glaubens. Im geistlichen Leben entdecken wir das Elementare, das uns nährt wie »Schwarzbrot« (Fulbert
Steffensky): den Glauben und die Hoffnung auf Gott, der unser brü-
chiges Leben auffängt und hält.

Dieses Handbuch spürt dem »Geheimnis des Evangeliums« (Eph 6,19) in
den unterschiedlichen Lebenssituationen nach: im »stillen Kämmerlein«,
in Familie, Schule und Beruf, in Gottesdiensten und Gruppen der Gemeinde, in geistlichen Gemeinschaften und Einkehrzentren, in Freizeit und
Kultur, im gesellschaftlichen Engagement. Statt Bergen von Wissen und
komplizierten Gedankengängen bieten Autorinnen und Autoren Ihnen
persönliche Erfahrungen, möchten Ihnen geistliche Zugänge öffnen und
Sie einladen, neue und vielleicht ungewohnte Schritte mitzugehen.

Menschen treten auf vielen guten Wegen mit Gott in Beziehung. Wir
sind dankbar für das, was wir im geistlichen Leben von unseren ökumenischen Geschwistern lernen. Dies verbindet sich mit Zugängen aus unserer eigenen Tradition: Als Kirche der Freiheit entdecken wir im geistlichen Leben immer wieder neu das Evangelium. Wir Menschen müssen
unser Leben nicht durch unsere eigenen Kräfte, Lebenswerke und nicht
durch unsere eigene Religiosität meistern. Ich bin ganz und geheilt in
aller Unvollkommenheit, weil Gott mich liebt.

Die faszinierende Bandbreite von geistlichen Zugängen, die in diesem
Handbuch vorgestellt werden, gehört zur »Schönheit des Protestantismus« (noch einmal Steffensky). Wir wollen in unseren Gemeinden keine
spirituellen Versprechen anbieten, die nicht eingelöst werden können.
Sonden wir wollen in unterschiedlichen Zugängen zum geistlichen Leben eines erfahrbar machen: das Evangelium, die Botschaft von der
allein befreienden Gnade Gottes.

Ihre Petra Bosse-Huber
Vizepräses der Evangelischen Kirche im Rheinland

INHALTSVERZEICHNIS

1 »ICH BIN FROMM« – ANNÄHERUNGEN AN SPIRITUALITÄT

SICH ALS BILD GOTTES VERSTEHEN LERNEN 17
Merkmale einer Spiritualität mit evangelischem Profil | Von Petra Reitz

DIE WELT GESUNDBETEN 21
Beten und Handeln sind untrennbar miteinander verbunden |
Von Brunhilde Raiser

DIE GEGENWART GOTTES IM ALLTAG ERSPÜREN 27
Seelsorgende wollen in der Geistlichen Begleitung Menschen sensibel
machen für die Begegnungen mit Gott | Von Angelika Vogel

DAS HÖREN UND SEHEN DES HERZENS 32
Gott lässt die Menschen seine Heiligkeit erfahren |
Von Heiner Süselbeck

KONTEMPLATIVES SEIDENMALEN 36
»Fromm« oder »spirituell« – Versuch einer theologischen Positionierung |
Von Okko Herlyn

RÜHR MICH NICHT AN 41
Grenzen in Seelsorge und Geistlicher Begleitung |
Von Christiane Vetter und Edwin Jabs

2 KEINE ALTEN ZÖPFE – TRADITIONEN DER SPIRITUALITÄT

AMEN UND HALLELUJA 47
Die christliche Spiritualität in ihren jüdische Wurzeln kennenlernen |
Von Katja Kriener

GEBETE SIND KEINE ZAUBERSPRÜCHE 51
Gebet und Segen ermöglichen ein Gespräch und eine persönliche
Beziehung mit Gott | Von Eckart Schwab

Allein aus dem Glauben   56
Einige Gedanken zur reformatorischen Spiritualität und Mystik |
Von Athina Lexutt

Singen als Selbst- und Gotteserfahrung   60
Musik, Kirchenmusik und das Evangelische Gesangbuch als Quellen
der Spiritualität | Von Thomas Schmidt

Einfach ansteckend und begeisternd   67
Ökumenische Spiritualität – Lernen von der weltweiten Christenheit |
Von Frauke Bürgers

Erfüllt mit heiliger Geistkraft   72
Feministische Spiritualität setzt beim Alltagsleben der Frauen an |
Von Ilka Werner

Wenn die Gruppe okay ist   76
Mit Männern draußen unterwegs – dann ist auch Raum für Fragen
nach dem Glauben | Von Jürgen Rams und Rüdiger Maschwitz

Kinder brauchen Religion   80
Es gibt viele Möglichkeiten, Spiritualität mit Kindern in der Gemeinde
zu leben | Von Rüdiger Maschwitz

3 Glauben erfahren – persönliche Zugänge zur Spiritualität

Gott vertrauen   85
Ein Blick auf die eigene Lebensgeschichte | Von Nicol Kaminsky

Mit Leib und Seele   88
Es gibt viele körperorientierte Wege, den Glauben auszudrücken und
spirituelle Erfahrungen zu machen | Von Gisela von Borries-Kegel

Offen bleiben für Gottes Wort   95
Vom Glauben reden bedeutet, miteinander zu reden und einander
zuzuhören | Von Anne Schneider

Bunter und vielfältiger   100
Wenn Menschen ihre Gaben und Möglichkeiten einbringen, tut das der
Gemeinde und den Menschen selbst gut | Von Herbert Großarth

Die Quellen der Kraft   105
Wie Presbyterinnen und Presbyter sich für das verantwortungsvolle
Leitungsamt stärken können | Von Renate Voswinkel

Der angefochtene Glaube   111
Krisen im Lebens-Gespräch mit Gott | Von Ralf Stolina

4 Nicht nur Gottesdienst und Andacht – Kirche und Spiritualität

Es soll zu Herzen gehen   119
Der sonntägliche Gottesdienst bietet einen bewährten Zugang
zur Spiritualität | Von Martin Evang

Wenn Gott die erste Geige spielt   125
Warum die Andacht im Presbyterium Sinn hat | Von Bianca Neuhaus

Die Beichte – ein Angebot Gottes   127
Auch in der evangelischen Kirche gibt es die Möglichkeit zur Beichte |
Von Heiner Mausehund

Sich selbst als Wohnung Gottes erfahren   131
Meditation und Kontemplation ermöglichen es, im Alltag
die Gegenwart Gottes wahrzunehmen | Von Manfred Rompf

Gute Zeiten für Leib und Seele   137
Die Spiritualität von Menschen mit Behinderungen | Von Rainer Schmidt

IN DER ROLLE EINES WASSERKRUGS 141
Das Bibliodrama ist eine handlungsorientierte Bibelauslegung,
bei der alle Teilnehmenden mitreden | Von Bärbel Krah

ALS CHRISTEN VERBINDLICH ZUSAMMENLEBEN 143
Kommunitäten und geistliche Gemeinschaften im
protestantischen Bereich | Von Angelika Vogel

KAUEN ODER IM HERZEN BEWEGEN 145
Lebenswort-Gruppen sind eine Möglichkeit, den Glauben
zu vertiefen und praktisch zu leben | Von Hermann Kotthaus

ABGESCHIRMT VOM ALLTAG 149
Einkehrarbeit ist ein Angebot, sich mit dem eigenen Leben
zu beschäftigen und Ziele zu klären | Von Margot Karberg

DIE KRAFT DER STILLE UND DES SCHWEIGENS 151
Die ›Stille Zeit‹ kann den Einstieg in ein geistliches Leben ebnen |
Von Nicol Kaminsky und Rüdiger Maschwitz

DURCHKAUEN UND NACHSCHMECKEN 152
Lectio divina – meditierendes Schriftgebet | Von Petra Reitz

BETEN MIT DEN FÜSSEN 155
Pilgern ist eine alte Form des Gottesdienstes | Von Gottfried Heß

5 SAKRALER TANZ UND THOMASMESSE – SPIRITUALITÄT FÜR SUCHENDE

NOUVELLE EGLISE – KIRCHE FÜR UNKIRCHLICHE 159
Citykirchen laden Menschen ein, die in der Innenstadt arbeiten,
einkaufen und flanieren, aber nicht dort wohnen | Von Uwe Vetter

Das andere Programm 166
Thomasmesse, Oase-Gottesdienst und Worship-Night –
Gottesdienste für Neugierige | Von Gerold Vorländer

Kann man Glauben lernen? 172
Glaubenskurse als Chance, dass Menschen von der
Liebe Gottes erfahren | Von Kerstin Offermann

Trauer im Netz 175
Verschiedene Landeskirchen und das gep betreiben gemeinsam
eine Seite im Internet | Von Maike Roeber

Ein Bild ist nie beleidigt 179
Spiritualität durch Kunst – Gemeinden öffnen ihre Kirchen für Bilder |
Von Johannes Weth

Dank, Klage, Lob und Bitte 184
Beim Sakralen Tanz mit Leib und Seele in Bewegung kommen |
Von Karla Domning

6 Täglich Zeit für Gott – Spiritualität in Arbeit und Freizeit

Gottes Geist am Krankenbett 189
Was Spiritualität im Krankenhaus bewirken kann – bei Patienten,
Angehörigen und Mitarbeitenden | Von Heike Rodenbusch

»... die es hungert und dürstet nach Gerechtigkeit« 195
Die Polizeiseelsorge macht spezielle spirituelle Angebote für
Polizistinnen und Polizisten | Von Claudia Kiehn

Geistlich im Minutentakt 199
Möglichkeiten und Grenzen der Spiritualität im
gemeindlichen Pflegealltag | Von Volker König

BORN TO BE WILD   206
Kirche und Motorradfahrer können viel miteinander erleben |
Von Heiner Mausehund

KEIN EVENT, SONDERN JEDEN TAG   211
Jugendkirchen und Jugendgemeinden wollen jungen Menschen ein
spirituelles Zuhause bieten | Von Simone Mechels

DA IST MEHR DRIN   217
Auch in der Schule sind spirituelle Erfahrungen möglich,
wenn es entsprechende Angebote gibt | Von Heribert Rösner

LA OLA IM GOTTESDIENST
Wie Spiritualität auf Großveranstaltungen wirken kann | Von Sabine Zoske   222

STICHWORTVERZEICHNIS   226

BILDNACHWEIS   229

1 »Ich bin fromm« – Annäherungen an Spiritualität

Sich als Bild Gottes verstehen lernen

Die Welt gesundbeten

Die Gegenwart Gottes im Alltag erspüren

Das Hören und Sehen des Herzens

Kontemplatives Seidenmalen

Rühr mich nicht an

SICH ALS BILD GOTTES VERSTEHEN LERNEN

Merkmale einer Spiritualität mit evangelischem Profil | Von Petra Reitz

Das Wort »Spiritualität« ist in aller Munde; was der einen das Allheilmittel für sämtliche persönliche und kirchliche Krisen zu sein scheint, ist dem anderen ein Reizwort, hinter dem sich alte Werkgerechtigkeit, die versucht durch eigene Leistung (reformatorisch: »gerechte Werke«) bei Gott in Ansehen zu kommen, oder neue Esoterik tarnt. Im kirchlichen Kontext wird dieses Wort häufig dann verwendet, wenn es schlicht um eine Betonung von Glaubens*erfahrung* in Unterscheidung zu Glaubens-*wissen* oder *Engagement* aus dem Glauben geht.

Die Sehnsucht nach lebendiger Glaubenserfahrung, die das eigene Leben durchwirkt und prägt, ist groß in einer Zeit, in der viele Menschen die überkommenen kirchlichen Formen des Glaubensausdrucks als vertrocknet und leblos empfinden. Aber Erfahrung um ihrer selbst willen ist noch keine Spiritualität im christlichen Sinne; und nicht jede christliche Spiritualität zeichnet sich durch ein evangelisches Profil aus. Spiritualität als christliche Spiritualität leitet ihr Selbstverständnis vom Heiligen Geist (lat.: spiritus sanctus) ab. Der Heilige Geist aber steht nicht für sich allein, sondern ist eine Person innerhalb der göttlichen Dreifaltigkeit. Christliche Spiritualität entfaltet sich folglich auch dreifach: Sie schaut

- in sich,
- um sich
- und über sich.

Der Geist Gottes inkarniert in Raum und Zeit, wird in diesen konkret, wirkt in sie hinein und überschreitet sie zugleich. Das kennzeichnet auch die Sehnsucht der Menschen, die sich auf die verschiedenen Angebote suchend einlassen, die unter dem Stichwort »Spiritualität« firmieren: Sie wollen für ihr Leben hier und jetzt eine *Erfahrung* machen, die dieses Leben in einen größeren Sinnzusammenhang stellt und zu Gott hin öffnet. Und weil das ihre Sehnsucht ist, beginnt ihr Weg so konkret wie möglich bei ihnen selbst: Sie schauen

- in sich.

Um das zu können, muss der moderne Mensch, der fortwährend in die Welt gerufen wird und stets in der Gefahr lebt, sich in ihr zu verlieren, erst einmal wieder in Fühlung mit sich selbst kommen. Und so beginnt sein Erfahrungsweg nicht selten mit Übungen, die den ganzen Menschen beteiligen – auch und gerade in seiner Körperlichkeit.[1] Christliche Spiritualität nähme ihren Hauptglaubensartikel, dass Gott Mensch (Fleisch) geworden ist (Inkarnation),[2] nicht ernst, blendete sie den Körper als Erfahrungsorgan aus! Deshalb findet man im Kontext spiritueller Angebote immer wieder Leibarbeit und Körperübungen. Hierbei geht es um mehr als bloßes Wohlfühlen, was schnell zur »Wellness-Spiritualität« entarten könnte, vielmehr ist unser Körper das Ehrlichste, was wir haben; ihn können wir nicht täuschen – und wir werden von ihm nicht getäuscht! Somit mache ich alle Erfahrungen in meinem Körper, im Wohlgefühl wie im Schmerz, in der Fühllosigkeit wie im intensivsten Erleben. Den Körper mitzunehmen auf dem spirituellen Übungsweg und sich von ihm mitnehmen zu lassen, kennzeichnet christliche Spiritualität. Indem ich mir – in körperlichen Übungen – meiner selbst bewusster werde, als es mir im Alltag möglich ist, komme ich mir selbst, meinen Möglichkeiten und meiner Selbst-Verhinderung besser auf die Spur.

Die Lehre der ersten Christen[3] lässt sich auf die Kurzformel »*Keine Gotteserkenntnis ohne Selbsterkenntnis*« bringen. Denn in den geistlichen Übungen werde ich mir so wenig ausweichen können, wie ich meiner Körperlichkeit ausweichen kann. Von Bildern überflutet, von der Informationsflut weggespült, vom Strudel eigener Gedanken und Interpretationen im Kreis bewegt, ist für den modernen Menschen der Körper manchmal der letzte Rettungsanker, um sich als Geschöpf Gottes neu zu erfahren und zu verorten.

Und so erfahre ich mich auf dem spirituellen Übungsweg in zweifacher Hinsicht: als Bild Gottes und zugleich als verunstaltetes göttliches Bild. Dies aber geschieht nicht im freien Raum eigener Subjektivität, sodass auch alles Üben nur noch in der Gefahr stünde, ein neuerliches – jetzt nur anderes – Kreisen um mich selbst zu werden, sondern christliche Spiritualität schaut auch

■ um sich.

---

[1] *Siehe dazu auch in diesem Band (S. 88) den Text von Gisela von Borries-Kegel: »Mit Leib und Seele. Es gibt viele körperorientierte Wege, den Glauben auszudrücken und spirituelle Erfahrungen zu machen«.*

[2] *»Und das Wort ward Fleisch und wohnte unter uns ...« (Joh 1,14*); »... empfangen vom Heiligen Geist, geboren von der Jungfrau Maria, gelitten unter Pontius Pilatus, gekreuzigt, gestorben und begraben ...« (aus dem Apostolischen Glaubensbekenntnis).*

[3] *So z. B. bei Clemens v. Alexandrien († vor 216 n. Chr.); Evagrius Ponticus († 400 n. Chr.).*

Die Übungen auf dem spirituellen Weg sind nicht irgendwelche esoterischen Praktiken, die den Menschen befördern sollen, sein Mensch-Sein zu übersteigen und alles und alle hinter sich zu lassen. Sie sind vielmehr eingebunden in die christlich-kirchliche Tradition, haben also ihre Quelle und Richtschnur in den Lebensäußerungen christlicher Spiritualität evangelischer Prägung: in der Bibel, im Gottesdienst nebst Gesangbuch und im Gebet.[4] Christliche Spiritualität lebt, lässt sich inspirieren und korrigieren (!) von der Erfahrung der Menschen, die vor mir diesen Weg gegangen sind und die ihn jetzt mit mir in Gemeinschaft gehen.

Wo die eigene Erfahrung gegen die Tradition und die Gemeinschaft absolut gesetzt wird, steht sie in Gefahr der subjektivistischen Selbstverkrümmung und -verkümmerung. Für Martin Luther (1483 – 1546) war das Bild des klassischen Sünders ein in sich selbst verkrümmter Mensch (homo incurvatus in se ipsum). So wird beim spirituellen Übungsweg mein Verhältnis zur Tradition und zu meinen Mitmenschen zum Unterscheidungskriterium dafür, »ob ich auf bösem Wege bin« oder »auf ewigem Wege« (Ps 139,24*). Und mit den letzten Worten klingt an, dass es beim spirituellen Übungsweg um eine Glaubenserfahrung geht, deren Sehnsucht

■ über sich

hinausweist. Menschen, die sich auf spirituelle Übungen einlassen, wollen in ihrem konkreten Hier und Jetzt eine Erfahrung machen, die dieses transzendiert, d. h. für einen größeren Sinn-Zusammenhang aufschließt; christlich gesprochen: zu Gott hin öffnet.

Der moderne Mensch fragt nicht mehr – wie zu Luthers Zeiten – danach, wie er einen gerechten Gott bekommen könne. Seine Frage zielt vielmehr auf den Sinn des Lebens. Nachdem weltimmanente Sinngebungen zunehmend ihre Zeitlichkeit zu erkennen geben, ist überzeitlicher Sinn gefragt. Dies dürfte zu dem derzeitigen Spiritualitätsboom geführt haben, der sich – ganz unserer Zeit entsprechend – auf einem regelrechten Markt darbietet. Hier die Menschen das lebendige Wort Gottes so erfahren zu lassen, dass sie sich als Bild Gottes neu verstehen lernen und ihre Umwelt als Schöpfung sehen können, ist Aufgabe christlicher Spiritualität.

PETRA REITZ

Jahrgang 1961, Gemeindepfarrerin in Grevenbroich; 1981 – 1995 persönliche Begleitung durch P. Dr. Anselm Grün OSB; 1992 – 1994 Exerzitienleiter-Ausbildung bei den Jesuiten in Frankfurt a. M.; seit 1995 Schülerin im kontemplativen Gebet bei P. Johannes Kopp S.A.C., Bistum Essen; seit 2001 nebenamtlich Dozentin im Haus der Stille in Rengsdorf und seit 2006 in der »Qualifikation Geistliche Begleitung«.

[4] *So auch Bischöfin Margot Käßmann in ihrem Buch: »Mit Herzen, Mund und Händen. Spiritualität im Alltag leben«, Gütersloh 2008.*

Der besondere Akzent, den evangelische Spiritualität in den großen Schatz christlicher Spiritualität einbringt, liegt im *erfahrenen* Hinweis darauf, dass die verschiedenen Gebetsformen (Psalmenbeten, freies mündliches Gebet, rituelles gottesdienstliches Beten, Schriftmeditation oder kontemplatives Gebet) keine Gebetshierarchie eröffnen, keine Stufenleiter, auf der man sich sozusagen »in Sachen Gebet« zu immer vollkommeneren Sphären emporschwingen könnte. Niemand braucht auf jemand anderen herabschauen, der/die eine andere Gebetsform als man selbst übt. Es gibt keine Konkurrenz um die einzig wahre Form spirituellen Übens.

⁵ Siehe dazu auch in diesem Band (S. 152) den Text von Petra Reitz: »Durchkauen und nachschmecken. Lectio divina – meditierendes Schriftgebet«.

Martin Luther hat mittelalterliche Stufenlehren, wie z. B. die »lectio divina«⁵ (= göttliche Lesung), die einen aufeinander aufbauenden Stufenweg des Gebets lehrten, bewusst unterbrochen mit einem *Erfahrungs*schritt, nämlich dem der »tentatio« (= Anfechtung). In der Anfechtung sah Luther den Moment, in dem einem Menschen sein ganzes Wissen schal und bedeutungslos vorkommt, in dem er nichts mehr versteht und sich von der wohltuenden Gottes*erfahrung* verlassen fühlt. Was dem Menschen dann als Rettungsanker bleibt, ist das göttliche Wort, das nicht mehr als eine Erfahrung *in* ihm wirkt, sondern ihm von *außen* begegnet. Es ist wie fremder (alienum) Trost, den er nicht in sich selbst finden kann. Ein Mensch, der auf »*ewigem Wege*« ist, wird dem Tod begegnen (auch im spirituellen Üben) – und mit ihm tausend Ängsten. Und sich dann allein auf Christus zu verlassen, dessen Tod und Auferstehen die Schrift allein bezeugt, und darauf zu vertrauen, dass dies aus Gnade allein auch für mich gilt, ist Spiritualität mit evangelischem Profil, ist evangelischer Glaube (solus Christus, sola scriptura, sola gratia).

Diese Spiritualität mit evangelischem Profil entfaltet sich in Raum und Zeit dreifach, als Glaubens*erfahrung*, Glaubens*wissen* und *Engagement* aus Glauben. Dabei bleibt zu beachten, dass Glaubens*wissen* ohne Glaubens*erfahrung* tote Lehre ist; eine Theologie, die Richtigkeiten wiederholt, ohne von diesen eine lebendige *Erfahrung* zu haben, ist »tötender Buchstabe«⁶. *Erfahrung* aber, die sich nicht ins Gespräch bringen kann, die nicht mehr kommunikabel ist und deshalb nicht zu einem Weg-*Wissen* wird, das sich auch späteren Generationen noch mitteilen möchte – solche Erfahrung meint nur noch sich selbst und verliert die anderen

⁶ »Denn der Buchstabe tötet, aber der Geist macht lebendig.« (2 Kor 3,6)*

aus dem Blick; sie stiftet keine Gemeinschaft, oder – mit den Worten des Apostels Paulus gesagt – sie »*erbaut die Gemeinde*« nicht (vgl. 1 Kor 14). Das Engagement aus dem Glauben für den anderen und für die Gemeinschaft ist ebenfalls eine Frucht von Glaubens*erfahrung*, denn auch für den spirituellen Weg gilt: »*An ihren Früchten sollt ihr sie erkennen.*« (Mt 7,16*)

Somit bleiben Glaubens*erfahrung*, Glaubens*wissen* und *Engagement* aus dem Glauben eine Trias, die in lebendiger Beziehung zueinander steht und bei der das eine ohne das andere nur tot sein kann. Zeitbedingte Akzentuierung mal des einen und mal des anderen kennzeichnen der Kirche Weg durch die Zeit; doch jede Akzentuierung ruft nach ihrer gegenteiligen Ergänzung.

Vielleicht dürfen wir den Grund für den derzeitigen Boom der Spiritualität in Überbetonungen oder Einseitigkeiten vorausgegangener Zeiten vermuten. Dies einmal angenommen können wir uns getrost und angstfrei auf den derzeitigen spirituellen Aufbruch einlassen – immer im Vertrauen darauf, dass der Heilige Geist zu je seiner Zeit die Akzente recht setzen wird.

DIE WELT GESUNDBETEN
Beten und Handeln sind untrennbar miteinander verbunden |
Von Brunhilde Raiser

Meditation ist modern – Meditation klingt in den Ohren kirchenfernerer Menschen offener, akzeptabler als Gebet oder Kontemplation. Meditation ist für viele Menschen, auch für die, die sie selbst praktizieren, nur selten verbunden mit konkretem Handeln, mit direkten Konsequenzen für ihr Alltagsleben.
Meditation gehört mit unterschiedlichen Bezeichnungen zu nahezu allen Religionen; sie ist vor allem ein Mittel zu besserem, tieferem, ungetrübterem Erkennen, ja, auch Verstehen des Göttlichen. Zunehmend verbreitet ist allerdings auch Meditation um der Meditation willen mit unterschiedlichen Zielsetzungen, so auch die der Selbstfindung oder Selbsterlösung.

Aus der Erkenntnis heraus handeln

In diesem Beitrag ist von Meditieren die Rede, wie es Martin Luther beschrieben hat: »Meditieren und denken ist zweierlei. Denn meditieren heißt ernst, tief und sorgfältig denken, eigentlich im Herzen wiederkäuen. Meditieren ist gleichsam ›in medio agitare‹, das heißt, in der Mitte verweilen oder von der Mitte und dem Innersten bewegt werden.«[7] Wenn Luther von Mitte spricht, dann meint er damit, sich Gott im Gebet zu nähern und durch diese Begegnung inspiriert zu leben. Für Luther sind den Bibelworten unzweifelhaft Lehren darüber zu entnehmen, was Gott von uns Menschen fordert. Wenn er von »in medio agitare« spricht, dann meint Luther gerade nicht, dass Menschen nur angerührt werden, sondern dass sie tatsächlich bewegt werden, angeregt, ja, vielleicht auch angetrieben werden, aus der gewonnenen Erkenntnis heraus zu leben – und das heißt nichts anderes, als aus dieser heraus auch zu handeln.

[7] Martin Luther, zitiert nach Evangelischer Erwachsenenkatechismus, Hrsg.: VELKD, 1989, 5. Auflage, S. 1305.

Der 1975 erschienene Evangelische Erwachsenenkatechismus drückt diese Erkenntnis so aus: »Wer sein Leben meditierend bis auf seinen Grund hin zu durchleuchten versucht, gelangt auf diesem Weg nach innen oft zu einer Vergewisserung über ein notwendiges Engagement. Zur Frömmigkeit gehören der Gehorsam gegen Gottes Gebot und damit der Aufbruch zur Tat der Liebe.«[8]

[8] a.a.O., S. 1307.

Für mich lässt sich mühelos eine Verbindung herstellen von Luthers »in medio agitare« zu dem ethischen Dreischritt, der in befreiungstheologischen Zusammenhängen, in evangelischen und katholischen Frauenorganisationen und in der ökumenischen Arbeit zur Selbstverständlichkeit geworden ist: sehen – urteilen – handeln.

Erfreulicherweise wird dieser Dreischritt auch in gesellschaftspolitischer Arbeit zunehmend angewandt. Dieser auf Kardinal Joseph Cardijns (1882 – 1967) zurückgehende und fest in der katholischen Soziallehre verankerte Ansatz verweist zum einen auf die Verantwortung zum Handeln. Mir als evangelischer Christin macht er aber auch deutlich, dass Christinnen und Christen die Verantwortung zugemutet wird, Entscheidungen zu treffen – richtige und falsche.

Einen wachen Blick für Gerechtigkeit entwickeln

Der Auftrag zum Sehen bedeutet, wahrzunehmen und in meinem Bewusstsein ankommen zu lassen, was um mich geschieht. Dieses erkennende Sehen ist für mich geleitet vom Doppelgebot der Gottes- und der Nächstenliebe (vgl. Lk 10,27). Aus dieser von Gott erwarteten Haltung heraus sollen und können Christinnen und Christen die Wirklichkeit wahrnehmen, Leben und Lebensumstände anderer in den Blick nehmen. Aus dieser Haltung heraus sind wir gefordert, einen wachen Blick zu entwickeln, wo Gottes Gerechtigkeit versagt wird, wo Gottes Schöpfung beschädigt wird.

BRUNHILDE RAISER

Der zweite Schritt des Urteilens hat ein klares Kriterium: Unser Urteil hat sich zu orientieren an Gottes Geboten, an Gottes Willen, an der Wirklichkeit des Reiches Gottes. Diese Urteilsfindung bedarf der Auseinandersetzung mit Gottes Botschaft, sie braucht aber mindestens ebenso notwendig die offene Hinwendung an Gott, das Hören, das Sich-Einlassen auf Gottes Wort. Um zu einem verantwortlichen Urteil als Voraussetzung für unser Handeln zu kommen, braucht es das persönliche Gebet – die Meditation – und das gemeinsame Gebet.

Beten ist kein Ersatz für Handeln

Das Gebet ist nicht nur eine Hinwendung an Gott mit der Bitte, Gott möge gottgewolltes Leben ermöglichen oder gar herstellen, sondern es ist über die biblisch begründete Einforderung, Gott möge handeln, Gott möge seine Zusagen verwirklichen, auch der Weg, selbst zu einem vor Gott verantwortbaren Handeln zu kommen. Beten ist kein Ersatz für Handeln, aber einem Handeln ohne Rückbindung an unsere Mitte – an Gott – fehlt die für Christinnen und Christen bindende Ausrichtung.

Christinnen und Christen müssen die Welt verantwortlich mitgestalten

Für Protestantinnen und Protestanten ist diese untrennbare Verbindung von Gebet und Handeln, von Beten und Weltverantwortung nicht immer selbstverständlich. Weltverantwortung ist weit umfassender als die Verpflichtung für Individuen, für einzelne, uns eventuell nahestehende Menschen. Weltverantwortung erhebt den Anspruch, dass Christinnen und Christen sich als Teil ihrer Lebenswirklichkeit und Zeit zu sehen und diese Wirklichkeit auch verantwortlich mitzugestalten haben. Damit ist ein politischer Auftrag formuliert, weil sich Menschen gerade von ihrem christlichen Selbstverständnis her als Wesen der Gemeinschaft zu verstehen haben.

Jahrgang 1953, die Theologin und Germanistin war u. a. Mitglied des Präsidiums der Evangelischen Frauenarbeit in Deutschland (EFD) und zwölf Jahre lang Vorsitzende der Evangelischen Frauenhilfe (EFHiD), des mitgliederstärksten Frauenverbandes in der EKD. EFD und EFHiD haben sich 2008 zum Dachverband Evangelische Frauen in Deutschland (EFiD) zusammengeschlossen und Brunhilde Raiser zu ihrer Vorsitzenden gewählt. Brunhilde Raiser ist mit einem Pfarrer verheiratet und hat drei erwachsene Söhne. Sie lebt in Mengen/Baden-Württemberg, wo sie 2009 in den Stadtrat gewählt wurde.

Philip Potter, der ehemalige Generalsekretär des Weltkirchenrates in Genf, hat das für den Evangelischen Kirchentag 1993 unter der Überschrift »Leben für Gott und die Welt« so formuliert: »Es gibt kein Leben für einen selbst. Unser Leben als Mensch, als Kirche oder als Gemeinschaft ist stets Leben in Beziehung zu Gott. Christus lebte nicht für sich selbst, sondern für Gott und für die Welt. Für sie ist er gestorben und wieder auferstanden. [...] Vor ihm haben wir uns alle zu verantworten. [...] Weil wir uns vor Gott verantworten müssen, müssen wir auch jetzt verantworten, was um uns herum in der Welt geschieht.«[9]

[9] *In: »Kirchentag '93«, hrsg. DEKT, S. 69.*

Verantwortung für die Erde übernehmen

Gott will durch uns wirken. Wir beschränken unser Denken und Handeln oft auf die individuell-persönliche Ebene. Dabei hat uns Gott in einen weitaus größeren Lebensraum gestellt. Mit dem oft missverstandenen Schöpfungsauftrag an uns Menschen »Füllet die Erde und machet sie euch untertan und herrschet über ...« (1 Mos 1,28) ist diese Weite eindeutig festgelegt. Abzuleiten aus diesen Worten ist nicht nur das Recht auf Herrschaft, sondern die damit untrennbar verbundene Verantwortung der Herrschenden. Vielfach ist dieses Bewusstsein gerade protestantischen Christinnen und Christen verloren gegangen und sie haben sich in einen Elfenbeinturm individueller Frömmigkeit zurückgezogen. Umso wichtiger ist es, dass sich in unserer Kirche, in unseren Gemeinden, in kirchlicher Arbeit generell und im jeweils persönlichen Glaubensverständnis die Grundhaltung Dietrich Bonhoeffers durchsetzt, derzufolge die Kirche nur Kirche ist, wenn sie für andere da ist. Dieses Dasein für andere ist gekennzeichnet durch die Teilhabe an politischer Verantwortung und durch die gleichzeitige Übernahme von diakonischen und missionarischen Aufgaben.

Weshalb Kirche sich einbringt und sich einmischt

Christliche Gemeinde – als Ortsgemeinde, übergemeindlich oder als übergreifende Größe verstanden – ist der Ort, an dem Christinnen und Christen miteinander beten und beraten, was in einem konkreten Kontext zu tun ist. Damit gibt es keine hierarchische Reihenfolge. Es gilt nicht, zuerst Gemeinde zu bauen und dann irgendwann politische Verantwortung, diakonische und missionarische Aufgaben zu übernehmen. Denn sie alle gehören konstitutiv zum Gemeinde- und Kirchesein.

Damit gibt es auch nicht die eigentlichen und die uneigentlichen Aufgaben von Kirche und/oder Gemeinde, vielmehr muss gerade aus dem untrennbaren Zusammenhang von Gebet und Weltverantwortung heraus deutlich gemacht werden, weshalb Christinnen und Christen, weshalb eine Gemeinde, eine kirchliche Organisation – weshalb Kirche sich einbringt, einmischt und welche Maßstäbe sie dabei zugrunde legt, woran sie sich orientiert.

Wenn Christinnen und Christen im Beten des Vaterunsers darum bitten, »Dein Reich komme«, dann gehen sie damit auch die Selbstverpflichtung ein, Gottes handelnde Menschen zu sein, an dieser Erfahrbarkeit des Reiches Gottes konkret zu arbeiten, sich um sie zu mühen, Gottes Gerechtigkeit Wirklichkeit werden zu lassen. Gerechtigkeit unter Menschen ist keine fertige Größe, sie ist stets neu zu suchen und zu gewähren, sie muss ausgehandelt, austariert werden. Und so müssen sich auch Christen und Christinnen, Gemeinden, kirchliche Organisationen, Kirche als Ganze einbringen in das Ringen um Gerechtigkeit als Chancengerechtigkeit, als Generationen- oder Geschlechtergerechtigkeit, als Bedarfs- und Beteiligungsgerechtigkeit.

Der Weltgebetstag stärkt die Verantwortung

Nahtlos schließt sich hier der Grundgedanke des Weltgebetstags der Frauen, »Beten und Handeln«, an; denn »informiertes Beten und vom Gebet durchdrungenes Handeln kennzeichnen die Weltgebetstagsbewegung. [...] Der Weltgebetstag stärkt die gemeinsame christliche Verantwortung; miteinander beten und füreinander eintreten gehören zusammen.« [10] Dabei geht es nicht um politische Parteinahme, aber gefordert ist gründliche und sorgfältige Information, damit, dem ethischen Dreischritt entsprechend, ein Sehen und dann auch Urteilen möglich werden. Der Weltgebetstag ist ein zentrales Beispiel für diese gelebte Verantwortung aus dem Glauben, auch ein zentrales Beispiel dafür, wie das Sehen und Urteilen von Christinnen zu politischer Einflussnahme und gesellschaftlichen Veränderungen führt.

[10] *»Frauen beten und handeln. Leben in der Einen Welt«. Hrsg.: Deutsches Weltgebetstags-Komitee, Stein o. J., S. 7.*

Das Bewusstsein für die Unrechtmäßigkeit, christlich gesprochen für die Sünde, die in der Gewalt gegen Frauen liegt und die sich auch zeigt im Sextourismus oder in ausbeuterischem Umgang mit der Umwelt, ist

[11] »Ein Freitag im März«. Hrsg.: Deutsches Welt-gebetstagskomitee, Stein 1982, S. 72.

stark gewachsen durch das Engagement vieler Frauen im Weltgebets-tag und davon ausgehend ihrem Engagement in gesellschaftlichen und gesamtpolitischen Kontexten. »Gemeinsames Beten zwingt zur Mitver-antwortung, zur aktiven Sorge für den anderen«,[11] so das Grundver-ständnis der Weltgebetstagsbewegung.

[12] Predigt Bischof Wolf-gang Huber: www. gedaechtniskirche-berlin.de/KWG/pdf/ Predigt_Huber_ 31052009.pdf

[13] ebd.

Dieser Grundgedanke des Weltgebetstags ist älter als 100 Jahre und er ist ganz sicher nicht unmittelbar eine der Quellen der Grundaussage der Barmer Erklärung von 1934. Dennoch möchte ich dieses »entschei-dende Lehrzeugnis der Kirche aus dem 20. Jahrhundert«,[12] das auch in der rheinischen Kirche Bekenntnischarakter hat, damit in Beziehung setzen. Der frühere EKD-Ratsvorsitzende, Bischof Wolfgang Huber, hat dies so formuliert: »Worin ist die Barmer Theologische Erklärung auch heute verbindlich und wegweisend? Ich sehe ihre bleibende Bedeutung vor allem in drei Hinsichten: in der Klarheit des Glaubens, in der Gewiss-heit des kirchlichen Auftrags und in der Verantwortung für die Zukunft der Welt.« [13]

Das Leben als »vernünftigen Gottesdienst« gestalten

Auf Gott zu hören, Gott zu vertrauen, Gott zu gehorchen und entspre-chend zu handeln, darin sehe ich, ausgehend von der ersten These, die geistliche Haltung, die geistliche Dynamik der Barmer Erklärung. Eben-so wird auch aus der zweiten Barmer These der Anspruch Gottes an uns deutlich, unser gesamtes Leben als »vernünftigen Gottesdienst«, wie es Paulus im Brief an die Gemeinde in Rom formuliert, zu gestalten. Jesus Christus ist Gottes Zuspruch an uns und ist zugleich Gottes Anspruch auf unser ganzes Leben. »… durch ihn widerfährt uns frohe Befreiung aus den göttlichen Bindungen dieser Welt zu freiem, dankbarem Dienst an seinen Geschöpfen.«[14]

[14] 2. These der Barmer Theologischen Erklä-rung

Meditation und Weltverantwortung – Gebet und Handeln in jeweils un-trennbarem Bezug sind damit gelebte Nachfolge Jesu – sind eine Chris-tinnen und Christen gemäße Lebenshaltung.

Die Gegenwart Gottes im Alltag erspüren

Seelsorgende wollen in der Geistlichen Begleitung Menschen sensibel machen für die Begegnungen mit Gott | Von Angelika Vogel

Im Bewusstsein von Gemeindegliedern waren und sind »der Pfarrer« und »der Geistliche« identisch. Es wurde und wird erwartet, dass der Pfarrer/die Pfarrerin zuständig ist für die geistlichen Aspekte oder die geistliche Dimension des Lebens. Im pastoralen Alltag und in der pastoraltheologischen Reflexion der Rolle des Pfarrers/der Pfarrerin traten jedoch in den vergangenen Jahrzehnten andere Aspekte in den Vordergrund. Ebenso hatte sich das Verständnis von Seelsorge durch die stärkere Einbeziehung der Humanwissenschaften in die Seelsorge und Seelsorgeausbildung, durch Spezialisierung und Professionalisierung verändert. In den vergangenen Jahren wird nun wieder stärker nach dem besonderen Profil kirchlicher Seelsorge gefragt. Die Wieder-Entdeckung von Geistlicher Begleitung ist vor dem Hintergrund des gesellschaftlichen Wandels, des veränderten Pfarrbildes und des sich wandelnden Verständnisses von Seelsorge zu sehen.

Was ist Geistliche Begleitung?

Geistliche Begleitung ist eine besondere Form der Seelsorge. Nach den theologischen Auseinandersetzungen um das Wesen der Seelsorge zeichnet sich in den neunziger Jahren ein gewisser Konsens in der Seelsorgelehre ab. Alle gängigen Entwürfe gehen davon aus, dass Seelsorge in einem freien, partnerschaftlichen Gespräch geschieht. Die Haltung des Seelsorgers/der Seelsorgerin soll sich dabei orientieren an den sogenannten »Grundvariablen«, die Carl Rogers (der »Vater« der Gesprächspsychotherapie) entwickelt hat: Akzeptanz, Empathie und Echtheit.

Inhaltlich können wir Seelsorge beschreiben als »Sorge um die Seele«, als Sorge um den Menschen in Beziehung. Dabei geht es, wenn wir die biblischen Texte betrachten, um vier Dimensionen von Beziehung: die Beziehung zu Gott, zu sich selbst, zu anderen Menschen, zur Mitwelt. In jedem Seelsorgegespräch sind im Bewusstsein des Seelsorgers/der Seelsorgerin alle vier Dimensionen vorhanden, aber sie müssen nicht in jedem Gespräch alle thematisiert werden. Es kann mal um Beziehungskrisen, mal um die Wahrnehmung der Verantwortung im gesellschaftlichen Kontext, mal um die Auseinandersetzung mit sich selbst, mal um Glaubensfragen gehen. Und ob und wie dabei biblische Texte zur Sprache kommen, wie die Beziehung zu Gott oder zu Jesus thematisiert wird, das hängt von dem/der Ratsuchenden und vom Seelsorger/der Seelsorgerin ab.

Auf der Suche nach Sinn, nach Hoffnung, nach Gott

In den vergangenen fünf bis zehn Jahren hat sich die Kirche wieder stärker auf die geistliche Dimension der Seelsorge besonnen. Sie antwortet damit auf die Erfahrung, dass viele Menschen auf der Suche sind nach Sinn, nach Halt, nach Hoffnung, nach Gott. Viele sind nicht mehr selbstverständlich verwurzelt in biblischer und kirchlicher Tradition und suchen Sprache und Formen für ihre Fragen und Erfahrungen.

In der Geistlichen Begleitung als einer besonderen Form der Seelsorge geht es darum, die Alltagserfahrungen zur Sprache zu bringen und den Alltag gleichsam zu »durchschauen« auf die Gegenwart Gottes hin. »Durchschauen« meint, dass die Worte und nonverbalen Äußerungen des Gesprächspartners/der Gesprächspartnerin verschiedene Bedeutungsebenen haben: Da ist die Ebene der Sachverhalte. Darunter liegt die Ebene der Gefühle. Darunter die Ebene der Überzeugungen und der Lebenshaltung. Darunter schließlich treffen wir auf die Ebene der Existenz, auf die religiöse Ebene. Hier ist der Mensch als Gegenüber Gottes, als Geschöpf, als Kind Gottes gemeint. Den Alltag »durchschauen« meint also: Nachspüren, nachsinnen, was die konkrete Alltagserfahrung mit den verschiedenen Ebenen und vor allem mit der existenziellen Ebene zu tun hat.

Es geht in der Geistlichen Begleitung nicht nur um Übungen der Frömmigkeit oder um Glaubensfragen im engeren Sinne. Vielmehr geht Geistliche Begleitung davon aus, dass Gott jeden Menschen ins Leben und beim Namen gerufen hat, dass Gott mit jedem Menschen einen eigenen Weg gehen will, dass die Sehnsucht des Menschen eine Antwort auf die Sehnsucht Gottes nach dem Menschen ist, dass Gott sich in unserem Leben bemerkbar macht, dass er gesucht werden will und sich finden lässt. Die Geistliche Begleitung will also dazu helfen, in »eine hörende Grundhaltung« zu kommen: aufmerksam zu werden, wie sich Gott in den Alltagserfahrungen bemerkbar macht.

Aufmerksam werden für die Impulse Gottes im eigenen Leben

In anderen Formen von Seelsorge mag es mehr darum gehen, Probleme zu lösen oder Ziele zu erreichen. Die Geistliche Begleitung ist ein meditatives Geschehen: Der begleitende Mensch und der/die Begleitete betrachten miteinander das Stück Lebensgeschichte, das jetzt erzählt wird, sie suchen und hören miteinander, welche Botschaft da drinsteckt und wo Gott mit dem/der Suchenden hin will. Wir können auch sagen, in der Geistlichen Begleitung geht es nicht um ein Zwiegespräch, sondern es handelt sich um eine Dreiecksgeschichte: Zum einen hat der Begleiter/die Begleiterin eine Beziehung zu Gott, lebt diese aufmerksam und bewusst und kann sich mit der eigenen Erfahrung zur Verfügung stellen.

Zum anderen hat der Begleiter/die Begleiterin eine Beziehung zu dem Begleitung suchenden Menschen. Um diese Beziehung wahrnehmen und gestalten zu können, sind beim Begleiter/der Begleiterin bestimmte Voraussetzungen und Kompetenzen nötig: Akzeptanz, Empathie und Echtheit. Der/die Begleitende muss auch in der Lage sein, Phänomene von Übertragung und Gegenübertragung wahrzunehmen und damit umzugehen. Er/sie muss mit Widerständen umgehen können, muss geistliche Krisen von psychischen Erkrankungen unterscheiden können. Dazu ist es sinnvoll und nötig, dass der/die Begleitende eine seelsorgliche Ausbildung hat.

Und zum dritten ist da die Beziehung des Begleitung suchenden Menschen zu Gott. Auf diese Beziehung »zielt« die Geistliche Begleitung. Es geht darum, dass der/die Begleitung Suchende immer mehr in diese Beziehung hineinwächst, dass er/sie sich selbst in diese Beziehung einbringt, das eigene Leben Gott im Gebet hinhält, aufmerksam wird für die Impulse Gottes im eigenen Leben, ein Gespür dafür bekommt, wie Gott ihn/sie durch alle Erfahrungen in immer größere Freiheit und Lebendigkeit, in intensivere Beziehung führen will, dass in ihm/ihr die Bereitschaft wächst, Gott mit dem eigenen Leben zu antworten.

Die Aufgabe des Geistlichen Begleiters/der Geistlichen Begleiterin ist also in erster Linie, mit dem suchenden Menschen dessen Leben zu betrachten, auf »Spurensuche « zu gehen und Sprache zu finden für diese Erfahrungen. Darüber hinaus kann es sinnvoll sein, Hilfestellungen anzubieten für das geistliche Leben, z. B. Übungen zur Wahrnehmung, Formen von Gebet und Meditation, Betrachten biblischer Texte.

ANGELIKA VOGEL

Jahrgang 1951, Pfarrerin, Supervisorin, Geistliche Begleiterin. Sie war in der Gemeinde, in der Leitung einer Telefonseelsorgestelle und als Dozentin am Predigerseminar Bad Kreuznach tätig. Von 2000 – 2009 war sie von der Landeskirche für die südlichen Kirchenkreise beauftragt für Seelsorgefortbildung, Supervision und Spiritualität. Sie lebte zwölf Jahre in der Kommunität in Bergen.

Wo und wie geschieht nun Geistliche Begleitung konkret?

In der Regel vollzieht sich Geistliche Begleitung in Einzelgesprächen:

- Ich kann mir einen Geistlichen Begleiter/eine Begleiterin suchen und mit ihm/ihr eine Verabredung für eine Gesprächsreihe treffen. Als sinnvoll hat sich erwiesen, sich dazu über einen Zeitraum von mindestens einem Jahr monatlich für etwa eine Stunde zu treffen.
- Möglich ist aber auch, dass ich an »Exerzitien im Alltag« teilnehme, die inzwischen in vielen Gemeinden (oft ökumenisch) in der Fasten- oder Adventszeit angeboten werden. Im Rahmen dieser Exerzitien im Alltag werden in der Regel für die Dauer des Kurses auch Einzelgespräche angeboten.
- Vielleicht nehme ich aber auch an »Stillen Tagen« oder »Einkehrtagen« im Haus der Stille in Rengsdorf oder einem Kloster teil und habe in diesem Rahmen Einzelgespräche.

Geistliche Begleitung kann aber durchaus auch in Gruppen geschehen, nämlich da, wo die Alltagserfahrungen bewusst in Beziehung gesetzt werden zu den Erfahrungen in biblischen Texten und/oder zu meiner Geschichte mit Gott, z. B.

- in einem Einkehrtag oder Einkehrwochenende mit einer Gemeindegruppe oder dem Presbyterium,
- in einer Bibliodrama-Veranstaltung,
- in einer Meditationsgruppe,
- in einer Lebenswortgruppe,
- bei einer Pilgerwanderung.

Und dann sind da natürlich die vielen Gelegenheiten von Geistlicher Begleitung im Gemeindealltag, z. B.

- das Erzählen von Lebens- und Glaubensgeschichten in verschiedenen Gruppen der Gemeinde,
- die Stille-Übungen in der Konfirmandenarbeit,
- die Unterbrechung in Konfliktgesprächen im Presbyterium, um zu schweigen und zu beten und miteinander nach dem Willen Gottes zu fragen.

Wen kann ich um Geistliche Begleitung bitten?

Grundsätzlich kann jeder, der/jede, die in der Gemeinde seelsorglich tätig ist, auch Geistliche Begleitung ausüben. Voraussetzung ist aber, dass er/sie bewusst einen eigenen geistlichen Weg geht und aufmerksam ist für die Gegenwart Gottes. Da in den letzten Jahrzehnten die Aufmerksamkeit in der Aus- und Fortbildung der Pfarrer und Pfarrerinnen eher auf andere Felder gerichtet war, ist es im Augenblick nicht selbstverständlich, dass sich jeder Pfarrer und jede Pfarrerin für die Geistliche Begleitung eignen.

Die Evangelische Kirche im Rheinland (EKiR) hat darum eine eigene Weiterbildung »Qualifikation für Geistliche Begleitung« entwickelt. Sie findet seit 2006 im Haus der Stille in Rengsdorf statt. An den Kursen nehmen Pfarrer/Pfarrerinnen, andere Hauptamtliche und Ehrenamtliche teil. Alle müssen eine Grundausbildung in Seelsorge absolviert haben. Diejenigen, die an der Weiterbildung teilnehmen, sammeln Erfahrungen mit verschiedenen Formen geistlichen Lebens, sie werden selbst geistlich begleitet, sie reflektieren den eigenen geistlichen Weg und sie üben sich ein in die Geistliche Begleitung von Einzelnen und Gruppen.
Inzwischen gibt es in der EKiR eine noch kleine, aber mit jedem Kurs wachsende Liste von Geistlichen Begleitern/Begleiterinnen. Sie finden sie im Internet unter: EKiR, von A–Z, gegenwärtig beim Stichwort »Seelsorge«, später bei »Geistliche Begleitung«.

Auch in anderen Landeskirchen gibt es eine wachsende Sensibilität für das Thema »Geistliche Begleitung«. Einige Landeskirchen haben eigene Weiterbildungen für Geistliche Begleitung entwickelt, andere haben entsprechende Arbeitsgemeinschaften eingerichtet oder Beauftragte für Geistliche Begleitung benannt.

Literatur

Greiner, Dorothea u. a. (Hrsg.): Wenn die Seele zu atmen beginnt. Geistliche Begleitung in evangelischer Perspektive, Leipzig 2008.

Das Hören und Sehen des Herzens

Gott lässt die Menschen seine Heiligkeit erfahren |
Von Heiner Süselbeck

Als der Marburger Religionswissenschaftler Rudolf Otto zu Anfang des vergangenen Jahrhunderts durch Marokko reiste und in einer Synagoge Menschen das »Dreimal-Heilig« aus Jes 6,3 singen hörte, fuhr ihm ein »feierlicher Schreck durch die Glieder«. Er notierte in seinem Tagebuch: »In welcher Sprache immer sie erklingen, diese erhabensten Worte, die je von Menschenlippen gekommen sind, immer greifen sie in die tiefsten Gründe der Seele, aufregend und rührend mit mächtigem Schauer das Geheimnis des Überweltlichen, das dort unten schläft.« [15]

[15] *Rudolf Otto: »Vom Wege. Reisebriefe aus Nordafrika«; in: ChW 25, 1911, Sp. 708ff.*

Dann fuhr er fort: »Seit Jahrtausenden haben Menschen ein Gefühl dafür gehabt, dass es einen erhabenen Gott gibt, dessen Größe ihr Denken übersteigt, einen Gott, der über den Nationen steht und mehr in Händen hält, als ein kleines Leben nach den Grenzen seines Herkommens und seiner Umgebung fassen kann.«

Es verwundert nicht, dass der Gelehrte diese Worte später auf seinen Grabstein meißeln ließ: »Heilig, Heilig, Heilig ist der Herr Zebaoth, alle Lande sind seiner Ehre voll.« (Jes 6,3)

Wie sehr die Anbetung des Heiligen auf verschiedene Weise in evangelischer Tradition lebendig geblieben ist, zeigt ein Blick in das Evangelische Gesangbuch (EG). Zunächst finden wir diesen Gesang unter den Liedern, die als Hymnen den Gemeinden zur Gestaltung ihrer Gottesdienste empfohlen werden. Dies gilt besonders für das Abendmahl, wenn im sogenannten »Sanctus« das »Dreimal-Heilig« aus Jes 6 angestimmt wird (EG 185.1 – 185.5; 583).

Etwas fremd für unsere Ohren, aber in seiner Melodie der Synagoge verbunden ist die Fassung, die wir in unserem Gesangbuch unter Nummer 185.1 finden. Wer ihr folgt, merkt, dass die christliche Kirche das Dreimal-Heilig aus Jesaja so deutet, dass sie Gott auch in Jesus Christus und im Kommen des Heiligen Geistes verehrt. Oder wie das EG an anderer Stelle ausdrücklich erklärt: »Indem wir Gott anbeten, ihn loben als den

Schöpfer, Erlöser und Vollender des Lebens, stimmen wir ein in den Lobpreis aller Glaubenden und der Engel und singen Heilig, Heilig, Heilig.« (EG, S. 1226)

Es gibt kaum einen Bibeltext, der die Christenheit, sei sie orthodox, katholisch, protestantisch oder charismatisch orientiert, in ihren Liturgien so eint wie dieser Vers mit seinem dreimaligen »Heilig!« aus Jesaja 6. Unter jungen Leuten hat sich die Fassung aus Taizé (EG 583) durchgesetzt, weil sie in lateinischer Sprache die Konfessionen übergreift und zum Lobpreis von Gottes Heiligkeit vereint.

Die Reformation bezog die biblische Aussage über Gottes Heiligkeit auf ihre Gnadentheologie. Auch wenn Gottes Heiligkeit zu »fürchten« war, so war sie auch zu »lieben« (so Martin Luther im Kleinen Katechismus, EG 855.1, S. 1312 – 1315). Das Schwere wich aus dem Lobpreis der Heiligkeit, weil Gott sich in den Augen der reformatorischen Theologen in der Liebe Christi und der Gemeinschaft des Heiligen Geistes als Befreiung von Angst erregenden Gottesbildern gezeigt hatte. Dies zeigt z. B. das Verständnis von Gottes Heiligkeit bei Johann Olearius aus dem Jahr 1665 im EG unter Nummer 139 in Strophe 5, wenn es von Gott heißt: »... dem wir das Heilig jetzt mit Freuden lassen klingen.«

Die Heiligkeit Gottes spüren und verehren, das geschieht nicht nur in Tempeln und Domen, nicht nur bei großen und feierlichen Gottesdiensten. Der wichtigste Ort, an dem Gottes Heiligkeit sich zu erfahren gibt, ist das Hören und Sehen des Herzens.

Gerhard Tersteegen konnte dies in einer niedrigen Stube seines kleinen Mülheimer Hauses erleben, während er als Bandweber arbeitete. In einem seiner bekanntesten Lieder hat er dazu eingeladen, das, was Jesaja im Tempel von Jerusalem sah und hörte, in individueller Versenkung – mystisch – nachzuvollziehen. Gottes Heiligkeit vermag deshalb auch kleine und armselige Versammlungen anzurühren, wenn sie auf unspektakuläre Weise in Hauskirchen bzw. Hauskreisen gemeinsam singen und beten. Es heißt in Lied EG 165: »Gott ist gegenwärtig, dem die Cherubinen (= Engel) Tag und Nacht gebücket dienen. Heilig, Heilig, Heilig! singen ihm zur Ehre aller Engel hohe Chöre. Herr vernimm unsre

Heiner Süselbeck
Jahrgang 1946, Pfarrer und bis Ende 2009 Rektor des Pastoralkollegs der Evangelischen Kirche im Rheinland in Wuppertal. Nach Gemeindepfarramt im Saarland (Saarbrücken-Dudweiler) und am Niederrhein (Straelen-Wachtendonk) von 1990 – 1996 Auslandspfarrer der EKD auf den Balearen, danach bis 2001 Gemeindepfarrer in Rheydt. Während seiner Zeit als Pfarrer in Rheydt und am Niederrhein auch für die Diakonenausbildung in Neukirchen-Vluyn engagiert.

Stimm, da auch wir Geringen unsre Opfer bringen.« (Str. 2) Und: »Herr, komm in mir wohnen, lass mein' Geist auf Erden dir ein Heiligtum noch werden.« (Str. 8)

In jüngster Zeit hat Manfred Josuttis, emeritierter Professor für praktische Theologie in Göttingen, das Erbe dieser Tradition aufgegriffen und neu interpretiert: Gemeindeleitung und Gottesdienste »führen in die Zone des Heiligen« als »einzig reale Alternative gegenüber den destruktiven Tendenzen des Mammonismus ... Die Kirche Jesu Christi wird ... nicht erbaut durch ein perfektes Management und (wird) auch nicht durch das permanente Klima einer freundlichen Geselligkeit ihre Zukunft gewinnen.« Kirche als »Leib Christi will erbaut werden durch Wort und Sakrament, durch Symbole und Rituale, in denen das Heilige Gegenwart wird«. [16]

[16] Manfred Josuttis: »Die Einführung in das Leben«, Gütersloh 1996, S. 20 und 79.

Josuttis greift dabei auf Rudolf Otto zurück, der 1917 in seinem bis heute immer wieder aufgelegten Buch »Das Heilige« (von Otto auch das »Numinose« genannt) einen auf Intellektualismus und Moral reduzierten Protestantismus mit den Worten kritisierte: »Luthers Schule ... ist dem Numinosen im christlichen Gottesbegriffe nicht gerecht geworden. Die Heiligkeit und den Zorn Gottes vereinseitigte sie durch moralistische Deutung ... Dem Kultus entzog sie mehr und mehr die eigentlich kontemplativen, spezifisch ›andächtigen‹ Momente. Das Begriffliche und Doktrinäre, das Ideal der ›Lehre‹ überwog dem Unaussprechlichen, nur in Gefühl Lebenden, dem lehrhaft nicht Tradierten. Die Kirche wurde Schule, und ihre Mitteilungen gingen dem Gemüte in der Tat – wie Tyrell es bezeichnet hat – mehr und mehr nur ›durch die schmale Ritze des Verstandes‹ zu.« [17]

[17] Rudolf Otto: »Das Heilige«, München 2004.

Verglichen mit den Aufbrüchen und dem missionarischen Wirken orthodoxer Kirchen im Osten Europas, aber auch im Blick auf die wachsende Gemeinden in Amerika und Afrika mit charismatischer Orientierung ist in diesem Sinn mit Paul Tillich kulturanthropologisch anzuerkennen: »... die aufgelösten Massen brauchen Symbole, die unmittelbar verständlich sind, ohne Umweg über den Intellekt. Sie brauchen heilige Wirklichkeiten.« [18] Die Akzeptanz des Heiligen baut eine Brücke zu anderen Religionen, denn die Ehrfurcht vor dem Heiligen und der Respekt vor

[18] Paul Tillich: Gesammelte Werke VII, Berlin 1962, S. 164.

seiner Gegenwart bei Gottesdienst und Gebet »lebt in allen Religionen als ihr eigentlich Innerstes«.[19] Das, was Menschen vor den Abgründen des Daseins ergreift, ist nach Rudolf Otto einerseits das Heilige als »Geheimnis des Erschauerns« (»Mysterium tremendum«). Andererseits bietet das Heilige im Leben »etwas eigentümlich Anziehendes, ... Faszinierendes« und »Beseligendes« (»Mysterium fascinans«).

Trotz des Respekts vor der Achtung, die in anderen Religionen das Heilige ebenfalls genießt, wird evangelischem Glaube die Gabe zu teil, auch darin die »Geister« zu »unterscheiden« (vgl. 1 Kor 12,10).

Von religiösen oder pseudoreligiösen Gefühlen wie in einem heiligen Rausch ergriffen, können Menschen sich zu Mord und Totschlag hinreißen lassen und z. B. in einen »Heiligen Krieg« ziehen »wie in einen Gottesdienst« (so das schreckliche Wort von Josef Goebbels). Die Teilnahme an einer Schlacht kann als »Fascinosum tremendum« erlebt werden (etwa in Ernst Jüngers »Stahlgewittern«). Und auch die Bibel erzählt – in kritischer Distanz – von einem religiösen Blutrausch: In 1 Kön 18, wo Elia am Karmel im Eifer für die Heiligkeit des einen Gottes Israels 3000 Baalspriester abschlachtet. Gott ist jedoch biblisch gesehen der »in Barmherzigkeit Heilige«.[20]

Die Erfahrung des Heiligen und Gottes Gegenwart wird christlicher Religiosität vermittelt, indem sie »immer wieder sehr lange und sehr ruhig« sich in das »Leben, Sprechen, Handeln, Leiden und Sterben Jesu« versenkt.[21]

So betritt sie die heiligen Räume, in denen sie Gott finden kann bei »Nachtmahl Tauf und Wort« (EG 536,2).

Hier ist der »Herr in seinem heiligen Tempel. Es sei vor ihm stille alle Welt« (Hab 2,20).

[19] *Rudolf Otto, ebd.*

[20] *Karl Barth: Kirchliche Dogmatik Band IV/1, Zürich 1963, S. 581.*

[21] *Dietrich Bonhoeffer: »Widerstand und Ergebung« (NA), Gütersloh 1998, S. 425.*

KONTEMPLATIVES SEIDENMALEN

»Fromm« oder »spirituell« – Versuch einer theologischen
Positionierung | Von Okko Herlyn

Das Wort »fromm« hat bei uns keinen besonders guten Klang. Wir verbinden damit Bravheit oder demütige Ergebung. Da solche Vorstellungen manchmal mit dem tatsächlichen Verhalten nicht ganz übereinzustimmen scheinen, steht der/die »Fromme« nicht selten unter dem Verdacht des Heuchlerischen. Wir werden, wenn wir mit Menschen über Frömmigkeit sprechen, immer wieder diesem Vorurteil begegnen. Es gibt kaum jemanden, der/die schlicht von sich sagt: Ich bin fromm. Immer muss da erklärt, nachgebessert oder sich distanziert werden: »Wenn Sie mit fromm meinen, dass man jeden Sonntag in die Kirche rennt, dann sicher nicht.« Oder: »Ich kenne genug fromme Menschen, die sind auch nicht besser als andere.«

Wahrscheinlich hat der historische Pietismus dem Wort »fromm« sein negatives Image eingebrockt. Verunsichert durch die forschen Forderungen der Aufklärung nach menschlicher Selbstbestimmung und einem möglichen Leben ohne Gott wächst bei vielen Christinnen und Christen des ausgehenden 17. Jahrhunderts ein neues Bedürfnis nach Vergewisserung des Glaubens, den man endlich auch einmal erleben will. Mit dieser Selbstprogrammierung des Frommen als eines nachweislich gottesfürchtigen und guten Menschen wird dem bald einsetzenden Klischee der »Frömmler« Tor und Tür geöffnet. »Warum sind die Frommen ... so widerlich, so ungesellig?«, schreibt z. B. Diderot, »sie haben sich zu leisten auferlegt, was ihnen nicht natürlich ist.«[22] Künftig hat die Frömmigkeit ihr weltfremdes, heuchlerisches Image weg.

[22] *zit. nach Karl Peltzer (Hrsg.): »Das treffende Zitat«, Bindlach 1974, S. 214.*

Dabei ist »fromm« ursprünglich ein weltlicher Begriff. Er kommt aus dem althochdeutschen »fruma« (»Nutzen«), was sich bis in unser »zu Nutz und Frommen« erhalten hat. In diesem Sinne galt als »fromm« der sich nützlich Machende, der Rechtschaffene. Es waren die Reformatoren, die diesen weltlichen Begriff dann sozusagen »evangelisiert« haben. Fromm ist nun, wer vor Gott rechtschaffen ist. Vor dem Hintergrund der Rechtfertigungslehre kann das aber nur bedeuten: Der Fromme ist der von Gott selbst – und nicht etwa aufgrund eigener, noch so rechtschaffener Werke – gerechtfertigte Sünder. »Wir sollen nicht fromm sein, etwas damit zu verdienen«, sagt Luther, sondern nur »um Gottes willen allein«.[23] Deshalb sind dann die praktischen Formen dieser Frömmigkeit: Bibellesen, Gebet, Liedersingen, Studium des Katechismus und in Folge davon wiederum das an der Liebe orientierte Tun im Alltag der Welt. »Ein Knecht im Stall wie der Knabe in der Schule dienen Gott. Wenn so die Magd und die Herrin fromm sind, so heißt das Gott gedient.«[24]

[23] *Erlanger Ausgabe 16, S. 299.*

[24] *»Luther Deutsch«, hrsg. von Kurt Aland, Erg. Band III, Göttingen 1991, S. 157 f.*

Die Religion als Selbstbedienungsladen

Seit einigen Jahren ist allerdings Bewegung in die Sache gekommen. Ein Zauberwort steht plötzlich im Raum: »Spiritualität«. Musste man sich bis vor nicht allzu langer Zeit fast noch schämen, Worte wie »Gebet« oder »Religion« überhaupt in den Mund zu nehmen, so hat sich die Lage inzwischen gewandelt. Östliche Religionen und transzendentale Weisheiten erobern den »Markt der Sinnanbieter«. In jeder Buchhandlung gibt es ausgiebige Esoterik-Literatur. Jede Volkshochschule und jedes Familienbildungswerk führt zahlreiche Angebote zur Spiritualität im Programm. Und die Firma TUI wirbt für ihr Robinson-Club-Programm so: »Meditierend das Ich erfahren, alle Sinne strömen lassen. Den Körper verwöhnen und die Aura pflegen, ... im Einklang mit der Schöpfung sein.« Ob Qi Gong oder Oberton-Gesang, ob Malen nach Märchen oder indianische Schwitzhütte, ob Atemübungen in der Toskana oder Extremklettern am Iduna-Hochhaus – alles hat mit einem Mal eine »spirituelle Dimension«, einen quasi-religiösen Mehrwert.

Über die Gründe für diese Trendwende ist schon viel gemutmaßt worden. Am häufigsten wird auf die Situation der sogenannten »Postmoderne« verwiesen. Rationalismus und Aufklärung seien inzwischen an ihre Grenzen gestoßen. In einer übertechnisierten, rein materiellen Wirklichkeit wachse die Sehnsucht nach etwas »Anderem«, nach einem Sinn hinter den sichtbaren Dingen, nach Kult und Ritual. Die globale, multikulturelle Gesellschaft tue zudem ein Übriges. Dabei entpuppt sich der neue Spiritualitätsboom nicht selten als purer Egotrip. »Was Gott ist, bestimme ich!« titelte die Zeitschrift »Psychologie heute« und reklamierte damit trefflich die religiöse Grundhaltung in Zeiten des Spätkapitalismus: Konditioniert auf die Gesetze des Marktes wird nun auch Religion zum Selbstbedienungsladen.

OKKO HERLYN

Jahrgang 1946, Dr. theol., Professor für Ethik, Anthropologie und Theologie an der Evangelischen Fachhochschule Rheinland-Westfalen-Lippe in Bochum und Privatdozent für Praktische Theologie an der dortigen Ruhr-Universität. Zuvor war er viele Jahre Gemeindepfarrer in Duisburg. Er ist Verfasser zahlreicher theologischer und literarischer Veröffentlichungen, Autor etlicher neuer geistlicher Lieder und mehrfach ausgezeichneter niederrheinischer Kleinkünstler.

Gott als unverwechselbares Gegenüber

Wenn wir in dieser Sache einmal die Bibel aufschlagen, so stellen wir bald fest: Auch ihr ist jene Sehnsucht durchaus nicht fremd, das Suchen nach etwas, das mehr ist als das Hier und Jetzt. »Wie der Hirsch lechzt nach frischem Wasser, so schreit meine Seele, Gott, zu dir«, heißt es z. B. im 42. Psalm. Dieses Ausschauen, dieses »Dürsten« nach etwas »Anderem« begegnet uns in der Tat häufig im Alten und Neuen Testament: in Opfer und Gebet, in Gesang und Tanz, in den Träumen der Alten und den Visionen der Propheten. Es begegnet uns in der Heiligung des Sabbat genauso wie im Fasten oder in den Festen des Jahres. Als grundsätzlich nach einer anderen Wirklichkeit Suchende gehen die Menschen der Bibel in die Wüste oder in den Tempel, steigen sie auf Dächer oder einsame Berge, treffen sie sich an einem abgelegenen Flussufer oder suchen sie das berühmte »Kämmerlein« auf.

Aber – und das ist das entscheidend Andere dieser, wenn man so will, »biblischen Spiritualität« – nirgendwo im Alten und Neuen Testament begegnet uns ein Lobpreis der Frömmigkeit oder Spiritualität als solcher. Sehnsucht nach etwas Anderem, Stillewerden, Kontemplation, Opfer, Fasten und Vision haben dort ihren »Wert« immer nur bezogen auf ein bestimmtes, unverwechselbares Gegenüber, nämlich auf Gott. Wohlgemerkt: nicht auf irgendeinen Gott oder Transzendenz und schon gar nicht auf irgendeine »spirituelle Dimension«. Die biblische Frömmigkeit ist immer bezogen auf den einen Schöpfer des Himmels und der Erden, den einen Befreier seines Volkes, den einen Vater Jesu Christi. Nur um dieses einen, einzigartigen Gottes willen wird in der Bibel geopfert, werden Menschen still, beten, fasten oder tanzen sie, begeben sie sich in Wüste oder Tempel, auf Dächer oder Berge. »Meine Seele ist stille zu Gott«, heißt es in Psalm 62. Zu Gott. Nicht zu irgendeinem harmonischen Ganzen – weder im Kosmos noch in meinem Inneren.

Dem entspricht umgekehrt, dass eine Frömmigkeit, die sich von diesem Gegenüber löst, sich verselbständigt oder gar zur eigenen Seelenhygiene instrumentalisiert wird, in scharfe Kritik gerät. »Und wenn ihr mir auch Brandopfer und Speisopfer opfert, so habe ich kein Gefallen daran und mag auch eure fetten Dankopfer nicht ansehen. Tu weg von mir das Geplärr deiner Lieder, denn ich mag dein Harfenspiel nicht hören«, hält beispielsweise der Prophet Amos den Frommen seiner Zeit im Namen Gottes vor (Am 5,22 f.). Den Frommen! Nicht eben ein Werbetext für eine evangelische Akademie, die meint, ganze Jahresprogramme zur »Spiritualität« vorhalten zu müssen.

Eine neue Würdigung der Frömmigkeit

Bereits diese wenigen biblischen Andeutungen dürften Anlass genug sein, sich als Kirche in Sachen »Frömmigkeit« oder »Spiritualität« noch einmal anders zu positionieren. Man mag über Begriffe lange streiten. Aus Gründen der »gesellschaftlichen Anschlussfähigkeit« kann es hier und da womöglich sogar geraten sein, auch kirchlicherseits das Wort »spirituell« einmal in den Mund zu nehmen. Entscheidend wird indes sein, ob es gelingt, das Spezifische einer biblisch orientierten, evangelischen Glaubenshaltung unmissverständlich zu machen und dann auch öffentlich zu vertreten. Und warum sollte dabei der – zu Recht oder zu Unrecht – verpönte Begriff der »Frömmigkeit« nicht noch einmal einen neuen, guten Klang bekommen? Ein paar grundsätzliche Gesichtspunkte mögen dabei hilfreich sein:

1. Eine evangelische, also am Wort Gottes orientierte Frömmigkeit hat sich zuallererst daran zu erinnern, dass Frömmigkeit bzw. Spiritualität kein Heil in sich und an sich bergen. Der religiösen Aufblähung von allem und jedem ist die biblische Entgötterung der Welt entgegenzuhalten. Für die Bibel ist ein Baum »wirklich nur ein Baum und nicht ein geheimnisvoller Ort, in dem in Wahrheit noch etwas ganz anderes verborgen ist«.[25] Frömmigkeit beginnt mit der vielleicht schmerzhaften Erkenntnis der eigenen Weltlichkeit, der eigenen Nicht-Göttlichkeit – so religiös ich auch sein mag. »Willst du rechte Frömmigkeit ... erlangen«, sagt Luther, »so musst du gänzlich an dir verzweifeln und Gott allein trauen.«[26] Biblisch orientierte Frömmigkeit beginnt mit dieser heilsamen Verzweiflung, d. h. mit der heilsamen Durchbrechung jener heillos religiös-optimistischen Weltverseuchung und Volksverdummung.

2. Eine evangelische Frömmigkeit hat alsdann dem Aberglauben zu wehren, jeder und jede könne sich seinen Gott und ihre Göttin nach Gutdünken machen. Wer Gott ist, bestimmt weder mein Kopf noch

[25] *K. Bartl: »Agenten des Heiligen«, in: EvKomm 31, 1998, S. 112.*

[26] *WA 10 I 2, 233/20 – 23*

mein Bauch, sondern einzig Gott selbst. Deshalb kann es in einer evangelischen Frömmigkeit auch nicht darum gehen, ob sie mir etwas »bringt«, ob ich mich durch sie z. B. wohler oder ruhiger oder geborgener fühle oder gar – wie mancherorten behauptet – sogar erfolgreicher bin. Wir mögen so viele Kerzen anzünden, so viele Taizé-Gesänge anstimmen und so viele kontemplative Seidenmalkurse buchen, wie wir wollen, solange es uns dabei nicht um den Gott Israels, nicht um den Vater Jesu Christi geht, sind alle »frommen« oder »spirituellen« Übungen leeres Stroh.

3. Eine evangelische Frömmigkeit kann demzufolge also grundsätzlich nicht mehr sein als ein Raum, als eine Bereitschaft für die Begegnung mit dem Wort Gottes. Wüste und Sabbat, Einkehr und Stille, Meditation und Kontemplation, Kult und Ritual, Spiritualität und Frömmigkeit sind nicht das Wort Gottes, aber sie können ihm durchaus »den Weg bereiten« (Jes 40,3). Nur so haben sie ihr Recht und ihre Pflicht. Aber eben: auch ihre Pflicht. Vielleicht hat die evangelische Kirche diese Pflicht, nämlich Frömmigkeit auch zu gestalten, zu lange vernachlässigt. Sonntagsheiligung, Gottesdienst, Andacht, Bibellese, persönliches und gemeinschaftliches Gebet, geistliches Singen, Zeiten der Stille und des Fastens – wir werden diese und andere »Wege« neu aufzusuchen und verantwortlich zu gestalten haben, nicht um irgendwelcher selbstheilenden oder kosmischen Energien willen, sondern um einer Aufmerksamkeit und einer Neugier willen für das, was Gott uns zu sagen hat.

4. Die spirituelle Sehnsucht des heutigen Menschen nach etwas »Anderem« wäre vielleicht auch einmal als das Signal einer Not zu deuten. Die zunehmende Versklavung des heutigen Menschen unter die Gesetze des Marktes überhaupt einmal beim Namen zu nennen, gar ihr tapfer zu widerstehen, das wäre ein weiterer Aspekt einer biblisch orientierten, evangelischen Frömmigkeit, die sich nicht im Hören des Wortes Gottes und im Gebet erschöpft, sondern die im Alltag der Welt dem Nächsten zugute kommt. Das alte Wort »frommen«, wir erinnern uns, hatte ja etwas mit »nützen« zu tun. Eine Frömmigkeit, die am Ende nicht auf solch einen befreienden »Nutzen« für die Welt hinausliefe, wäre jedenfalls für die evangelische Kirche irrelevant.

Rühr mich nicht an

Grenzen in Seelsorge und Geistlicher Begleitung |
Von Christiane Vetter und Edwin Jabs

Immer wieder melden sich Menschen, die berichten, dass sie oder ein Familienmitglied Opfer eines sexuellen Missbrauchs durch einen Seelsorger oder – in selteneren Fällen – durch eine Seelsorgerin geworden sind. Diese Vorwürfe können sich auch auf Erfahrungen beziehen, die schon länger zurückliegen.

In solchen Fällen ist zunächst eine sorgfältige und unvoreingenommene Gesprächsführung angezeigt. Wichtig ist in einem solchen Gespräch, das Gehörte nicht in Zweifel zu ziehen, aber die Möglichkeit nicht auszuschließen, dass es auch ungerechtfertigte Vorwürfe geben kann. Sinnvoll ist es, die Betroffenen möglichst bald auf die für solche Vorwürfe zuständigen Fachleute der Landeskirche hinzuweisen und sie gegebenenfalls bei einer Kontaktaufnahme zu unterstützen.* Im Vordergrund müssen das Wohlergehen des Opfers und seine Selbstbestimmung stehen.

* Adressen am Ende des Textes.

Es gehört es zu den berufsethischen Grundsätzen in Seelsorge und Geistlicher Begleitung,[27] dass keine sexuellen Kontakte zu Ratsuchenden aufgenommen werden. Denn die Seelsorgebeziehung ist eine Schutzbeziehung für Menschen in Not. Ratsuchende kommen aufgrund von oft schweren Belastungen und erwarten von Fachleuten in Seelsorge oder Geistlicher Begleitung Unterstützung und Hilfe.

[27] Das Gleiche gilt natürlich für alle anderen Zusammenhänge, in denen sich die Frage nach Nähe und Distanz stellt, wie etwa Salbungsgottesdienste oder den Bereich Pflege.

Das Vertrauen darf nicht missbraucht werden

Das Amt verleiht den in der Kirche Tätigen eine besondere Vertrauensposition, die sie nicht für eigene Interessen und Bedürfnisse missbrauchen dürfen. Eine fachgerechte Seelsorge oder Geistliche Begleitung muss uneigennützig angeboten werden.

Menschen in Not sind von vornherein in einer unterlegenen, verletzlichen Position. Sie sind in besonderer Weise auf die persönliche Integrität und Glaubwürdigkeit des Seelsorgers bzw. der Seelsorgerin angewiesen. Um Hilfe zu bekommen, müssen sich Rat- und Hilfesuchende ihren Seelsorgerinnen und Seelsorgern anvertrauen. Sie offenbaren ihr

Christiane Vetter

Jahrgang 1957, Pfarrerin, Ehe- und Lebensberaterin. Studium der Theologie in Münster, Basel, Bonn. Berufsschulpfarrerin in Wuppertal, Mitarbeit in der Evangelischen Beratungsstelle Wuppertal-Barmen, Beratungstätigkeit in London (Ehe-, Lebens- und Trauerberatung). Seit 2003 Pfarrerin in der Evangelischen Hauptstelle für Familien- und Lebensberatung in Düsseldorf. Zum Arbeitsauftrag gehören die Ehe-, Paar- und Lebensberatung, außerdem Seelsorge, Beratung und Supervision für kirchliche Mitarbeiter/-innen und Pfarrer/-innen. Verheiratet, drei Kinder.

Inneres und geben ihre Ängste, Konflikte und Wünsche preis. Zwischen Seelsorgenden und den Rat- und Hilfesuchenden entsteht eine ungleiche Beziehung, ein Abhängigkeitsverhältnis der Hilfesuchenden ihren Seelsorgern gegenüber.

Grenzverletzungen geschehen, wenn in der Kirche Tätige ihr Amt und das Vertrauen von Rat- und Hilfesuchenden ausnutzen, um eigene Wünsche und sexuelle Bedürfnisse zu befriedigen. Eine sexuelle Beziehung aber bricht grundlegend das Vertrauensverhältnis zwischen Ratsuchenden und dem Seelsorger bzw. der Seelsorgerin.

Die alleinige Verantwortung für den sexuellen Kontakt liegt beim Seelsorger bzw. der Seelsorgerin. Die ungleiche Beziehung macht eine freie Zustimmung der Rat- und Hilfesuchenden – auch bei vordergründiger Einwilligung der Betroffenen – unmöglich. Das seelsorgliche Nein ist auch bei einem Verführungsangebot unmutößlich und durch keine Ausnahme zu rechtfertigen. Jeder sexuelle Kontakt, der während der Seelsorge oder Geistlichen Begleitung zustande gekommen ist, ist als sexueller Missbrauch durch den Seelsorger bzw. die Seelsorgerin zu werten.

Seelsorger brauchen Supervision

Sexuellen Handlungen geht ein komplexer Prozess von Gedanken, Fantasien und Entscheidungen voraus. Das gilt auch für sexuelle Grenzverletzungen. Zur professionellen Verantwortung von Seelsorgern und Seelsorgerinnen gehört es, sich selbst sofort supervisorische Hilfe zu suchen, wenn sie in der Gefahr stehen, Grenzen zu verletzen. Grundsätzlich ist es notwendig, stets Selbstkritik zu üben, Vorsichtsmaßnahmen zu entwickeln und Gegenkräfte zu stärken. Die Anforderungen an die persönliche Integrität des Seelsorgers oder der Seelsorgerin sind hoch, und sie müssen auch in deren eigenen Lebenskrisen durchgehalten werden.

Die Folgen eines sexuellen Missbrauchs in Seelsorge oder Geistlicher Begleitung sind für die Opfer gravierend. Betroffene sprechen von traumatischen Erfahrungen. Im Nachhinein erleben sie häufig nicht die Sexualität oder die sexuellen Handlungen als solche als traumatisch, sondern die Ausbeutung ihrer Abhängigkeit und ihres Vertrauens durch den

Seelsorger oder die Seelsorgerin. Die Erkenntnis, missbraucht worden zu sein, ist vielen erst nach langen inneren Kämpfen möglich. Die Opfer sexueller Grenzverletzungen fühlen sich in ihrer Selbstachtung beschädigt, beschmutzt und wertlos. Viele quälen sich mit Schuld- und Schamgefühlen und dem Verlust ihres Vertrauens in die eigene Wahrnehmungsfähigkeit. Häufig kommt es zu Selbstmordfantasien und zu einer manifesten Selbsttötungsgefährdung. Nicht selten sind auch schwerwiegende psychosomatische Erkrankungen die Folge.

Ein Missbrauch zerstört auch das Vertrauen in die Kirche

Besonders gravierend sind die Folgen für Menschen, die frühere Missbrauchserfahrungen in ihrer Kindheit oder Jugend durchleiden mussten. Sie erleben einen weiteren Missbrauch an dem Ort, an dem sie sich sicher glaubten. Da sich Betroffene aus einer Notsituation heraus an die Kirche gewandt haben, werden sie nicht nur in ihrer Hoffnung auf Hilfe enttäuscht. Der Missbrauch durch den Seelsorger oder die Seelsorgerin zerstört oft genug auch das Vertrauen in die Kirche und in den eingeschlagenen spirituellen Weg.

Es ist die besondere Verantwortung der Kirche, Menschen in solchen Fällen mit Verständnis zu begegnen und ihnen Gerechtigkeit widerfahren zu lassen. Hilfreich für Betroffene ist es in der Regel, aus der Ohnmacht des Opfers herauszutreten und gegen den Täter oder die Täterin aktiv zu werden. Manchmal hindern sie aber falsche Scham und ungerechtfertigte Schuldgefühle, sich zur Wehr zu setzen, oder es gibt andere Gründe, die sie zögern lassen und die es zu bedenken gilt.

Psychologische Beratung und juristische Ermittlung

Die Evangelische Kirche im Rheinland hat ein Verfahren entwickelt, das die Beratung Betroffener und die möglichen juristischen Ermittlungen voneinander trennt. Betroffene können sich – streng vertraulich – einer beratenden Juristin des Frauenreferates der Evangelischen Kirche im Rheinland anvertrauen oder eine psychologische Beratung in der Hauptstelle für Familien- und Lebensberatung in Anspruch nehmen. Sie können sich auch – streng vertraulich und nur auf eigenen Wunsch – einer ermittelnden Juristin des Landeskirchenamtes anvertrauen, die den Anschuldigungen nachgeht und gegebenenfalls ein Disziplinarverfahren einleitet.

EDWIN JABS

Jahrgang 1955, Studium der Evangelischen Theologie und Psychologie in Bonn, zehn Jahre Gemeindepfarrer in Duisburg. Seit 1993 Landespfarrer und Leiter der Evangelischen Hauptstelle für Familien und Lebensfragen der Evangelischen Kirche im Rheinland. Verheiratet, zwei Söhne.

Adressen

Frauenreferat der Evangelischen Kirche im Rheinland
Petra Hundhausen-Kelp
Hans-Böckler-Str. 7
40403 Düsseldorf
Tel.: 0211/4562-680
E-Mail: Petra.Kelp@ekir-lka.de

Evangelische Hauptstelle für Familien- und Lebensberatung
im Rheinland
Graf-Recke-Str. 209a
40237 Düsseldorf
Tel.: 0211/3610-300
E-Mail: beratung.hauptstelle@ekir.de

Literatur

»Die Zeit heilt keineswegs alle Wunden. Leitlinien zum Umgang mit sexualisierter Gewalt«; die Broschüre wurde herausgegeben von der Evangelischen Kirche im Rheinland, Landeskirchenamt, Abteilung II. Bezug: martina.heldmann@ekir-lka.de

2 Keine alten Zöpfe – Traditionen der Spiritualität

Amen und Halleluja

Gebete sind keine Zaubersprüche

Allein aus dem Glauben

Singen als Selbst- und Gotteserfahrung

Einfach ansteckend und begeisternd

Erfüllt mit heiliger Geistkraft

Wenn die Gruppe okay ist

Kinder brauchen Religion

Amen und Halleluja

Die christliche Spiritualität in ihren jüdischen Wurzeln kennenlernen |
Von Katja Kriener

Juden und Christen glauben an denselben Gott. Die ersten Menschen, die an Jesus als Christus, als Messias glaubten, waren Jüdinnen und Juden. Christinnen, Christen wurden sie erst im Laufe des 2. Jahrhunderts genannt. Mit der Zeit kamen zu den messiasgläubigen Juden »Menschen aus den Völkern« hinzu. Gemeinsam feierten sie Gottesdienste, kümmerten sich um Kranke, Witwen und Waisen und organisierten das Leben der Gemeinde.

Die christliche Kirche hat sich aus dem Judentum entwickelt. Für ihr Selbstverständnis und ihre Glaubenspraxis ist der Israel-Bezug der christlichen Kirche damit grundlegend. Die Evangelische Kirche im Rheinland hat dies 1996 festgehalten, als sie den Israel-Bezug im Grundartikel ihrer Kirchenordnung verankerte. Manche haben von der »jüdischen Kontur« des christlichen Glaubens gesprochen. Sie hat ihren deutlichen Niederschlag u.a. in Spiritualität und Glaubensvollzug gefunden.

Unser Altes Testament ist die Hebräische Bibel

Die jüdischen Anteile unseres christlichen Glaubens begründen sich darin, dass Jesus Jude war und blieb. Damit steht in der Mitte des christlichen Glaubens die zentrale jüdische Hoffnungsgestalt, der Messias, der uns Christinnen und Christen mit dem Volk Gottes, mit Israel verbindet. Durch ihn werden wir hineingenommen in die Bundesgeschichte Gottes mit seinem Volk Israel. Eine weitere entscheidende Legitimationsgrundlage für uns protestantische Christinnen und Christen in unserem Bezug zu Israel ist die Bibel bzw. sind die gemeinsamen Schriften. Den größeren Teil unseres christlichen Kanons haben wir mit Israel, dem Judentum, gemeinsam: unser sogenanntes Altes Testament, die Hebräische Bibel. Das Neue Testament bezieht in den erzählenden wie in den argumentierenden Stücken, also Evangelien, Apostelgeschichte und Briefen, die Jesus-Botschaft immer wieder auf das sogenannte Alte Testament, d.h.: Die Einzelheiten der Jesus-Botschaft legitimieren sich aus der Hebräischen Bibel. Jüdische Wurzel und Weiterentwicklung nehmen hier im jüdischen Zusammenhang ihren Ausgangspunkt.

Die hebräische Sprache im christlichen Gottesdienst

Das Entstehen der christlichen Religion aus dem Judentum spiegelt sich dementsprechend im Lebensvollzug der christlichen Gemeinde bis heute wider. Dafür sind unsere Gottesdienste ein beredtes Zeugnis. Wer hat schon vor Augen, dass wir uns als Christinnen und Christen täglich oft mehrfach der hebräischen Sprache bedienen, wenn wir unsere Morgen-, Tisch- und Abendgebete mit »Amen« beenden? Wir gebrauchen dabei ein Wort aus der Liturgie des jüdischen Gottesdienstes. Von der Christenheit wurde das »Amen« unverändert übernommen und nie übersetzt, wohl aber interpretiert, zum Beispiel von Martin Luther im Kleinen Katechismus: »Amen, Amen, das heißt: Ja, ja, es soll also geschehen!« Das kleine hebräische Wort ist als Äußerung unserer Frömmigkeit zum unverlierbaren Bestand unserer deutschen Sprache geworden. Ähnlich verhält es sich mit dem Aufruf zum Lobpreis Gottes in Liedern und Gebeten, mit dem »Hallelu-ja« (Lasst uns Gott, JHWH, loben!). Und auch mit dem Hosianna-Ruf (Gott, hilf doch!) stimmt die christliche Gemeinde ein in die Anrufung bzw. den Bittruf Israels an den Gott Abrahams, Isaaks und Jakobs, den Vater Jesu Christi.

Shabbat und Sonntag – ein Ruhetag im Verlauf der Arbeitswoche

Zum jüdischen Erbe in christlicher Lebenspraxis gehört zunächst ganz schlicht die Sieben-Tage-Woche mit dem wöchentlichen Feiertag (Shabbat/Sonntag). Auch wenn im Christentum der wöchentliche Feiertag vom Samstag (vgl. 1 Mos 2,2f.; 2 Mos 20,11) auf den Sonntag verlegt wurde (zum Gedenken an die Auferstehung Jesu, vgl. Mt 28,1ff.), ist die Unterbrechung des Alltags im Ruhetag eine Errungenschaft aus biblisch-jüdischer Zeit, die im Christentum weiterlebt.

Der Aaronitische Segen (4 Mos 6,22–24)

Aus dem reichen, jüdischen Erbe sind zahlreiche Elemente vom Sabbatmorgengottesdienst der Synagoge im Wortgottesdienst der Kirche übernommen worden: Zwischen der 17. und 18. Bitte des Hauptgebetes des jüdischen Gottesdienstes (Achtzehn-Bitten-Gebet oder Amida) wird der Aaronitische Segen (Num 6,22 – 24) erteilt, möglichst durch einen in der Synagoge anwesenden Nachfahren eines Cohen (= hebr. Priester). Ist niemand aus diesen Nachkommen Aarons und seiner Familie anwesend, so wird der Segen vom Vorbeter erbeten: »Der Herr segne uns und behüte uns« – Gemeinde: »Amen«, »der Herr lasse sein Angesicht leuchten über uns und sei uns gnädig« – Gemeinde: »Amen«, »der Herr hebe sein Angesicht über uns und gebe uns Frieden« – Gemeinde »Amen«. Der Aaronitische Segen gehörte zum Ritus des Tempelkults, er wurde auf die Synagogengottesdienste übertragen und gelangte von dort in den christlichen Gottesdienst, der vielerorts mit dem aaronitischen Segen beschlossen wird.

Die Psalmen – Gebetbuch von Juden und Christen

Die augenfälligste Nähe bzw. Verwurzelung christlicher Spiritualität in jüdischer zeigt sich an dem »gemeinsamen« Gebetbuch der Juden wie auch der Christen, dem Buch der Psalmen. Der tägliche Gebrauch der Psalmen in jüdischer wie christlicher Liturgie spiegelt die große Nähe der beiden Schwesterreligionen wider. So besteht der tägliche jüdische Morgengottesdienst neben dem Lesen des Schema Israel (Höre, Israel ... 5 Mos 6,5) und dem Achtzehn-Bitten-Gebet aus dem Singen und Beten zahlreicher Psalmen: Psalm 30, Psalm 100, die Psalmen 145 – 150. Ohne das Buch der Psalmen wäre christliches Singen und Beten nicht denkbar. Christinnen und Christen haben mit dem angehängten »Ehr sei dem Vater und dem Sohn und dem Heiligen Geist« ihren eigenen Zugang zum Adressaten der Gebete gekennzeichnet:

Katja Kriener

Jahrgang 1958, Landespfarrerin für das christlich-jüdische Gespräch in der Studienstelle Christen und Juden der Evangelischen Kirche im Rheinland, von 1993 – 2008 Vorsitzende des Studienprogramms »Studium in Israel e.V.« der Evangelischen Kirche in Deutschland. Mehrere Jahre Israelaufenthalt. Verheiratet, zwei Töchter.

Das Evangelische Gesangbuch (Ausgabe Rheinland-Westfalen-Lippe, 1996) hebt besonders die im Beten von Psalmen gegebene Nähe des christlichen zum jüdischen Gottesdienst hervor. In der Einführung zum Gebetspsalter (EG 701) heißt es einleitend: »Psalmen zu beten und zu singen gehört bis heute zum Gottesdienst der jüdischen Gemeinde. Es ist Israels Antwort auf das Handeln Gottes an seinem Volk in der Geschichte. Israel hat nie aufgehört, seinen Gott zu loben, zu ihm zu klagen, ihm zu vertrauen und ihn um Hilfe und Rettung zu bitten. Auch Jesus hat die Psalmen seines Volkes Israel gebetet, und die Kirche übernahm sie seit den frühesten Zeiten als festen Bestandteil in den christlichen Gottesdienst. Mit den Worten Israels beten so auch Christen zu Gott und bringen mit den Juden Lob und Dank, Klage und Bitte vor Gott.«

Deutlich wird hier nicht nur ausgesprochen, dass die Kirche beim Psalmenbeten in der Tradition Israels steht, sondern auch, dass diese Tradition im Judentum bis heute ungebrochen lebendig ist. Ein Blick in jüdische Gebetbücher, ein Besuch in der Synagoge zeigt, dass Jüdinnen und Juden in der häuslichen Frömmigkeit wie im gemeinsamen Gottesdienst Psalmen im Zusammenhang beten und dass Psalmverse und Psalmmotive auch die sonstigen Gebete erfüllen. Von Anfang an, bis heute und bleibend beten also Christinnen und Christen die Psalmen neben und mit den Jüdinnen und Juden, wenn auch auf ihre eigene Art.

Das Vaterunser

Geschichtliche Verwurzelung und bleibende Nähe zeigen sich auch in dem zentralen christlichen Gebet, dem Vaterunser (oder in der reformierten Tradition: Unser-Vater-Gebet), das als eine Zusammenfassung aus Elementen der beiden zentralen jüdischen Gebete, dem »Achtzehn-Bitten-Gebet« und dem Kaddisch, dem Gebet der Trauernden, gelesen werden kann: »Erhoben und geheiligt werde sein großer Name in der Welt, die er nach seinem Willen erschaffe«, heißt es im Kaddisch, »er lasse sein Reich kommen in Eurem Leben und in Euren Tagen und in dem Leben des ganzen Hauses Israel, bald und in naher Zeit. Darauf sprecht: Amen. Sein großer Name sei gepriesen von Ewigkeit zu Ewigkeit.«

Im Vaterunser beten wir: »Dein Name werde geheiligt, dein Reich komme, dein Wille geschehe.« Die Heiligung des Namens, das Kommen des Reiches Gottes sind Elemente, die die beiden jüdischen Gebete zentral bestimmen und im Vaterunser leicht wiederzufinden sind.

Neubesinnung auf das jüdische Erbe

Der kleine Überblick hat gezeigt, dass der Gottesdienst der Christenheit deutlich Gestaltungselemente des synagogalen Gottesdienstes aufgenommen und bewahrt hat. Diese Erkenntnis, die lange im Bewusstsein der christlichen Gemeinde kaum lebendig war, wird heute wieder neu entdeckt. In neueren Agenden und Gesangbüchern wird darauf ausdrücklich hingewiesen, wie etwa im Kirchengesangbuch der Evangelischen Landeskirche in Baden, in deren kurzen Erläuterungen zur Liturgie des Hauptgottesdienstes es heißt: » ... Die Liturgie ist zusammengewachsen aus dem von der Urchristenheit übernommenen Erbe des israelitischen Gottesdienstes: Lesungen, Zwischengesänge, Mahlgebete, Fürbitten, Grußformeln, Dreimalheilig, Halleluja, Hosianna, Segen, Amen, fester Gottesdiensttag ...«

Auch das Gottesdienstbuch von EKU und VELKD bringt dies in seinem 7. Kriterium zum Ausdruck: »Die Christenheit ist bleibend mit Israel als dem erstberufenen Gottesvolk verbunden. Der christliche Gottesdienst hat in den Anfängen vielfach aus den Traditionen der jüdischen Hausgottesdienste und der Synagoge geschöpft. Er ist zugleich und im weiteren Verlauf der Geschichte von anderen Kulturen beeinflusst worden. Neben der Klarheit ihres Christusbekenntnisses bewahren die christliche Kirche auch ihre Bindung an das Alte Testament und ihre Verwurzelung im jüdischen Gottesdienst davor, sich an heidnische Kulte und Aberglauben zu verlieren. ... Das inzwischen langjährige Gespräch zwischen Juden und Christen hat zu einer intensiven Arbeit geführt, die die ursprüngliche Verbundenheit neu zum Ausdruck bringt. Es zeigt auch Folgen für die Gottesdienste der christlichen Kirchen. Der Gottesdienst ist ein wichtiger Ort, an dem der Berufung Israels gedacht und die bleibende Verbundenheit mit Israel zur Sprache gebracht werden soll.«

GEBETE SIND KEINE ZAUBERSPRÜCHE
Gebet und Segen ermöglichen ein Gespräch und eine persönliche Beziehung mit Gott | Von Eckart Schwab

In der christlich-jüdischen Tradition wird dem Ersten Gebot entsprechend (2 Mos 20,3 – 5a) nur Gott selbst angebetet. Das Gebet richtet sich an keines seiner Geschöpfe, weder an Engel (Off 22,9) noch an Menschen (Apg 10,26), sondern nur an Gott (Lk 18,13; Off 22,9), den Schöpfer (Off 14,7), selbst. Wir reden zu Gott als unserem Vater (Mt 6,8f.; Röm 8,15; vgl. auch Jes 66,13), in seinem Sohn Jesus Christus (Mk 10,47; Joh 14,13f.; Apg 7,59; vgl. 1 Tim 2,5; 1 Joh 2,1) und durch den Heiligen Geist (Röm 8,26). Christinnen und Christen haben deswegen schon früh trinitarische Formen der Gottesanrede (Mt 28,19) verwendet.

Auf dem vertrauensvollen Gebet zu Gott liegt eine unendliche Verheißung: »Alles, was ihr bittet im Gebet, wenn ihr glaubt, so werdet ihr's empfangen.« (Mt 21,22; vgl. Lk 18,7) Diese Verheißung gilt sowohl für das persönliche Gebet im Stillen und Verborgenen (Mt 6,6) wie für das gemeinsame Gebet, »wo zwei oder drei versammelt sind in meinem Namen« (Mt 18,19 – 20; vgl. Apg 2,42).

Beten ist in einem tiefen Sinne performatives, die Wirklichkeit veränderndes Reden: Beten verändert mich, verändert die Welt, setzt Gottes Möglichkeiten frei. Allerdings bleibt die religiös-spirituelle Dimension unverfügbar: Gebete wirken nicht als Zaubersprüche (vgl. Mt 23,5). Betende sollen »nur frisch und fröhlich warten der Erhörung. Doch nicht wissen wollen wie und wo, wie bald, wie lange und durch welche« (Martin Luther).

Inhalte und Formen

An wichtigen Gebetsformen kann man das Bittgebet, Gebete des Dankes und des Lobpreises, das Bußgebet mit der Bitte um Sündenvergebung oder die Fürbitte unterscheiden. Eine hilfreiche Strukturierung des Fürbittengebetes sind die drei Bitten für die Kirche, für die Welt und für den Einzelnen in Not.

Die kürzeste und prägnanteste Form des Gebetes ist ein Stoßgebet (vgl. Ps 50,15; 1 Petr 5,7), meist eine kurze Bitte: »Gott sei mir Sünder gnädig« (Lk 18,13), »Herr, erbarme dich! – Kyrie eleison« (vgl. Mt 20,30 u.ä.). Manchmal besteht das Gebet sogar nur aus einem Wort (Röm 8,15), einem Schrei (Mk 15,37; vgl. Lk 18,7) oder einem »ängstlichen Harren« (Röm 8,19). So ein Beten geschieht im Herzen, nicht mit formulierten Worten, sondern als »Gefühl«: »Wir wissen nicht, was wir beten sollen, sondern der Geist vertritt uns mit unaussprechlichen Seufzen.« (Röm 8,26)

Wer frei und spontan ein Gebet formuliert, muss deswegen keine großen und klugen Worte machen. Schon ehe wir einen Gedanken bilden oder ihn aussprechen können, weiß Gott, was wir brauchen (Mt 6,7f.).

Eine Orientierung und Hilfe für das Beten sind feststehende Gebetstexte. Schon die Bibel enthält neben vielen einzelnen Gebeten ein vollständig ausformuliertes Gebetbuch: den Psalter. Besonders viele Lobgebete enthält die Offenbarung des Johannes. Jesus selbst hat uns mit dem Vaterunser (Mt 6,9 – 13; Lk 11,2 – 4; EG 861 und S. 1647) beispielhaft beten gelehrt. Gute Gebetsvorschläge zu unterschiedlichen Anlässen finden sich im Evangelischen Gesangbuch, besonders EG 860 – 1003, aber auch als Zwischentexte oder als Gebet formulierte Lieder (EG 59, 414 – 425 u.a). Man hat schon im Mittelalter die Formulierung in Mt 7,7 »Bittet, so wird

euch gegeben; suchet, so werdet ihr finden; klopfet an, so wird euch auf-
getan« als Hinweis auf Stufen des Gebets verstanden: von der mündlichen Aussprache eines Gebetes über immer tiefere Herzbewegtheit
und Innerlichkeit bis hin zum Gespräch oder gar der ekstatischen Verei-
nigung mit Gott. Sicher sind verschieden intensive Erfahrungen und
Schritte im Prozess des Betens möglich. Aber es gibt keine graduelle
Wertigkeit, kein »näheres« oder »ferneres« Beten.

Immer und überall beten

Die Beziehung zu Gott im Gebet umfasst alle denkbaren Bereiche unseres Lebens. Dies kommt beispielhaft im Lobgebet (Präfation) vor dem
Abendmahl zum Ausdruck:

»Wahrhaft würdig ist es und recht, dass wir dich, Herr, heiliger Vater,
allmächtiger Gott, zu allen Zeiten und an allen Orten loben und dir danken durch unseren Herrn Jesus Christus ... Durch ihn loben die Engel
deine Herrlichkeit, beten dich an die Mächte und fürchten dich alle Ge-
walten ... Mit ihnen vereinen auch wir unsere Stimmen und bekennen
ohne Ende ...« (EGb, S. 629)

Das Gebet entfaltet sich umfassend in den Dimensionen der Zeit, des
Raumes und der Geschöpflichkeit. Deshalb gibt es für Christinnen und
Christen keine abgegrenzten, exklusiv heiligen Gebetszeiten, Gebets-
orte oder gebetsvermittelnde Personen. Im gesamten Leben der Gläubigen als »vernünftiger Gottesdienst« (Röm 12,1) vollzieht sich das Gebet
im Gespräch mit Gott.

Gestaltungshilfen

Beten ist nicht an einen bestimmten Ort gebunden (vgl. Joh 4,19 – 24).
Dennoch kann es Orte geben, deren Atmosphäre hilft, sich beim Beten
innerlich zu sammeln: Offene Kirchen, Räume der Stille, eine stille Ecke[1]
in der eigenen Wohnung, ein Ort in der Natur... Beten ist zu jeder Zeit
möglich. Dennoch gibt es sinnvolle Strukturierungen von Gebetszeiten:
Aus der klösterlichen Tradition hat sich die Übung der Stundengebete
(Horen) entwickelt. Noch der antiken Zeitrechnung im 3-Stunden-Rhyth-
mus folgend, wird im ununterbrochenen Gebet der Mönche und Non-
nen (Lk 18,1; 1 Thess 5,17; vgl. EG 266,3) an sieben oder acht Stationen des

ECKART SCHWAB
Jahrgang 1959,
Kirchenrat, Pfarrer im
Landeskirchenamt,
als theologischer
Dezernent zuständig
für Gottesdienst und
Kirche mit Kindern,
Prädikantenarbeit,
Kirchliche Zukunfts-
konzepte, Amtshand-
lungen, Kirchenge-
schichte, Spiritualität,
Haus der Stille.

[1] Siehe dazu auch in
diesem Band (S. 151)
den Text von Nicole
Kaminsky und Rüdiger
Maschwitz: »Die Kraft
der Stille und des
Schweigens. Die ›Stille
Zeit‹ kann den Einstieg
in ein geistliches Leben
ebnen«.

[2] Siehe dazu auch in
diesem Band (S. 131)
den Text von Manfred
Rompf: »Sich selbst
als Wohnung Gottes
erfahren. Meditation
und Kontemplation er-
möglichen es, im Alltag
die Gegenwart Gottes
wahrzunehmen«.

Tages gebetet (vgl. Ps 119,62.164). Eine besondere Form des immerwäh-
renden Gebetes ist das Jesusgebet oder Herzensgebet[2], bei dem unun-
terbrochen der Name Jesu Christi angerufen wird.

Schon in Judentum hat sich für Einzelne oder Gruppen die Übung von
drei täglichen Gebeten herausgebildet (vgl. Ps 55,18; Dan 6,11). Dies praktizieren auch viele Christinnen und Christen außerhalb des klösterlichen
Lebens. Das Evangelische Gesangbuch enthält formulierte Gebetsvorschläge für den Morgen (EG 863 – 871, mit Kindern EG 904 – 905), Mit-
tag (EG 872 – 881; Tischgebete EG 882 – 893) und Abend (EG 894 – 901,
mit Kindern 905 – 908) und darüber hinaus Lieder zu den Tageszeiten
(EG 437 – 493 und 681 – 688). Zum häuslichen Gebet lädt vielerorts morgens, mittags und abends die Vaterunser-Glocke der Kirche ein (sog.
»Angelus-Läuten«, benannt nach einem Gebet im Anklang an Lk 1,28).

Gemeindliche Andachten oder Gottesdienste, die in der Tradition der
Stundengebete stehen, heißen »Tagzeitengebete« (EG 829 – 831, 836 –
837). Biblische Psalmen und Cantica (Lobgesänge) bilden das Gerüst der
Tagzeitengebete. Sie können gesungen (EG 782 – 794) oder gesprochen
(EG 701 – 764, vgl. auch 765 – 781) werden. Dazu treten, besonders in der
ausgeführteren gottesdienstlichen Form (EG 835 – 837) Antiphone
(= Kehrverse), hymnische Elemente, Lesungen, Versikel/Responsorien
(= zweigeteilte, im Wechsel gesprochene Psalmverse) und Gebete.

Während die auf den Tag verteilten Stundengebete besonders dem Gedenken an Auferstehung (morgens), Leid und Kreuz (mittags) und
Menschwerdung (abends) Jesu Christi dienen, kann die Woche durch
wiederkehrende Gebetsanliegen strukturiert werden (vgl. EG Nr. 915 –
937), oder man nimmt die in der Tageslosung der Herrenhuter Brüdergemeine vorgegebene Thematik im Gebet auf. Ebenso können sich bestimmte Gebetsanliegen aus dem Kirchenjahr und aus der aktuellen
Situation ergeben.

Haltungen, Gesten, Gebärden

Die Bibel kennt verschiedene, heute bei uns teilweise nicht mehr ge-
bräuchliche Riten, die die innere Gebetshaltung auch äußerlich zum
Ausdruck bringen. Menschen beten liegend (Jos 7,10; Dan 9,18; Mt 26,39),

kniend (Dan 6,11; Röm 14,11), stehend (1 Mos 18,22; Mk 11,25), sie heben ihre Hände in die Höhe (2 Mos 9,29) oder senken ihr Gesicht zu Boden und schlagen sich an die Brust (Lk 18,13). Händefalten kennt die Bibel noch nicht. Es kam erst in der germanischen Zeit als Gelöbnis- und Treuegeste auf. Dieser Tradition folgend ist es in unserem Kulturkreis die verbreitetste Gebetshaltung geworden.

Segen – Gottes Zuspruch durch Menschen

Eine besondere Form des Gebetes ist der Segen, der Menschen unmittelbar Anteil an Gottes Zuspruch, Kraft und Gnade geben möchte. Man kann um den Segen bitten oder ihn sich und anderen zusprechen. Nicht der Mensch segnet dabei, sondern Gott durch den Menschen. Die bekannteste biblische Segensformulierung, der sogenannte Aaronitische Segen, war ursprünglich der priesterliche Segen für Israel (4 Mos 6, 24 – 26). Jesus segnet selbst (Mk 10,16) und fordert seine Jüngerinnen und Jünger auf, sogar die Feinde zu segnen (Lk 6,28; vgl. Röm 12,14). Segensgebete finden sich z. B. im EG 992 – 1003, vgl. auch 851, 987, als Lieder EG 170 – 175, 575 – 576 u.a.

Oft wird das Segensgebet mit einem Segensgestus wie dem Handauflegen oder dem Kreuzzeichen unterstrichen; das Wort »Segnen« kommt vom lateinischen signare (»mit einem Zeichen versehen«). Heute oft als katholischer Ritus angesehen, wurde das Sich-selbst-Bekreuzigen noch von Luther auch evangelischen Christinnen und Christen empfohlen (vgl. EG Nr. 863 und 894). Es bringt sinnfällig zum Ausdruck, dass man Jesus Christus gleich werden möchte (vgl. 2 Kor 4,10).

Literatur

Maschwitz, Gerda und Rüdiger: Kursbuch Beten. Anregungen für alle Lebenslagen, München 2009.

Neues Evangelisches Pastorale: Texte, Gebete und kleine liturgische Formen für die Seelsorge, Gütersloh 2005.

Westermann, Claus: Der Segen in der Bibel und im Handeln der Kirche, München 1992.

ALLEIN AUS DEM GLAUBEN
Einige Gedanken zur reformatorischen Spiritualität und Mystik |
Von Athina Lexutt

Wenn man sich die Lutherdenkmäler des 19. Jahrhunderts anschaut
oder Texte aus dieser Zeit über die Reformation und ihre Akteure liest,
bekommt man vor allem eins vermittelt: Die Reformation hat strahlend
und siegreich gegen alle mittelalterlichen Verkrustungen gekämpft, die
Kirche aus dem finsteren Mittelalter befreit und in eine neue, helle Zeit
geführt; sie hat stolz erhobenen Hauptes Kaiser und Papst die Stirn geboten und alles endgültig hinter sich gelassen, was sich machtgierige
und pflichtvergessene Potentaten, weltliche wie geistliche, haben einfallen lassen, um das Kirchenvolk in die Abhängigkeit zu treiben, auszu-
beuten und zu einer kritiklosen, willigen Masse zu verformen.

Dieses Bild hat sich lange gehalten und seltsamste Blüten hervorge-
bracht, von denen die Verzerrungen des Nationalsozialismus, die aus den
christlichen Theologen des 16. Jahrhunderts germanische Helden machten, die schlimmsten und folgenreichsten gewesen sind. Erst in jüngerer
Zeit erlaubt sich die Forschung einen intensiveren Blick auf Traditionen,
welche die Reformation nicht nur überlebt haben, sondern vielmehr von
ihr aufgenommen und transformiert wurden. Dazu gehören an erster
Stelle monastische (aus dem Mönchtum stammende) Spiritualität und
Mystik, die insbesondere durch Luther rezipiert wurden und durch ihn
eine rechtfertigungstheologische Umdeutung erfahren haben.

Von der akademisch orientierten Theologie zur Erfahrungstheologie
Dass Luther tief durchdrungen war von seiner Existenz als Mönch und
daher von monastischen Formen der Spiritualität, ist augenfällig. Seine
lebenslange und immer wieder neue Beschäftigung mit dem Psalter,
den er durch das Stundengebet intensiv kennen- und meditieren gelernt hatte, ist dafür ein eindrückliches Zeichen. Mehr noch aber ist für
ihn das, was er als Mönch erfahren und durchlebt hat, der Grundstein
geworden für jede theologische Existenz. So ist bei ihm zu lesen, Gebet,
meditierendes Nachdenken über die Schrift und Anfechtung (oratio,
meditatio, tentatio) machten einen Theologen aus und bestimmten in
rechter Weise die Methode des Theologietreibens.[3] Ungewöhnlich und

[3] vgl. WA 50,
658/29 – 659/4

bemerkenswert ist in dieser Trias die tentatio, die Anfechtung, die aus der akademisch orientierten Theologie des Mittelalters eine Erfahrungstheologie macht, die ihre Wurzeln in einem lebendigen Gespräch zwischen der Schrift als schöpferischem und zusagendem Wort Gottes und dem Leser als auf diese Zusage angewiesenem Geschöpf hat.

Statt auf Latein wurde volksnah auf Deutsch gepredigt

ATHINA LEXUTT
Jahrgang 1966, Studium, Promotion und Habilitation in Bonn, seit 2002 Professorin für Kirchen- und Theologiegeschichte an der Justus-Liebig-Universität Gießen, Prädikantin der Evangelischen Kirche im Rheinland.

Von der Mystik hat Luther verschiedene Traditionen kennengelernt, denen er sich zum Teil sein ganzes Leben lang verbunden fühlte. An der sogenannten deutschen Mystik gefiel Luther, dass sie sich der deutschen Muttersprache bediente, um der Frömmigkeit zur Sprache zu verhelfen. In diesem Zusammenhang darf man nicht vergessen, dass sich jahrhundertelang Theologie und ein Großteil des kirchlichen Lebens fast ausschließlich auf Latein abspielten und eine volksnahe Theologie, insbesondere eine volksnahe Predigt, sich erst eine angemessene Sprache suchen musste. Hier boten die »Theologia deutsch« und die Predigten des Dominikaners Johannes Tauler einen wahren Schatz an Formulierungen und Begriffen. Luther hegte aber auch für Taulers Auffassung einer Lebenslehre gegen eine bloße theologische Theorie große Sympathie.

Luther und Tauler trafen sich in der durch nichts zu ersetzenden Betonung der Rettungstat Christi als einzigem Grund der Erlösung des Menschen. Taulers Betonung der Notwendigkeit der Aufgabe jedes Eigenwillens und der wahrhaften Demut berührte sich mit Luthers Begriff des »allein aus Glauben« (sola fide). In der Herausstellung des Kreuzes als wahrem und einzigem Glaubens- und Lebensgrund fand Luther ein großes Vorbild in der romanischen Mystik des Bernhard von Clairvaux. Am deutlichsten greifbar wird Luthers Sympathie für Bernhard in der Aufnahme seiner Brautmystik, so schon 1515/16, vor allem dann im Traktat über die christliche Freiheit 1520.

Der schweigende Mensch ist Gott am nächsten

Die Unzulänglichkeit menschlichen Denkens und Sprechens angesichts der Größe Gottes zu formulieren, half ihm Dionysius Areopagita und die areopagitische Mystik. Muss nicht alles, was der Mensch in dieser Richtung versucht, letztendlich scheitern? Dass der sprachlose Mensch Gott am nächsten ist, dieser Gedanke findet sich bei Dionysius Areopagita und wird von Luther positiv aufgenommen. Loben, darin sind sie sich einig, könne man Gott eigentlich nur, indem man vor dem Größeren und Unaussprechlichen staunend stille wird. Bei aller durchaus bleibenden Sympathie für die Mystik löste sich Luther indes von ihr, wenn er zu Recht in ihr einen bestimmten Weg der Selbsterlösung vermuten musste. Spiritualität, Meditation, Mystik waren für Luther keine Wege zu Gott, sondern die rechte Antwort auf die Anrede Gottes.

Sehr schön wird dies deutlich an folgender früher Aussage Luthers aus der Auslegung des Römerbriefs: »Die vollkommene Erkenntnis seiner selbst ist die vollkommene Demut (humilitas), die vollkommene Demut aber ist die vollkommene Weisheit (sapientia) – die vollkommene Weisheit ist die vollkommene Spiritualität (spiritualitas).«[4] Die Selbsterkenntnis bedeutet hier keinen Verstandesakt, sondern die tiefe, affektive Einsicht in die Möglichkeiten und Grenzen der eigenen geschöpflichen und durch die Sünde mitbestimmten Existenz. Luther stellt in diesem Zusammenhang den fleischlich orientierten Menschen (carnalis) dem geistlich orientierten (spiritualis) gegenüber. Ein spiritueller Mensch ist für ihn demnach nicht derjenige, der alles Fleischliche in frommer Betrachtung des Göttlichen zu überwinden trachtet, sondern derjenige, der im Vertrauen auf das Werk Christi vom Heiligen Geist (spiritus sanctus) erfüllt ist. Spiritualität ist demnach gerade nicht etwas Innerliches, etwas, das sich in einem einseitig verstandenen Begriff wie »Herzensfrömmigkeit« oder »frommer Innerlichkeit« abbilden ließe, sondern etwas, das auf den glaubenden, vertrauenden Menschen als Gottes Gabe zukommt und im Werk am Nächsten, in der Nächstenliebe, wiederum nach außen drängt. Die Lehre vom Heiligen Geist (Pneuma-tologie) und von dort aus die Füllung dessen, was Spiritualität ist, können nach Luther nur in rechter Weise geschehen, wenn sie ihren Grund in der Lehre von Christus (Christologie) haben.

[4] WA 56, 346/19 – 21

Unterschied zur Spiritualität anderer Konfessionen und Religionen

Dieser unaufgebbare Zusammenhang und dieses Verständnis von Spiritualität finden sich durchaus auch bei anderen Reformatoren und unterscheiden reformatorische und protestantische Spiritualität fundamental von orthodoxer, römisch-katholischer oder gar nicht christlich verorteter Spiritualität, wie sie uns etwa in esoterischen und östlichphilosophischen Systemen begegnet. Freilich muss man innerhalb der Reformation uns durchaus mit Akzentverschiebungen rechnen, so vor allem bei den Theologen, die starke Wurzeln im Humanismus haben. Zu denken ist zum Beispiel an Philipp Melanchthon und Johannes Calvin, die insbesondere aus ethischen Motiven heraus stärker das Leben des Wiedergeborenen im Blick hatten und in diesem Zusammenhang das Wirken des Geistes im Wiedergeborenen. Spiritualität ist bei ihnen der wirkende Ausdruck der durch die Rechtfertigung geschehenen Veränderung des menschlichen Lebens und der Heiligung. Calvins Einsatz für die Kirchenzucht in seiner Genfer Wirkungsstätte hat genau darin seinen Grund.

Dass Spiritualität und Pneumatologie in der Reformationsepoche uns dennoch insgesamt eher weniger prominent begegnen, hat seinen Grund vor allem in der Grenzziehung, welche die Reformatoren selbst gegenüber den Spiritualisten und »Schwärmern« vorgenommen haben. Diese hatten – nicht selten unter Aufnahme apokalyptischer und mystischer Motive – eine nicht notwendig durch das Wort Gottes und die Predigt der Kirche vermittelte, sondern vielmehr eine unmittelbare Wirkung des Heiligen Geistes angenommen, was sie zuletzt in die Abspaltung, in die Separation trieb. Dieser separatistische Zug ist auch in späterer Zeit immer eine Gefahr für all diejenigen gewesen, die spirituelle und mystische Elemente in ihrer Theologie stark betont haben, wofür es mit Johann Arndts Büchern vom wahren Christentum (1605) uns im Pietismus beredte Beispiele gibt.

Verschiedene Frömmigkeitsformen sind möglich

Vor jedweder Form der Separation und – damit verbunden – des Entzugs der Kontrolle durch Schrift und Gemeinde schützt das reformatorische Verständnis von Spiritualität in seiner Rückbindung an die Christologie und das Wort Gottes. In diesem Rahmen haben dann auch verschiedene Frömmigkeitsformen (wie etwa Stundengebet oder Meditation) Raum, die eben deswegen nicht als durch die Reformation »erledigt« gelten müssen, sondern – am rechten Ort, zur rechten Zeit und in rechter Weise gebraucht – angemessener Ausdruck einer »vollkommenen Demut und vollkommenen Weisheit« zeitgemäßer protestantischer Spiritualität sein können.

Singen als Selbst- und Gotteserfahrung
Musik, Kirchenmusik und das Evangelische Gesangbuch als Quellen der Spiritualität | Von Thomas Schmidt

Spiritualität sperrt sich der Beschreibung; wie Musik lässt sie sich schwer in Worte fassen. Außerdem ist dieser Begriff längst zu einem Sammelbegriff geworden. Wer von Spiritualität spricht, muss also sagen, was er/sie darunter versteht.

> So lass uns hören jenen vollen Klang der Welt, die unsichtbar sich um uns weitet.
>
> (Dietrich Bonhoeffer)

Es gibt verschiedene Formen christlicher Spiritualität: Die Spiritualität der Klöster, der Mystiker, der Meditation. Es gibt Spiritualität beim Gang zu einem Grab, während einer Christvesper oder einer Osternachtsfeier. Ebenso gibt es die Spiritualität der Kirchentage; des Grafen Zinzendorfs glutvolle Jesusliebe gehört genauso dazu wie die enthusiastische Spiritualität der Gospelsongs oder sogenannter Lobpreislieder.

Eine weit gefasste Definition liefert Joachim-Ernst Berendt: »Es gibt viele Religionen [...]. Und es gibt die »religio perennis« (lat.: dauernd, nie versiegend): die ewige Religion, die immerwährende. Ein anderer Name für sie ist Spiritualität.«[5] Ein engeres Verständnis begegnet uns bei Peter Zimmerling: »Spiritualität: der äußere Gestalt gewinnende gelebte Glaube.«[6] Irgendwo dazwischen siedele ich mein Verständnis von Spiritualität an: Ich möchte das Unaussprechliche wahrnehmen, egal welche Chiffren wir dieser Transzendenz[7] geben. Ich spreche von einer Spiritualität des Augenblicks, denn oft sind solche Wahrnehmungen nicht länger als ein Wimpernschlag.

Ich begreife mich als Menschen, der nicht nur im Diesseits leben will, sondern sich ebenso auf das Jenseits hin ausrichten möchte. Wenn ich eine Verbindung zu dieser anderen Wirklichkeit spüre, spreche ich von einer spirituellen Erfahrung. Dabei möchte ich diese Wahrnehmung nicht als »Erleuchtung« im buddhistischen Sinne verstehen, sondern eher als »Gipfelerfahrung«.[8]

Manche Menschen erleben diese Wahrnehmung bei einem Spaziergang, andere im Gebet oder in der Begegnung mit einem Menschen, beim Lesen eines Gedichtes oder in Grenzsituationen, z.B. bei schwerer

[5] *Joachim-Ernst Berendt: »Das Leben, ein Klang. Wege zwischen Jazz und Nada Brahma«, München 1996, S. 203.*

[6] *Peter Zimmerling: »Wie ein alter Freund, dem man vertraut. Die Bedeutung von Lied und Gesangbuch für die evangelische Spiritualität«, in »Musik und Kirche« 2009, Nr. 3.*

[7] *Karl Jaspers: »Chiffren der Transzendenz«, München 1970.*

Krankheit. Es ist das Gefühl, mit allem eins zu werden. Tiefer Friede und heitere Ruhe bis hin zu ekstatischem Entzücken und überschwängliche Freude können dabei erlebt werden.

Ich suche diese Erfahrung in der Musik, und zwar beim Singen oder beim Dirigieren eines Konzertes – aber auch im Gottesdienst, also in der Liturgie und im sakralen Raum. »Eine Predigt gibt mir nichts; aber wenn ich das Brahms-Requiem höre, spüre ich meinen Glauben«, sagte einmal eine Konzertbesucherin. Von solchen Augenblicken können unser Denken, unser Fühlen und unser Glaube geprägt werden.

[8] Der amerikanische Psychologe Abraham Harold Maslow (1908–1970) stellte fest, dass sehr viele Menschen Erlebnisse hatten, die über alltägliche Erfahrungen hinausgingen. Er nannte sie »Gipfelerfahrungen«.

Die Cellistin Silvia Ostertag berichtet von einer musikalischen Gipfelerfahrung: »Es lässt sich schwer beschreiben, was da geschieht. [...] Da werden wir berührt und können nicht begreifen, was es ist. [...] Wir wissen nur: Es ist uns etwas begegnet, das den Horizont unseres Begreifens überschreitet: etwas Unbegreifbares, Unbedingtes, Ewiges.«[9]

[9] Silvia Ostertag: »Einswerden mit sich selbst«, München 1981.

Spiritualität in der Musik

Der Gehörsinn ist nicht nur der erste, der beim ungeborenen Kind entwickelt ist, sondern auch der reichste und differenzierteste. Das Ohr bietet uns eine genauere Wahrnehmungsmöglichkeit und dadurch eine größere Erlebnistiefe.

Was Bilder, Gedichte, Romane oder wissenschaftliche Enzyklopädien nicht schaffen, im Singen und Musizieren gelingt es uns: ein Herantasten an die Wirklichkeit Gottes, ein Aufspüren der Berührungspunkte von Himmel und Erde.

Ein Hauch der Gottheit ist Musik. (Justinus Kerner)

Für Hildegard von Bingen ist Musik ein Gleichnis der himmlischen Welt. Die Mystikerin war selbst Dichterin und Komponistin. Sie beschrieb ihre Erkenntnis so: »Das Gehör ist der Anfang der vernehmenden Seele. [...] Gesang macht harte Herzen weich. Er lockt die Tränen der Reue hervor und ruft den Heiligen Geist herbei.«[10]

[10] Hildegard von Bingen: »Liber divinorum operum, Buch von den Gotteswerken«, Augsburg 1998.

Einen wichtigen Aspekt in der Beziehung von Musik und Spiritualität finden wir beim Erfinden von Musik: Inspiration. Manche Komponisten bezeichnen sie als das Göttliche oder den Atem Gottes. Händel schrieb

THOMAS SCHMIDT
Jahrgang 1960, studier-
te Kirchenmusik
(A-Examen mit Aus-
zeichnung) und Diri-
gieren (Kapellmeister-
Diplom). Er ist Kantor
an der Marktkirche
Neuwied, Kreiskantor
des Kirchenkreises
Wied und Mitglied im
Ausschuss für Gottes-
dienst und Kirchen-
musik der Evangelische
Kirche im Rheinland.
Schmidt ist außerdem
Lehrbeauftragter an der
Musikhochschule Köln
(Dirigieren 1997 – 1999,
Hymnologie seit 2009).

den »Messias« wie in einem Rausch. Und Haydn berichtet über das Komponieren seines Oratoriums »Die Schöpfung«: »Ich war nie so fromm als während der Zeit, da ich die Schöpfung schrieb.« Viele Komponisten erleben das Schaffen von Musik als einen Vorgang, der sie über ihre persönlichen Möglichkeiten hinausträgt.

Auch in der Bibel ist von der spirituellen Wirkung der Musik die Rede: David befreite Saul mit dem Spiel auf der Kithara vom bösen Geist (1 Sam 16, 14 – 23). Und in 2 Kö 3,15 lesen wir: »[Elisa sprach:] So bringt mir nun einen Spielmann! Und als der Spielmann auf den Saiten spielte, kam die Hand des Herrn auf Elisa, und er sprach: So spricht der Herr ...« Elisa wird für den Geist empfänglich und erlangt prophetische Sicht.

Und Luther dichtet: »Wer die Musik sich erkiest, hat ein himmlisch Gut gewonnen;/denn ihr erster Ursprung ist von dem Himmel her gekommen,/weil die Engel insgemein selber Musikanten sein.«

Alle Beispiele machen deutlich: Musik ist Abbild einer höheren Wirklichkeit. Und Musik kann für den Geist Gottes durchlässig machen.

Spiritualität in der Kirchenmusik

Zwar können wir durch Musik im sakralen Raum oder durch Musik mit geistlichem Inhalt keine Spiritualität schaffen; wir können ihr aber Raum geben, sich zu entfalten. Wir können Bedingungen schaffen, die es uns erleichtern, Gipfelerfahrungen zu machen. Dies gilt schon im »normalen« Sonntagsgottesdienst. Wir besuchen keine Vorstellung, sondern feiern ihn. Und natürlich gehört zu einem Fest Musik. Sie unterstützt den Festcharakter eines Gottesdienstes. Sie ist allerdings mehr als nur feierliche Dekoration, musikalische Girlande. Schon das Orgelvorspiel bereitet uns auf das Erleben des Gottesdienstes vor. Ist es festlich, fröhlich-heiter, düster oder meditativ – seine Art und Weise kann den Boden in unseren Herzen bereiten, auf den der Same des Wortes fallen kann.

Kirchenmusik ist aber nicht nur Stimmungsmacherin oder Transportmittel für das Wort. Sie ist selbst Verkündigung. Ihre doppelte Funktion (Lobpreis Gottes und Verkündigung) beschreibt der Verfasser des Kolosserbriefes (3,16): »Lehrt und vermahnt euch selbst in aller Weisheit mit

Gott ist in der Mitte,
alles in uns schweige.
(Gerhard Tersteegen)

Psalmen und Lobgesängen und geistlichen Liedern und singt Gott dankbar in euren Herzen.« Und in Eph 5,19 kommt der Aspekt des Instrumentalspiels hinzu: »Singt und spielt dem Herrn in euren Herzen.«

Im Gegensatz zur gesprochenen Verkündigung (Lesungen, Predigt) ist es mit der Verkündigung durch Musik leichter, das Herz für spirituelle Erfahrungen zu öffnen. »Tu auf den Mund zum Lobe dein, bereit das Herz zur Andacht fein ...« (EG 155,2) gilt hier in besonderem Maße.

Vielleicht kann die Musik uns bei Verkündigung und Lobpreis weitertragen, denn tatsächlich ist es ja so, dass wir über Gott eigentlich nichts sagen können. Andererseits aber müssen wir genau das tun. Mit dem Kirchenvater Augustinus (354 – 430) gesagt: »Erklären können wir es [das Evangelium] nicht, aber verschweigen dürfen wir es nicht. Also singen wir.«[11] Was liegt näher, als diesem Umstand unserer Sprachlosigkeit mit Musik zu begegnen und uns dadurch einem tieferen Erleben zu öffnen?

[11] Augustinus: »Enarrationes in Psalmos«, Wien 2003.

Wo nun öffnet sich evangelische Kirchenmusik der Spiritualität? Evangelische Spiritualität ist in hohem Maße Lied- bzw. Gesangbuchspiritualität. Das hat historische und systematisch-theologische Gründe.[12] Sang bis zur Reformation in der Messe nur ein Chor von Priestern – und zwar in Latein –, so bekam der reformatorische (und deutschsprachige) Choral liturgische Funktion. Luther sorgte dafür, dass der Choral den Gottesdienst durchzog. Das verschaffte der protestantischen Christenheit eine eigene spirituelle Identität.[13] Man kann sogar sagen: Die Reformation war eine Singbewegung.[14]

[12] Peter Zimmerling, ebd.

[13] Peter Zimmerling, ebd.

[14] Christian Möller (Hrsg.): »Kirchenlied und Gesangbuch«, Tübingen/Basel 2000.

Bereits Augustinus beschäftigte die Tatsache, dass in der Musik etwas ist, was nicht so recht zu fassen ist. Er wusste um die ambivalente Macht der Musik, befürwortete aber – wenn auch zögerlich – die Musik im Gottesdienst, denn: »... die heiligen Worte, die unsere Geister bewegen, reißen offenbar, wenn sie gesungen werden, zu mehr geistlicher Andacht hin als ungesungen; alle unsere verschiedenen seelischen Gefühle finden in Stimme und Gesang ihren angemessenen Ausdruck und eine geheimnisvolle, anregende Verwandtschaft.«[15] Aus dieser Tradition kam Luther – er war Augustinermönch.

[15] Augustinus: Confessiones XI, Buch XXXIII, zitiert nach Emmanuela Kohlhaas: »Musik und Spiritualität«; (in: »Musik im Raum der Kirchen«), Stuttgart 2007.

Weitere Aspekte kommen hinzu:

1. Anders als das gesprochene Wort ergreift das Singen uns ganzheitlich. Verborgene Gefühle können dadurch an die Oberfläche kommen. Es wird zur Seelsorge. Auch wenn zunächst nicht das Herz, sondern nur der Mund singt, so stellen wir fest: »Wir sind nicht nur Herz. Gott sei Dank! Wir sind auch unser Mund, der das schwache Herz hinter sich herschleift, bis es wieder auf eigenen Beinen gehen kann. Daran ist nichts falsch.«[16]

[16] Fulbert Steffensky in: »Gerechtigkeit lieben, Gott anbeten, Form achten«; in »Musik u. Kirche« 2009, Nr. 3.

2. Ein Aspekt kommt zur Dimension der Seelsorge noch hinzu: Geistliche Lieder haben, wenn es sich um Gebete handelt, eine Richtung. Wenn sich meine Seele im Singen Gott zuwendet, haben ihre Freude und ihr Kummer einen Adressaten. Aber das gesungene Gebet wendet sich nicht nur nach »oben«, sondern auch nach »unten«. »In uns selbst löst der Klang der Worte, losgelöst von ihrer Bedeutung, eine geheimnisvolle Wirkung auf die Tiefenzone des Ich aus, die wir als unmittelbar erfahren. Daher auch die vielleicht noch geheimnisvollere Verbindung von Musik und Gebet! Musik strömt wortlos in die Tiefe des Ich ein und wirkt hier Gebet. Auch die instrumentalen Zwischenspiele können dazu dienen, das geistliche Gebet anzuregen und zu erneuern.«[17]

[17] Henri Brémond in: »Das wesentliche Gebet«, Regensburg 1936.

3. Erst im Singen entsteht Gottesdienstgemeinde. Ohne Gemeindegesang wären die Gottesdienstteilnehmerinnen und -teilnehmer Publikum in einer Aufführung. Aber durch das Singen werden sie zu Mitwirkenden eines Festes.

Singen ist ein Weg der Selbst- und Gotteserfahrung. Und das Phänomen der Musik wird mit dem Phänomen göttlicher Gegenwart gleichzeitig wahrgenommen: Gott ist mein Lobgesang, er ist mein Psalm (Ex 15,2 – übrigens einer der ältesten Texte der Bibel).

Quellen der Spiritualität im Evangelischen Gesangbuch

Es können die Lieder von Paul Gerhardt sein, die uns in die Tiefe führen, aber auch die Lieder Tersteegens oder Zinzendorfs, Lieder mit starker Bilderkraft oder Lieder von Dichtern, die selbst durch tiefe Täler schreiten mussten, wie z.B. Jochen Klepper oder Dietrich Bonhoeffer. Gerade Lieder, die in dunklen Stunden entstanden sind, teilen sich uns mit, wenn

Es kann in Ewigkeit kein Ton so lieblich sein, als wenn des Menschen Herz mit Gott stimmt überein. (Angelus Silesius)

wir uns in ähnlicher Situation befinden. Durch sie werden Spannungen gelöst und im besten Fall der Schmerz eines unwiderruflichen Verlustes in Trost gewandelt. Die Psalmen zeugen davon (Ps 30,12): »Du verwandelst meine Klage in einen Reigen.« Paul Gerhardts Formulierung »in Traurigkeit mein Lachen« (EG 83,6) benennt eine der wertvollsten spirituellen Erfahrungen. Man denke auch an das mystische Adventslied »Es kommt ein Schiff geladen«, dessen erste beiden Strophen um 1350, während der großen europäischen Pestepidemie, entstanden sind. Und unwillkürlich fällt einem das Lied EG 46 »Stille Nacht, heilige Nacht« ein, das 1818 für eine ärmliche Waldarbeitergemeinde in Österreich geschrieben und in einer verfallenen Kirche gesungen wurde. Beim Offenen Singen an Weihnachten in meiner Gemeinde wird dieses Lied mit Inbrunst gesungen. Auch dies ist eine Form von Spiritualität.

Aber auch das Helle in den Liedern öffnet unser Herz, denn »auch Schönheit heilt, sie lehrt uns lächeln. Wer täte das nicht bei Paul Gerhardts ›Narzissus und die Tulipan‹? Schönheit und Gnade sind leibliche Geschwister, sie begegnen uns am dichtesten in den Liedern. Zehnmal lieber würde ich im Gottesdienst auf die Predigt verzichten als auf die Lieder.«[18]

[18] *Fulbert Steffensky, ebd.*

Kurz gesagt: Lieder, die in Bildern sprechen, wecken Assoziationen; sie kommen nicht mit dogmatischer Keule, sondern zupfen Saiten in uns an. Und es sind gerade die alten Kirchenlieder, denen das gelingt, während die neueren da »schwächeln«. Noch einmal Fulbert Steffensky: »Das Problem (neuer Lieder) liegt darin, dass so oft die Bilder zugunsten einer unmittelbaren und intellektuellen Verstehbarkeit getilgt wurden. Es gibt aber ein anderes Verstehen als das des Intellekts und des Bewusstseins. Auch die Seele versteht.«[19]

[19] *Fulbert Steffensky, ebd.*

Was also macht den spirituellen Gehalt eines Liedes aus? Ich glaube, es hängt damit zusammen, wie viele Tiefenschichten ein Text oder eine Komposition hat. Denn alle Wahrnehmung ist mehr als nur sinnlich. Diese Wahrnehmung, die durch das vordergründig Sichtbare (oder Hörbare) in unser Inneres dringt, ist wichtiger als rein sinnliches Erkennen. Unsere Wahrnehmung eines Liedes, Textes oder Konzertes trifft auf einen Vordergrund (das rein akustische Phänomen) und einen Hintergrund, der aus verschiedenen Schichten bestehen kann.

Bei einem Liedtext ist die Beziehung der Wörter untereinander eine tiefere Ebene als nur die Aneinanderreihung von Buchstaben. Der Rhythmus, die Wortwahl, die Klänge (man denke an die Gedichte von Ernst Jandl), das Zusammengehen von Versfuß und natürlicher Betonung (erst seit Paul Gerhardt ein wichtiges Kriterium in der Kirchenlieddichtung) – dies zu beherrschen macht das künstlerische Handwerkszeug eines Dichters aus.

In der Musik führen uns andere Faktoren in die Tiefe, z.B. das Wort-Ton-Verhältnis: Wurde die Melodie zu einem Liedtext nicht willkürlich komponiert, sondern orientiert sie sich am Text, dann erschließt sie ihn uns. Ist die Melodie bei einem aufrüttelnden Text springlebendig oder meditativ, ist sie bei einem Loblied in Moll oder Dur geschrieben, ist sie einprägsam oder widerspenstig und mühsam zu lernen, steht unter ihrem höchsten Ton ein wichtiges Wort oder ein nebensächliches – all das gibt dem Inhalt eines Liedes nicht nur eine besondere Farbe, sondern es weckt in uns beim Hören (und erst recht beim Singen) andere Assoziationen und lässt uns vielleicht sogar spirituelle Erfahrungen machen. Text und Musik sollten also handwerklich (um nicht zu sagen: künstlerisch) gut gearbeitet sein, ein hohes Niveau haben und nicht aus Beliebigkeiten bestehen. Dann fällt es uns leichter, Unaussprechliches wahrzunehmen und »hinter den Vorhang« zu blicken.

Wenn wir spüren, dass aus einem Lied jemand zu uns spricht, der/die die gleiche Erfahrung gemacht hat, in der wir uns selbst gerade befinden, berührt uns das. Das geschieht wohl am ehesten in Zeiten tiefen Leides. Dann werden wir berührt von Zeilen wie »auch wer zur Nacht geweinet, der stimme froh mit ein« (EG 16,1). Überhaupt: Klepper! Wer Kleppers Biografie kennt, für den klingt sie beim Singen seiner Lieder mit. Befinde ich mich ebenso im finsteren Tal wie Klepper in seinen letzten Lebensjahren, dann sprechen seine Lieder anders zu mir, trostvoller.

Bei diesem Text handelt es sich um die gekürzte Version eines längeren Aufsatzes. Die ungekürzte Fassung kann beim Autor angefordert werden: thomas. schmidt@ekir.de

Garantieren eine enge Verbindung von Text und Melodie oder ein schicksalhaftes Leben des Dichters schon die spirituelle Dichte eines Liedes? Gewiss nicht. Aber wenn wir Jochen Kleppers Lied singen, klingt auf einer tieferen Ebene in uns all das mit, was in diesem Lied verborgen ist – ob uns das bewusst ist oder nicht.

Wir müssen nicht alles begreifen. Ein Lied kann auch auf uns wirken, ohne dass wir es merken. Es kann uns staunen machen, in uns Räume öffnen, uns verwandeln. Und vielleicht können wir mit Paul Gerhardt singen (EG 351, 13):

»Das, was mich singen machet, ist, was im Himmel ist.«

Einfach ansteckend und begeisternd
Ökumenische Spiritualität – Lernen von der weltweiten Christenheit | Von Frauke Bürgers

»Da habe ich das erste Mal überzeugende Spiritualität erlebt, die Gottesdienste waren voll Leben und es wurden viele Lieder gesungen und gebetet. Alles war so lebendig!« Immer wieder kommen Menschen von Reisen in die Kirchen des Südens zurück und sind unendlich begeistert über die dort gelebte Spiritualität. Aus diesen Erfahrungen werden oft Versuche unternommen, dies auf unsere Situation zu übertragen. Aber was begeistert uns so und was können wir davon lernen?

Singen mit dem Herzen – zwei Geschichten zum Einstieg:
Bei einem der ersten Partnerschaftsbesuche einer Delegation aus West-Papua wurde die Gruppe gebeten, bei einer Pfarrkonferenz ein typisches Lied zu singen, und so sangen sie mit Gitarre, Bewegung und voll Inbrunst. Schon nach der ersten Strophe wurden sie unterbrochen mit der Bemerkung: Dies ist aber ein Lied von uns! Es war ein Lied nach der Melodie »Ich bete an die Macht der Liebe« (EG 661). Ein zweiter Versuch wurde unternommen, wieder kam die Unterbrechung, auch dieses Lied war bekannt, beim dritten Versuch sagten die Gäste vorher: »Dies ist auf jeden Fall von uns, auch wenn Sie alle meinen es zu kennen«, und sie sangen voll Gefühl und mit Hawaii-Gitarre »Stern, auf den ich schaue« (EG 407) und die Gastgeber schwiegen höflich.

Wem gehören die Lieder und warum wirken sie, von Fremden gesungen, oft so viel überzeugender? Auf die erste Frage bekam ich bei einer ökumenischen Konferenz eine Antwort: Die Lieder gehören zu einer Gemeinde/Kirche/Tradition, wenn sie auswendig (»by heart«, mit dem

Herzen) gesungen werden. Und dies gab mir auch die Idee für die Antwort auf den zweiten Teil der Frage: Überzeugend ist Spiritualität, wenn sie mit dem Herzen geschieht.

Tägliches Beten – lebendig oder zwanghaft

Eine zweite Geschichte: Bei einer Begegnung zwischen deutschen und tansanischen Frauen sollte ein Hauptthema gelebte Spiritualität sein. Die deutschen Frauen wollten genauer wissen, was diese Lebendigkeit ausmacht, die sie in Tansania erlebt hatten. Und die Frauen aus Afrika erzählten aus ihrem Alltag: Davon, wie sie morgens in der Familie gemeinsam beten, singen und in der Bibel lesen, bevor die Kinder zur Schule gehen. Davon, wie sie bei Tisch für das Essen im Gebet danken und abends wieder in der Familie zur Nacht beten. Und sie berichteten, was sie sonst noch in der Gemeinde machen (Frauenbibelkreis und Sonntagsschule für die Kinder). Plötzlich kam eine heftige Reaktion von einer deutschen Frau: »Das kennen wir doch alles schon, das musste ich früher auch so machen, das war aber nicht lebendig. Ich bin froh, dass wir diese Pflicht und diesen Zwang endlich hinter uns gelassen haben!« Erstaunte Gesichter bei den afrikanischen Frauen, was sollten sie noch erzählen?

Christliche Spiritualität überschreitet alle Grenzen

Wie kann ein gelungene Bereicherung eigentlich aussehen? Einige Voraussetzungen für ein gemeinsames Lernen im Bereich der Spiritualität sind zu bedenken: Die Ausdrucksformen von Spiritualität sind einerseits immer kulturgebunden. Wir benutzen im Gebet unsere eigene Sprache, beim Singen unsere Melodien oder, wie in der ersten Geschichte, wir übersetzen Melodien und Texte in unsere Kulturzusammenhänge. Andererseits trägt christliche Spiritualität als Ausdruck christlichen Glaubens in sich einen universellen Charakter und überschreitet so nach ihrem Selbstverständnis soziologische, kulturelle und geografische Grenzen (»gehet hin in alle Welt«, Mk 16,15). Außerdem hat christliche Spiritualität immer auch den Anspruch, eine kritische Distanz zur eigenen Kultur zu haben und in ihr nicht aufzugehen. Aus all dem folgt, dass zum einen Spiritualität sich selbst innerhalb einer Kultur nicht genug sein kann und daher nach Grenzüberschreitung und Begegnung strebt, dass zum anderen aber die Akteurinnen und Akteure an ihre Kultur gebunden sind.

Außerdem ist unsere protestantische westeuropäische Spiritualität dadurch bestimmt, dass sie stark das Individuum und die Reflexion über den Glauben in den Mittelpunkt stellt. Ein Kollege fasst es zugespitzt so zusammen: »Wir Evangelischen sind oft nicht gut darin, etwas zu tun und dann darüber zu sprechen, sondern wir sprechen gerne darüber, ob es überhaupt möglich und sinnvoll sei, etwas zu tun, und ob, wenn ich etwas tue, es für mich in diesem Moment sinnvoll und gut (authentisch) ist. Manchmal glauben wir, dass das Reden über Spiritualität schon Spiritualität sei.« Dies ist in vielen Kulturen völlig anders, dort wird viel mehr Frömmigkeit gelebt und die Reflexion steht nicht im Vordergrund.

Frauke Bürgers
Jahrgang 1960, pädagogische Studienleiterin in der Ökumenischen Werkstatt Wuppertal der Vereinten Evangelischen Mission mit den Schwerpunkten Interkulturelle Kommunikation und ökumenische Spiritualität. Ausbildung in Bibliodrama und Geistlicher Begleitung, Presbyterin in der Gemeinde Unterbarmen in Wuppertal.

Daher habe ich mich entschieden, nicht nur Formen von Spiritualität oder Lieder und Gebete aus der weltweiten Ökumene in unsere Gemeinden zu tragen, sondern mehr nach den verschiedenen gelebten Dimensionen von Spiritualität zu fragen und zu sehen, wo wir von den anderen lernen können.

Alltag und Spiritualität

Was mir als Erstes bei ökumenischen Begegnungen auffällt, ist, wie selbstverständlich der gelebte Glaube und der Alltag zusammengehören. Man beginnt wie von selbst den Tag mit Gebet und Bibellese und bringt auch den Alltag vor Gott. Meine afrikanische Kollegin fragte am Anfang ihrer Zeit in Deutschland, ob wir eigentlich keine Probleme hätten. Dies konnte sie sich nicht vorstellen, noch weniger konnte sie sich aber vorstellen, dass wir sie nicht im Gebet vor Gott bringen. Sie empfand unsere Gebete sehr schön formuliert, aber irgendwie weit vom Alltag entfernt.

In der Ökumenischen Werkstatt haben wir diese Erfahrungen von Alltag und Spiritualität in unser Morgengebet aufgenommen. Es ist keine große Andacht, sondern »nur« ein Wochenlied, der Wochenpsalm, ein kurzer Bibeltext, Stille und Gebet. Niemand muss etwas vorbereiten, eine Mappe mit den Texten liegt im Raum der Stille. So ist es gut in den Arbeitsalltag einzubauen, dafür kann jede/r Zeit haben. Zum Eingang des Gebets beten wir: »Gott, wir bringen alles vor Dich, was uns heute bewegt, Du hörst uns, ob wir es laut aussprechen oder schweigend beten ...« Und mit dem, was wir laut aussprechen, beteiligen wir unsere Kollegen und Kolleginnen an unserem Alltag. Ich frage mich nicht jeden Tag, ob diese Zeit nun sinnvoll ist, sondern sie gehört zu meinem Alltag. Und die Wirkkraft dieses Morgengebetes hat sich in vielen Krisen bewährt, weil das Gebet einfach da war und nicht »neu erfunden werden musste«.

Leib/Körper und Spiritualität

Immer wieder, wenn ich Gottesdienste, Gebet oder Lieder in anderen Kulturkreisen erlebe, spüre ich, wie wichtig der Körper dabei ist. Lieder werden mit Gesten, Bewegungen und Tänzen vertieft, und auch ich, die die Sprache nicht kann, bin beteiligt mit Leib und Seele und lerne so schnell Melodie und Text. Und so habe ich das Gefühl, dazuzugehören. Ich kann mir so bestimmte Lieder oder auch Gebete einverleiben.

Diese Tänze oder auch Bewegungslieder kann man aber nicht einfach so in unsere Gottesdienste übertragen, oft wirkt es dann einfach fremd oder folkloristisch. Es erinnert uns aber daran, auch in unsere Spiritualität den Leib in den Blick zu bekommen. Eine besondere Art der Leibarbeit findet immer noch in jedem Gottesdienst statt, und dies ist das Singen. Dies immer wieder intensiv zu betreiben, im Gottesdienst, aber auch in anderen Angeboten, ist sinnvoll und dies können wir aus der Ökumene lernen.

Es ist unsere Aufgabe, immer wieder zu suchen, wo in unserer Tradition der Körper einen Rolle spielen kann, z.B. in Körpergebeten, wenn ein Gebet mit Gebärden gebetet wird. Dies intensiviert und verdichtet das Gebet. So verstehe ich auch eine Anfrage einer Gottesdienstbesucherin, die mich als Presbyterin nach dem Gottesdienst ansprach: »Wenn Sie die Gottesdienstordnung überarbeiten, denken Sie doch bitte an unsere Bandscheiben, nur Sitzen tut einfach weh.« Kreativität ist hier gefragt, z.B. das Stehen bei den Liedern (dann kann man auch besser singen und sich bewegen) oder ein einfaches Körpergebet zu Beginn des Gottesdienstes.

Visionen bekommen Gestalt

In der Antiapartheid-Bewegung habe ich von den südafrikanischen Schwestern und Brüdern gelernt, dass politische Arbeit und das Eintreten für Gerechtigkeit immer mit gelebter Spiritualität zusammenkam.

Hier war die Kraftquelle für die vielen Entbehrungen. Auch auf den Philippinen spielt die gelebte Spiritualität im Kampf für Gerechtigkeit eine große Rolle. Zeiten der Stille und Kontemplation werden bewusst gestaltet, um der Ungerechtigkeit zu begegnen. Ich habe gelernt, Spiritualität und die Arbeit für Gerechtigkeit nicht zu trennen, sondern als Einheit zu sehen. Beides ist eine Seite einer Medaille und kann ohne das andere nicht sein. Dies ist notwendig auch bei uns zu erkennen, also keine Trennung von »politisch Aktiven« und »Frommen« zu machen. Dorothee Sölle war uns dabei ein Vorbild.

Das Gebet

Hier ist für mich das größte Lernpotenzial. Von einer afrikanischen Kollegin habe ich den Satz gelernt: »Lebensereignisse brauchen einfach das Gebet.« Und eine indonesische Kollegin sagt: »Gebet ist die schönste Kommunikation zwischen Gott und mir. Seit der Kindheit wurde mir beigebracht, mit Gott ›unter vier Augen‹ zu sprechen.« Bei uns ist das Thema Gebet oft mit einem Tabu belegt, so recht traut man sich nicht, darüber zu sprechen oder es wird in eine bestimmte »Frömmigkeitsecke« verbannt. Hier können Erfahrungen aus der Ökumene uns Mut machen, mit anderen Augen auf das Gebet zu schauen.

Ideen aus dem Kongo, übertragen auf deutsche Verhältnisse

Ich möchte zwei Beispiele aus dem Kongo vorstellen, die auch Gemeinden in Deutschland realisieren können:

1. Gebetsgruppen: Im Kongo gibt es in vielen Gemeinden Gruppen, die sich zum Gebet versammeln. Die Aufgabe der Gruppe ist es, für die Gemeinde zu beten. Es sind oft bis zu 20 Menschen, die sich einmal in der Woche treffen, um gemeinsam für die Gemeinde und ihre Anliegen zu beten. Die Anliegen werden in der Gemeinde gesammelt. Bei besonderen Anliegen werden Gebetsketten gebildet: Es wird verabredet, wer wann betet, und so kann für das betreffende Anliegen ein oder mehrere Tage gebetet werden. Ich kann mir vorstellen, dass dies auch hier in den Gemeinden klappen könnte.

2. Eine andere Idee, ebenfalls aus dem Kongo, ist es, dass sich Presbyterien vor wichtigen Entscheidungen für ein Wochenende in den Wald zu-

rückziehen, um zu beten. Die Erfahrung zeigt, dass nach so einem Gebetswochenende die Entscheidungen leichter zu treffen sind. Bei uns wäre es wegen der Witterung nicht so gut, sich in den Wald zurückzuziehen, aber dafür gibt es ja andere Möglichkeiten. Sich als Presbyterium ein ganzes Wochenende Zeit zu nehmen, die Probleme und die möglichen Entscheidungen vor Gott zu bringen, wäre auch bei uns hilfreich. Häuser der Stille oder die Ökumenische Werkstatt laden dazu ein.

ERFÜLLT MIT HEILIGER GEISTKRAFT
Feministische Spiritualität setzt beim Alltagsleben der Frauen an |
Von Ilka Werner

»Die Stunde des Gebetes ist vorbei, bis ich mein Geschirr vom Abendessen gespült habe, und dann bin ich sehr müde.« Die feministische Antwort auf die Frage, wie der Glaube im Alltag zur Quelle der Kraft werden kann, wird in diesem Zitat aus Lena Malmgrens »umgekehrtem Schuldbekenntnis«[20] in Umrissen deutlich – sie umfasst zwei Momente: zum einen den deutlichen Bezug auf die Lebenswelt und die Erfahrungen von Frauen und zum anderen die Kritik an der herkömmlichen kirchlichen Glaubenspraxis, die Gott von diesem Alltag fernhält. Feministische Spiritualität entwickelt darum Ausdrucksformen, die diese Trennung aufheben und Gott als Ursprung des Lebens und Glaubens zu den alltäglichen Lebens- und Glaubenszusammenhängen von Frauen in Beziehung setzen.

[20] In: Elisabeth Moltmann-Wendel: »Wach auf, meine Freundin. Die Wiederkehr der Gottesfreundschaft«, Stuttgart 2000, S. 70.

Der Weltgebetstag und der Mirjamsonntag haben schon Tradition
Feministische Spiritualität hat einen Ort innerhalb der christlichen Kirchen, sie steht in Wechselwirkung mit anderen spirituellen Aufbrüchen und der herkömmlichen kirchlichen Glaubenspraxis und findet Eingang in den Rhythmus des Kirchenjahres: Der Weltgebetstag der Frauen am ersten Freitag im März ist selbstverständlich geworden. Und seit 1998 wird am 14. Sonntag nach Trinitatis der Mirjamsonntag gefeiert. Auch Jahreskreisfeste wie Lichtmess und Johannis finden im evangelischen Bereich zunehmend Beachtung. Daneben entwickeln sich Traditionen von Frauengottesdiensten und Frauenliturgien und neue Kasualien. Begleitet und in die kirchlichen Strukturen hinein vernetzt werden diese

Gottesdienstformen durch Frauengruppen in Gemeinden, durch synodale Fachausschüsse sowie durch Workshops, die von Akademien, Frauenreferaten und im Rahmen der Kirchentage angeboten werden.

Der Vielfalt dieser Orte und Anlässe zum Trotz machen viele Frauen auf der Suche nach für sie passenden Formen gelebten Glaubens wiederholt die Erfahrung, in Nischen verwiesen zu werden, und sie fühlen sich sehr am Rand der Kirchen. Sie lösen sich nicht selten von den christlichen Traditionen und suchen Anschluss an die verschiedenen spirituell orientierten Selbsterfahrungsgruppen. Christliche feministische Spiritualität ist keine neue Entwicklung, sie hat ihre Wurzeln in den mittelalterlichen Traditionen der Mystikerinnen, in der intensiven persönlichen Frömmigkeit der Pietistinnen und in den Aufbrüchen der modernen Frauenbewegungen sowie der feministischen Theologie.

In der Sprache Frauen nennen und sichtbar machen

Feministische Spiritualität wird durch verschiedene Ausdrucksformen charakterisiert: Auffallend ist die Suche nach einer neuen Sprache für den Glauben, die zum einen Frauen und Mädchen sichtbar werden lässt und nennt, zum anderen auch die Inhalte des Glaubens so ausdrücken kann, dass sie (wieder) Bedeutung für das Leben gewinnen. Mit großer Kreativität und gründlicher wissenschaftlicher Reflexion entstanden die Bibel in gerechter Sprache (BigS), neue Lieder in neuer, frauengerechter Sprache, Neu- oder Umdichtungen zu altbekannten Melodien sowie Gottesdienstbücher in gerechter Sprache mit einer Fülle von liturgischen Texten und Gebeten. Diese neue Sprache findet etwa durch die Handreichung »Beim Wort genommen. Gerechter Sprachgebrauch im Gottesdienst« von 2007 ihren Weg in den alltäglichen und gottesdienstlichen Sprachgebrauch der Evangelischen Kirche im Rheinland.

Neben die Bemühung um die Sprache tritt die (Wieder-)Entdeckung körperlicher Ausdrucksformen, die die Zusammengehörigkeit von Körper und Seele auch im Glaubensleben ernst nehmen. Eine große Rolle spielen Symbole und Symbolhandlungen, dabei werden sowohl biblische Traditionen wie Fußwaschung, Salbung und Segnung wiederbelebt als auch neue, auf die weiblichen Lebensphasen und -zyklen bezogene Rituale entwickelt. Wachsende Bedeutung kommt dem Tanz zu, sowohl ruhigen, me-

ILKA WERNER
Jahrgang 1964, seit 1999 Pfarrerin am Berufskolleg für Technik und Informatik in Neuss. Bezirkbeauftragte für evangelischen Religionsunterricht an Berufskollegs im Kirchenkreis Gladbach-Neuss und Vorsitzende des Verbandes evangelischer Kirchengemeinden in der Stadt Neuss. Zuvor Assistentin an der Kirchlichen Hochschule Wuppertal, theologisch interessiert vor allem an reformierten Traditionen und feministischer Theologie, seit 2009 Vorsitzende des Ständigen theologischen Ausschusses der Evangelischen Kirche im Rheinland.

ditativen Formen als auch wilden, ekstatischen Ausbrüchen, die die eigene, oft unbekannte Lebensmacht ergründen und ausdrücken.

Aus europäischer theologischer Tradition werden diese nonverbalen Formen des Glaubensausdrucks schnell als unkontrollierbar kritisiert. Auch wenn es nach wie vor gilt, das Gleichgewicht zu wahren und auf dem Kriterium des Wortes als Mittel der Verständigung über Glaubenserfahrungen zu beharren, wäre es doch wünschenswert, dass mit vorsichtiger Neugier diese Formen auch in den kirchlichen Alltag einzögen, weil sie mithelfen, Glauben (wieder) eine Angelegenheit von Herz, Mund und Händen werden zu lassen.

Aufmerksam werden für die eigene Lebensgeschichte

Im Blick auf Themen feministischer Spiritualität lassen sich charakteristische Schwerpunkte bestimmen. Zentrales Interesse ist die Aufmerksamkeit für die (eigene) Lebensgeschichte. Entwicklungen, Zusammenhänge, Brüche und Einbrüche äußerer Faktoren werden erinnert. Mit dem Innewerden des Geborenseins (Natalität) erschließt sich Leben vom Mutterleib an als Fülle von Entwicklungen und Möglichkeiten, die Gott zu danken sind. Biografiearbeit[21] schafft neue Zugänge zu verschütteten Träumen, Bedürfnissen, Verletzungen, Kränkungen, Segen und Fluch, Erfahrungen der Bewahrung oder Vorsehung und der Gottverlassenheit. Über die persönliche Lebenszeit hinaus erleben sich Frauen als Tochter, Enkelin, Nachfahrin, verbunden mit Generationen von Vorfahrinnen bis hin zu den Frauen der Bibel. Die Alten werden als Vorschwestern entdeckt, zusammenhängende Lebenslinien als Frauengeschichte (»herstory«) erzählbar gemacht, in der Erinnerung liegt die Kraft zu neuen Aufbrüchen.

[21] Siehe dazu auch in diesem Band (S. 85) den Text von Nicol Kaminsky: »Gott vertrauen. Ein Blick auf die eigene Lebensgeschichte«.

Sich Gott als Hausfrau und Mutter vorstellen

Neben das Interesse an der Lebensgeschichte tritt das für die Rhythmen der alltäglichen Lebenswelt. Das Führen eines Haushaltes, das Versorgen einer Familie – ein Bild für Gottes bewahrendes Handeln. Die Natur und der Wechsel der Jahreszeiten, von Saat und Ernte, die Sorge um das Klima und die Lebensmöglichkeiten der Kinder und Kindeskinder werden zur Fürbitte, die Gott an den Segen des Noahbundes erinnert. Der Wechsel von Arbeit und Ruhe, von Lärm und Stille, von Wachstum und Niedergang werden als gottgegebenes Lebensmaß angenommen. Neben die eschatologische Hoffnung auf das Reich Gottes als zukünftig zu erwartende neue Zeit tritt die weisheitliche Einsicht, den Zyklen und Rhythmen der wiederkehrenden Zeit achtsam zu begegnen.

Verbunden mit diesen Reflexionen der eigenen Erfahrungen ist das Nachdenken über Gott. Feministische Gottesrede entdeckt die weiblichen Gottesbilder der Bibel neu, nimmt sie auf und denkt ihnen nach. Die Vorstellung Gottes als Mutter oder Amme, als Gebärende, aber auch als Hausfrau ermöglicht Entdeckungen in Gott, die jedes einseitig männliche Gottesbild als Götzenbild entlarven und das feministische Interesse an Lebensgeschichte und Alltagswelt theologisch aufnehmen: Gott muss vom haushaltlichen Alltag nicht ferngehalten werden, weil Gott selbst auch hausfrauliche Züge hat. Wenn Gott als Vater angeredet wird, so muss diese Vaterschaft nicht im Gegensatz zu Mutterschaft, sondern kann inklusiv als Elternschaft verstanden werden. Der bildliche Charakter der vielfältigen Gottesvorstellungen muss bewusst gehalten werden, da sonst die Gefahr besteht, aus der Bibel patriarchale Geschlechterrollen oder patriarchale Gotteseigenschaften normativ abzuleiten.

Gott, die mich gerettet hat

Die Erfahrung, dass die eigene Lebenswelt und -geschichte wichtig genug ist, um im Gottesdienst und in Gebeten vorzukommen, und dass sie mit Gott zu tun hat, lässt Frauen erhebliche geistliche Kraft und Vollmacht entdecken – sie sind erfüllt mit heiliger Geistkraft. Der häufige Ansatz feministischer Spiritualität beim Alltag ist darum weder klein noch unpolitisch: Von der Geistkraft erfüllte Frauen buchstabieren neu, was Priestertum aller Gläubigen bedeuten kann, und machen sich das Lied der Maria zu eigen: »Meine Seele lobt die Lebendige, und mein Geist jubelt über Gott, die mich gerettet hat. Sie hat auf die Erniedrigung ihrer Sklavin geschaut. [...] Sie hat Mächtige von den Thronen gestürzt und Erniedrigte erhöht, Hungernde hat sie mit Gutem gefüllt und Reiche leer weggeschickt.« (aus Lk 1, 46 – 55, BigS)

Literatur

Praetorius, Ina: Die Welt: Ein Haushalt. Texte zur theologisch-politischen Neuorientierung, Mainz 2002.

Wenn die Gruppe okay ist
Mit Männern draußen unterwegs – dann ist auch Raum für Fragen
nach dem Glauben | Von Jürgen Rams und Rüdiger Maschwitz

Eine Gruppe Männer steht vor der Pilgerherberge in Merzkirchen im
Saargau und lauscht einem Gedicht von Hanns Dieter Hüsch: »Erst mit
der großen Stille fängt die Seele an zu schreiben und lässt uns sanft und
sicher werden und sorgt dafür, dass unsere Augen milde bleiben.« Die
Männer brechen auf zur letzten Etappe des viertägigen Pilgerweges der
Männerarbeit der Evangelischen Kirche im Rheinland. Zur Stille kommen und abschalten, das ist ihr Wunsch für die spirituelle Wanderung.

Seit rund fünf Jahren sind Pilgerwege fester Bestandteil der rheinischen
Männerarbeit, Kirchenkreise und Gemeinden haben diese Idee mit Erfolg aufgegriffen. Für die Pilger passen Mann sein und Spiritualität gut
zusammen. Männer suchen nach Formen, die ihnen helfen, den Alltag
zu bewältigen, sich in unübersichtlichen Zeiten nicht selbst zu verlieren.
Sie sind spirituellen Fragen gegenüber offener als früher.

Spirituelle Fragen der Männer aufgreifen
»Spiritualität« meint hier etwas anderes als »Theologie«. Sie ist breiter
angelegt. Das machen die sieben Dimensionen von Spiritualität deutlich,
die Paul M. Zulehner in seinem Buch »Gottes Sehnsucht«[22] anführt: Reise
zu sich selbst, Verzauberung, Heilung, Gemeinschaft, Festigkeit, Reise
ins Weite, Weltverhältnis. Das alles schwingt mit, wenn der heutige Mensch
von Spiritualität redet und sich aufmacht, in der säkularen Welt Sinn zu
finden. In der Theologie geht es mehr um das Reden von Gott. Notwendig
ist es, beides zusammen zu sehen und die spirituellen Fragen der heutigen Männer in der Theologie aufzugreifen. Wenn Kirche die Befindlichkeit dieser Männer ernst nimmt, kann sie sie auch erreichen.

[22] Paul M. Zulehner:
»Gottes Sehnsucht.
Spirituelle Suche in
säkularer Kultur«,
Ostfildern 2008.

Noch sprechen die Zahlen in den Gemeinden eine andere Sprache:
Frauen sind als Besucherinnen und Mitarbeitende wesentlich präsenter.
Das liegt nicht an fehlender Sensibilität der Männer für religiöse Fragen,
sondern an unterschiedlichen Zugangsweisen. In der Untersuchung
»Was Männern Sinn gibt«, die 2005 von den Einrichtungen für Männer-
arbeit der EKD und der katholischen Kirche in Auftrag gegeben wurde,

wurde deutlich, dass Männer vor allem ihren beruflichen Alltag als fremd-
bestimmt empfinden. Um zu überleben, ziehen sie sich in Gegenwel-
ten zurück. Dabei spielt aktives Naturerleben eine wesentliche Rolle –
sicherlich eine Erklärung für die gute Annahme der Pilgerwege.

Aktivitäten sind Männern wichtiger als ein Gottesdienst

Bei der Frage nach dem Sinn des Lebens haben die Männer Themen wie
»Kampf«, »Beziehung«, »Lernen und Abenteuer«, »Kreativität« genannt.
Sie sind stolz auf eigene Leistungen, aber auch sensibel für die Zerbrech-
lichkeit des Lebens. Diese Befindlichkeit macht verständlich, dass die
»klassischen« Angebote der Gemeinden für Männer wenig interessant
sind. Fahrradtouren, Wanderungen oder Vater-Kind-Angebote bieten
eher Anknüpfungspunkte. Gemeinsam aktiv zu sein, ist für viele wichtiger als ein »passiver« Gottesdienst. Männer brauchen eine besondere
Atmosphäre, sie müssen das Gefühl haben, dass die Gruppe und der Leiter »okay« sind. Wird die Gruppe als geschützter Raum erlebt, kommen
religiöse Themen von allein auf den Tisch. Positive Erlebnisse mit anderen Männern sind eine gute Voraussetzung, um über Fragen des Lebens
und des Glaubens zu sprechen.

Viele Männer beziehen ihren Selbstwert über die eigene Leistung. Alles,
was sie nicht selbst steuern können, wird als Herausforderung gesehen.
Krisen und Krankheiten sind etwas, was bewältigt und durchgestanden
werden muss. Geistlich ist dies jedoch anders zu bewerten: Krankheit
und Leid sind Bestandteile des Lebens. Wie können Männer hier zu einer
erweiterten Sicht finden? Selbstverständlich wissen Männer, dass auch
sie sensible und verletzliche Seiten haben. Um dies zulassen zu können,
brauchen sie den geschützten Raum.

Zweifel müssen erlaubt sein

Bei Gesprächen mit Männern wird deutlich, dass sie eine Kraftquelle suchen, einen Gott, der hinter ihnen steht und sagt: »Gut, dass es dich
gibt«, ohne dass sie etwas leisten müssen. Einfache Antworten, Glau-
benssätze, die man immer schon glauben musste, sind ihnen allerdings
suspekt. Sie wollen auch bei religiösen Themen den Sachen auf den
Grund gehen. Eigene Zweifel, eigene Fragen müssen erlaubt sein. Geheimnisse darf es geben, aber sie sollen als solche benannt werden.

JÜRGEN RAMS
*Jahrgang 1951, Sozial-
pädagoge, Referent im
Zentrum für Männer-
arbeit der Evange-
lischen Kirche im Rhein-
land, vorher lange
in der Jugendarbeit
tätig, Ausbildung zum
Familientherapeuten,
Fundraiser. Verheiratet,
zwei Kinder.*

Man(n) ist skeptisch, was Spiritualität »bringt«. Man(n) gönnt es anderen, aber selbst ist Man(n) vorsichtig. Dies hat weniger mit Selbstgewissheit zu tun. Was bringt es? Wozu nützt es? Was soll es? Das sind eher männlich orientierte Fragestellungen. Gleichzeitig wird der Mann von der Sehnsucht nach Mehr und Erfüllung bestimmt. Er sucht das Dahinterliegende, den Blick hinter den Vorhang.

Der Glaube kann Männer bereichern

In kirchlichen Angeboten für Männer muss der Bezug zum eigenen Leben in seiner ganzen Vielfalt deutlich werden. Für sie ist es wichtig zu erleben, dass das Leben in seiner Widersprüchlichkeit und Absurdität von Gott akzeptiert wird. Männer müssen selbst erfahren, dass ihnen Glaube hilft, in dieser oft fragwürdigen Welt zu leben. Die Auseinandersetzung mit dem Glauben kann Männer bereichern. Ohne »Ertrag« werden sich Männer nicht auf Angebote der Kirche einlassen. Sie erwarten, dass Kirche Auskunft gibt über das Leben. Sie suchen nach Aktionen, in die sie sich einbinden können. Sie wollen etwas Sinnvolles tun und sich für andere einsetzen.

Die Befragung »Männer in Bewegung«[23] von Rainer Volz und Paul Zulehner zeigt, dass erkennbar sein muss, wie Reden und Tun in Glauben und Kirche zusammengehören. Daran werden Kirche und ihre Vertreterinnen und Vertreter gemessen. Eine Kirche, die dies nicht beachtet, wird für viele spirituell interessierte Männer unglaubwürdig. In der Untersuchung wird deutlich, dass das Interesse an Religion und Kirche bei Männern in den vergangenen zehn Jahren zugenommen hat. Mögliche Gründe sehen Volz/Zulehner in der an die eigenen Grenzen stoßenden säkularen Entwicklung. »Dann würde paradoxerweise eine spirituelle Dynamik just aus zugespitzter, aber erschöpfter Säkularität erstehen. ... Auf diesem Boden könnte sich eine postsäkulare moderne männliche Spiritualität entwickeln.«

Jede Gemeinde muss eigene Wege finden

Es gibt nicht »den« Mann und nicht »die« männliche Spiritualität. Diese Aussagen zeigen Tendenzen und Richtungen auf. Jede Gemeinde muss sich fragen, wie sie auf welche Männer zugehen will. Ob auf Männer jenseits der Erwerbsarbeit oder auf Väter zwischen 25 und 45

RÜDIGER MASCHWITZ
Jahrgang 1952, Pfarrer und Diplom-Pädagoge, Kontemplationslehrer (viacordis), Ehe- und Lebensberater (EZI), Ehemann und Vater. Maschwitz arbeitet im Haus für Gottesdienst und Kirchenmusik der Evangelischen Kirche im Rheinland in der Arbeitsstelle »Kirche mit Kindern«.

[23] *Rainer Volz, Paul M. Zulehner: »Männer in Bewegung. Zehn Jahre Männerentwicklung in Deutschland«, Baden-Baden 2009.*

Jahren. Davon hängen dann Inhalte und Methoden ab. Aber entscheidend ist, ob wir die Männer mit ihrer Art, das Leben zu sehen und zu gestalten, ernst nehmen, und wie interessant die Männer sind, die die Angebote machen.

Zum Thema »Männliche Spiritualität« bietet das Zentrum für Männerarbeit der Evangelischen Kirche im Rheinland eine Reihe von Veranstaltungen an: Pilgerwege, Seminare im Haus der Stille usw. In der Geschäftsstelle können Materialien zum Männersonntag am 3. Sonntag im Oktober und die genannten Broschüren/Bücher bestellt werden.

Literatur

Rams, Jürgen/Volz, Rainer: Was macht Man(n) mit Kirche? – Arbeitshilfe, Düsseldorf 2009.

Rams, Jürgen/Volz, Rainer: Die Männer und der »liebe Gott« – Impulse zur Studie »Was Männern Sinn gibt«, Düsseldorf 2006.

Evangelische Kirche im Rheinland (Hrsg.): Väter, ihre Rolle in Familie und Gemeinde , Düsseldorf 2008.

Adressen

Zentrum für Männerarbeit
der Evangelischen Kirche im Rheinland
Postfach 10 22 53
40013 Düsseldorf
Tel. 0211/36 10-210
E-Mail: maennerarbeit@ekir.de
www.maennerarbeit-rheinland.de

Arbeitsgemeinschaft
der Männerarbeit der EKD
Berliner Allee 9 – 11
30175 Hannover
www.maennerarbeit-ekd.de

KINDER BRAUCHEN RELIGION

Es gibt viele Möglichkeiten, Spiritualität mit Kindern in der Gemeinde zu leben | Von Rüdiger Maschwitz

»Kinder haben ein Recht auf Religion«, war eine Plakatserie zur EKD-Gesamttagung für Kindergottesdienst überschrieben. Diese Plakatserie machte zwei Dinge deutlich: Kinder wollen Religion und sie brauchen Religion für ihre ganzheitliche Entwicklung. Im Bereich »Kirche mit Kindern« haben evangelische Gemeinden die große Chance, Menschen fast von der Geburt an bis etwa zum 14. Lebensjahr intensiv zu begleiten und zu fördern.

Jede geistliche Arbeit mit Kindern will die Seele des Kindes berühren, den Körper einbeziehen, das Verstehen und Lernen fördern. Der christliche Glaube kann ganzheitlich erlebt werden. Damit verbunden ist implizit das Wissen über den Glauben. Gut und nachhaltig wird Glaube da vermittelt, wo er bedeutsam wird für das Leben des Kindes. Die Familie hat keine große Bedeutung mehr für die Vermittlung des christlichen Glaubens. Viele Eltern und Großeltern suchen genau wie die Kinder eigene Erfahrungen und Antworten im geistlichen Leben, also im christlichen Glauben. Angebote für Kinder sollten deshalb direkt und indirekt auch die Familien einbeziehen.

Möglichkeiten einer spirituellen Arbeit mit Kindern

In einem kleinen Überblick wird der Reichtum deutlich, mit dem die evangelische Kirche den Kindern bis zum Ende der Konfirmation begegnen und sie einbeziehen bzw. begleiten kann. Es stellt sich also nicht die Frage, ob wir Möglichkeiten haben, Kinder zu erreichen, sondern ob wir sie als Gemeinden nutzen.

Taufe: Die Taufe des kleinen Kindes ist für viele Eltern der erste Kontakt mit der Gemeinde. Wird die Taufe kompetent gefeiert und begleitet, bleiben viele Eltern im Kontakt mit der Gemeinde.

Krabbelgottesdienst: Dieser Kleinkindergottesdienst mit Eltern, der kurz und intensiv sein soll, ist auch für Eltern und Großeltern eine elementare Begegnung mit dem christlichen Glauben.

Kindergartengottesdienste: Auch wenn die Gemeinde keine Kindergärten u. Ä. mehr hat, sind viele Träger dankbar, wenn sie bei den Jahresfesten geistliche Förderung erfahren.

Schulgottesdienste: Nicht nur bei Einschulungen und Entlassfeiern ist geistliche Begleitung erwünscht und gefragt. Regelmäßige, aber nicht zu häufige Gottesdienste in den Schulen schaffen auch emotionalen Kontakt zu den Kindern und Lehrern. Sie ermöglichen den Schülerinnen und Schülern, sich einzubringen. Dies gilt auch für die weiterführenden Schulen nach der Grundschule.

Konfirmation: Die Konfirmationszeit schließt mit ihrer Unterrichtszeit eine Phase der persönlichen Entwicklung des jungen Menschen und der kontinuierlichen Begleitung durch die Gemeinde ab und regt zur weiteren Mitwirkung an.

Kindergottesdienst: Egal ob wöchentlich, vierzehntägig oder monatlich, samstags oder sonntags – Kindergottesdienst ist ein Markenzeichen bei den regelmäßigen Angeboten für Kinder.

Familienkirche: Darunter verstehen wir einerseits neue regelmäßige Angebote, die Kinder und Eltern gleichermaßen erreichen, und andererseits ein besonderes Angebot für Eltern und Kinder, das in seiner Intensität über den Familiengottesdienst hinausgeht.

Familiengottesdienst: Dies ist sicherlich ein in seinen Formen sehr vielfältiges, aber doch vertrautes Markenzeichen in der Gemeindearbeit, meist stehen die Kinder im Vordergrund des Geschehens.

Kinderbibeltage: Dies sind intensive und sehr beliebte Angebote in einem begrenzten Zeitraum (Projekt) für Kinder und mittlerweile manchmal auch für Eltern, in denen biblische Themen und Geschichten kreativ und nachhaltig entfaltet werden.

Kindergruppen/Jungschar: In vielen dieser Gruppen gehören geistliche Impulse dazu. Oft wird gerade in den Gruppen durch Spaß, Spiel und Gemeinschaft das ganze Kind angesprochen.

RÜDIGER MASCHWITZ
Jahrgang 1952, Pfarrer und Diplom-Pädagoge, Kontemplationslehrer (viacordis), Ehe- und Lebensberater (EZI), Ehemann und Vater. Maschwitz arbeitet im Haus für Gottesdienst und Kirchenmusik der Evangelischen Kirche im Rheinland in der Arbeitsstelle »Kirche mit Kindern«.

Kinder- und Familienfreizeiten: Sie können das Angebot abrunden. Zusammenarbeit mit der Grundschule (über die Kontaktstunden – gibt es in NRW – hinaus) gibt es die Möglichkeit für gemeinsame Projekte bis hinein in die schulischen Ganztagsangebote.

Die erfahrungsorientierten Vermittlungsformen

In der Begegnung und in der Arbeit mit Kindern stehen uns vielfältige, erlebnis- und erfahrungsorientierte Vermittlungsformen zur Verfügung, die gleichzeitig Grundlagen schaffen. Einige Stichworte können dies nur andeuten: Erzählen – pur oder mit allen Sinnen –, Vertiefungsformen (vom Malen in seinen vielen Formen, über Tonarbeiten, Verklanglichen, Schnurparcour …), Fantasiereisen, Bodenbilder, Rückengeschichten. Das Kind steht im Mittelpunkt und wir versuchen, dass die christliche Botschaft das Kind in seiner ganzen Existenz anspricht und ihm gegenwärtig bleibt. Damit kann durch die Gemeinde wenigstens ein kleiner Teil der Zusage bei der Taufe des Kindes eingelöst werden, Kinder und Eltern auf dem geistlichen Weg zu begleiten.

Team und Fortbildungen

Damit ein solches Arbeiten gelingen kann, bedarf es qualifizierter beruflich und ehrenamtlich Mitarbeitender. Niemand kann und muss diese Arbeit alleine vollbringen. Ohne dieses Zusammenspiel und ohne regelmäßige Fortbildungen, besonders für die Ehrenamtlichen, ist die Arbeit mit Kindern nur schwer möglich.

www.kindergottesdienst.org
www.hackhauser-hof.de
www.jugend.ekir.de

Die Finanzen oder was sind uns die Kinder wert?

Kinder kosten etwas – in der Familie, in der Gesellschaft und in der Kirche. Viele Gemeinden haben keinen großen Spielraum, aber Sonderkollekten können helfen. Ein Leitungsorgan kann allerdings mehr tun, als Geld zur Verfügung stellen. Es kann die Menschen und ihre Arbeit wertschätzen und fördern durch Materialien und Literatur, die es zur Verfügung stellt, durch ansprechende Räume, geeignete Schränke, Lager und vieles mehr. Ein kleines, auch materielles Dankeschön vertieft diese Wertschätzung.

3 Glauben erfahren – persönliche Zugänge zur Spiritualität

GOTT VERTRAUEN

MIT LEIB UND SEELE

OFFEN BLEIBEN FÜR GOTTES WORT

BUNTER UND VIELFÄLTIGER

DIE QUELLEN DER KRAFT

DER ANGEFOCHTENE GLAUBE

GOTT VERTRAUEN

Ein Blick auf die eigene Lebensgeschichte | Von Nicol Kaminsky

Meiner Erinnerung nach bin ich als Vier- oder Fünfjährige sonntags regelmäßig zum Kindergottesdienst gegangen. Meine Mutter gab mir zwei Groschen mit, die ich ebenso regelmäßig mit Gott teilte: Ein Groschen war für ihn, der kam in die Kollekte; der andere war für mich, den setzte ich auf dem Heimweg um in Mausespeck. Ich fand den Kindergottesdienst so öde, dass ich mir diese Belohnung meiner Meinung nach redlich verdient hatte. Und ich war der festen Überzeugung, dass Gott das versteht: Er sieht ja alles! Meinen Mausespeck teilte ich übrigens mit einem anderen Kind, das den gleichen Weg hatte. Ich wusste doch, dass Gott sich freut, wenn wir unser Vergnügen teilen und andere nicht neidisch zugucken lassen.

Der Kindergottesdienst musste recht bald wieder ohne meine Anwesenheit auskommen. Er entsprach so gar nicht meinen Erwartungen. Statt mir von Gott oder Jesus zu erzählen, sollte ich Spiele mitmachen, die ich aus dem Kindergarten kannte und schon da nicht gerne spielte. Mein Fernbleiben von dieser Veranstaltung war zwischen Gott und mir überhaupt kein Problem: Ich habe ihm die Sache erklärt. Unserer Beziehung tat das keinen Abbruch.

Mit Gott reden wie mit der Mutter

Heute finde ich an diesen Erinnerungen einiges bemerkenswert: Angst vor Gott kannte ich nicht. Dass er immer da ist, war mir Selbstverständlichkeit und Wohlbehagen. Mit ihm konnte ich reden wie mit meiner Mutter.[1] Ich war offensichtlich der Überzeugung, dass Gott sich meinen Argumenten nicht würde verschließen können, dass er die gleichen Maßstäbe hat wie ich und der Kindergottesdienst auch seinen Erwartungen nicht entsprach. Mir war aber auch klar, dass ich meine Kriterien von seinen abzuleiten hatte und nicht umgekehrt; ich teilte selbst den geliebten Mausespeck ...

Gleichzeitig wird mir im Erzählen deutlich: Mein Gottesbild[2] war sehr geprägt von dem Verhältnis zu meinen Eltern. Ich sehe heute und bin dafür sehr dankbar, dass meine Eltern uns Kindern nicht nur mit Liebe, sondern auch mit Respekt begegnet sind!

[1] *Ernsthafte Gespräche fanden in der Regel mit meiner Mutter statt, mein Vater war selten zu Hause. Wenn wir Zeit miteinander hatten, war das Zeit zum Genießen und zum Spiel.*

[2] *Unser Glaube braucht Bilder, auch wenn sie immer unzulängliche Vorstellungen und Bilder bleiben.*

Erfahrungen prägen Gottesbilder

Erfahrungen prägen Gottesbilder.[3] Gottesbilder prägen Erfahrungen. Sie sind der Grund, auf dem ich mein Leben deuten kann. Ein Beispiel: Wenn jemand etwa durch einen Unfall körperlich beeinträchtigt wird, wird diese Behinderung sein/ihr Leben ändern. Zugleich wird aber auch die Deutung der Behinderung den Umgang mit ihr und damit das Leben beeinflussen:

Einer sieht Gott als den Weltenrichter: Er fasst den Unfall als Strafe Gottes auf. Seine Behinderung versteht er als selbst verschuldet, als nicht endende Buße, die Gott ihm auferlegt. Lebenslust verkümmert. Leben wird zur Last. Der Mensch verunsichert und fühlt sich klein.

Eine andere hält Gott für eine Art Dienstleister, der ein sorgenfreies Leben zu garantieren hat. Sie pocht auf ihr vermeintliches Recht auf unversehrtes Leben und fühlt sich von Gott im Stich gelassen. Ihr Glaube wird erschüttert, sie hadert mit Gott und steht in der Gefahr zu verzweifeln oder zu verbittern.

Für einen Dritten ist Gott ein Freund. Er findet in der Auseinandersetzung mit seiner Einschränkung in Gott einen mitleidenden, zugewandten Gesprächspartner. Im Leiden Christi erkennt er sein eigenes Leiden wieder. Sein Vertrauen in diesen solidarischen, leidenden Gott wächst. Seine Beziehung zu ihm vertieft sich. Er lernt, die Behinderung anzunehmen und zu integrieren. Der äußerlich Krankbleibende heilt innerlich.

Diese Beispiele sind sehr plump. Schicksale sind nicht so einfach. Mir geht es mit der Vergröberung darum, deutlich zu machen, dass Erfahrungen und Gottesbilder sich gegenseitig beeinflussen können. Mein Bild von Gott spiegelt sich in meinem Glauben und damit auch in der Praxis meines Glaubens, in der Form, wie sich Glauben in meinem Leben ausdrückt, in der »spirituellen Übung«.

Mit den Lebenserfahrungen wandelt sich der Glaube

Im Laufe eines Lebens gewinnt der Mensch täglich neue Erfahrungen, die sich gegenseitig ergänzen, entsprechen oder auch widersprechen. Darum wandeln sich die Gottesbilder eines Menschen, infolgedessen gießt er seinen Glauben in immer neue Formen. Die Gebete unserer Kin-

[3] Ich denke hier zum Beispiel an Frauen, die von ihrem Vater oder Vaterfiguren missbraucht worden sind: Mir ist sehr einleuchtend, dass sie sich weigern, Gott mit »Vater« anzusprechen. Wenn in der Anrede so viel entwürdigende Erfahrung mitschwingt, kann sie schlicht zur Zumutung werden.

dertage haben wir vermutlich weitgehend hinter uns gelassen oder sprechen sie anders als zuvor. Wenn ich heute bete »Vater unser im Himmel ...«, verbinde ich damit etwas anderes als damals im Kindergottesdienst.

Das naive Vertrauen des Kinderglaubens wird vermutlich in der Rebellion der Pubertät erschüttert. Viele haben als junge Erwachsene Gott aus den Augen verloren, Antworten auf die Fragen in Zusammenhang mit Karriere und Familiengründung haben sie ihm nicht zugetraut. In der Lebensmitte stellen wir uns neuen Herausforderungen: Wie bringen wir das, was wir erreicht haben oder auch nicht erreicht haben, zusammen mit dem tiefen Wunsch nach Sinn und Geborgenheit? Die Frage »wer ist Gott« stellt sich neu und anders: Wie ist Gott, dem ich mich stellen muss oder anvertrauen kann, wenn mein Leben dem Ende zu geht?

Gottesbilder verändern sich nicht nur durch Erfahrungen, sie korrespondieren mit den aktuellen Lebensfragen. Die Deutung eines Lebens wird von Gottesbildern beeinflusst. Ob mein Leben nur Arbeit und Plage ist oder ob ich dankbar und lebenssatt sterben kann, hängt auch von meiner Beziehung zu Gott ab.

Die biografische Linie und die Glaubenslinie

Ich halte es für ein lohnendes Experiment, sich mit ausreichend Zeit und Papier hinzusetzen und sich seine biografische Linie zu vergegenwärtigen, in die wichtige Ereignisse und Erinnerungen eingetragen werden. Parallel dazu wird eine zweite Linie eingetragen: Was habe ich zeitgleich geglaubt, wie gebetet, in welcher Form meinen Glauben gelebt, war er überhaupt wichtig, wie habe ich Gott gesehen? So kann deutlich werden, welche Entwicklungen und Reifeprozesse uns nicht nur in der Biografie, sondern auch in der Glaubensbiografie verwandelt haben.

Für mich war es ganz spannend zu entdecken, dass es so etwas gibt wie eine »zweite Naivität«: das unbedingte Gottvertrauen, das aus Lebenserfahrungen schöpft, das durch Freude gereift ist und im Leid nicht gelitten, sondern sich gerade in dunklen Stunden vertieft hat. Ich glaube, dass Jesus von diesem Vertrauen spricht, wenn er seinen Jüngern sagt: »Wenn ihr nicht umkehrt und werdet wie die Kinder, so werdet ihr nicht

NICOL KAMINSKY

Jahrgang 1960, leitet als Landespfarrerin seit 2004 das Haus der Stille in Rengsdorf, das Einkehr- und Meditationszentrum der Evangelischen Kirche im Rheinland. Ein Schwerpunkt ihrer Arbeit ist Geistliche Begleitung. 1989 – 1996 lebte sie mit ihrem Mann und zwei Töchtern in Botswana (Afrika) und arbeitete dort in einer Gemeinde, danach war sie Gemeindepfarrerin in Mönchengladbach und unterrichtete an verschiedenen Berufsschulen.

ins Reich Gottes kommen.« (Mt 18,3) Die Jüngerinnen und Jünger werden eingeladen, ihre je eigene Geschichte mit Jesus so zu lesen, dass sie sich als Kinder Gottes verstehen und entsprechend leben können. Ihre Biografie ist zugleich ihre Glaubensgeschichte, ihr Leben kann erst im Zusammenhang mit ihrem Glauben verstanden werden. Lebensentscheidungen und Gottvertrauen bedingen sich gegenseitig. Ich bin davon überzeugt, dass das heute nicht anders ist.

Mit Leib und Seele

Es gibt viele körperorientierte Wege, den Glauben auszudrücken und spirituelle Erfahrungen zu machen | Von Gisela von Borries-Kegel

Der Mensch ist Leib. Jede Erfahrung ist (auch) eine leibliche. Einen anderen Aufführungsort für alles, was wir erleben, haben wir nicht. Im Körper drücken sich Spuren all unserer Erfahrungen ein und aus. Es gibt eine wechselseitige Beziehung zwischen geistig-seelischem Erleben und Körperlichkeit: Das innere Erleben zeigt sich, meist unbewusst, in Haltung, Gestik, Mimik und Bewegung – umgekehrt können durch bestimmte Haltungen, Gesten und Bewegungen Zugänge zu innerem Erleben gefunden werden. Das gilt auch für das religiöse Erleben, für spirituelle Erfahrungen. Dieses Wissen ist Jahrtausende alt und allen Religionen gemein. Aber im Abendland hat eine leib- und vor allem sexualfeindliche Theologie immer wieder zu einer entkörperlichten Religionsausübung geführt. Dieser Gefahr ist auch der Protestantismus mit seiner am Wort Gottes orientierten Theologie nicht entgangen.

Inzwischen ist eine Sehnsucht nach Ganzheitlichkeit und spirituellen Erfahrungen aufgebrochen. Spirituelle Angebote, die den Körper einbeziehen, werden gut angenommen. Östliche Meditationsweisen, etwa Zen und Yoga, gewinnen ihre Attraktivität aus dem stimmigen Ineinander von leiblicher, geistig-geistlicher und seelischer Übung. Wir haben aber auch in unserer christlichen Tradition viele körperorientierte Wege, unseren Glauben auszudrücken. Einige werden im Folgenden beschrieben. Wer sich auf einen dieser Wege einlässt, kann erleben, dass im Leib Gespürtes Entwicklungen auslöst – gerade im Bereich der Spiritualität.[4]

[4] *Die beiden evangelischen Sakramente, Taufe und Abendmahl, verbinden die spirituelle Erfahrung mit Körpererfahrung: Der ursprüngliche Taufritus, dreimal in fließendem Wasser unterzutauchen, war eine starke leiblich-seelische Erfahrung. Die Benetzung des Kopfes mit ein paar Tropfen Wasser erinnert daran: Der Körper des Täuflings wird durch das Wasser einbezogen, vielleicht wird noch ein Kreuz auf die Stirn gezeichnet. Beim Abendmahl können wir »schmecken und sehen, wie freundlich der Herr ist« – wenn es gut geht, begleitet uns der Geschmack des Reiches Gottes lange durch den Tag.*

Einige körperorientierte Ausdrucksformen der Spiritualität

1. Vorbereitende Körperarbeit

In der Hinführung zur Stille, zu Meditation und Kontemplation[5], aber auch zum Bibliodrama hat sich Körperarbeit als hilfreich erwiesen. Mich auf die Atmung, den Herzschlag, die Wahrnehmung meiner Körperempfindungen zu konzentrieren, holt mich nach innen. Leibspürübungen helfen loszulassen, was mich beschäftigt: Pläne, Sorgen, Nachdenken über Arbeit und Beziehungen. Mit Atem- und Wohlspannungsübungen (Eutonie) oder anderer Körperarbeit in Ruhe und Bewegung komme ich bei mir selbst an. Ich bin aufmerksam im Hier und Jetzt, und aus dieser Aufmerksamkeit heraus wende ich mich Gott zu.

2. Gebetshaltungen, Gebärdengebete und Gesten

Die Vielfalt des Betens, wie sie uns in der Bibel überliefert worden ist, schließt eine Vielfalt von Gebetshaltungen ein: Der/die Betende streckt sich aus nach Gott, erhebt die Augen oder die Hände zum Himmel; hält die Hände als Schale vor sich, bereit, von Gott etwas zu empfangen; kniet als Ausdruck der Demut; wirft sich vor Gott nieder, macht sein/ihr Herz still, gibt sich Gott hin; kreuzt die Hände über der Brust, um ganz bei sich und in Gott zu sein; sitzt auf dem Meditationsbänkchen vor Gott; steht bewusst aufrecht vor Gott. Wenn ich bete, kann ich körperliche Haltungen ausprobieren, die der inneren Haltung Gott gegenüber entsprechen.

Solche Haltungen, Gesten und Gebärden gemeinsam mit anderen auszuprobieren, erfordert Behutsamkeit, Vertrauen und eine Atmosphäre, in der jede und jeder sich angenommen weiß mit dem, was sie/er tut und lässt. Natürlich kann ich diese Erfahrungen auch »im stillen Kämmerlein« machen.

Diese Haltungen können in einer fließenden Bewegung zu einem Gebärdengebet verbunden oder jeweils mit einer Verneigung abgeschlossen werden. Auch das Kreuzzeichen, wie es Martin Luther empfiehlt, ist eine betende Bewegung: Die rechte Hand berührt Stirn und Nabel, anschließend die rechte und die linke Schulter. So werden Kopf und Bauch und beide Seiten des Körpers verbunden. Schweigend und langsam vollzogen kann dieses Kreuz der Zerrissenheit des eigenen Lebens entge-

[5] *Siehe dazu auch in diesem Band die Texte von Manfred Rompf: »Sich selbst als Wohnung Gottes erfahren. Meditation und Kontemplation ermöglichen es, im Alltag die Gegenwart Gottes wahrzunehmen«(S. 131), sowie von Nicol Kaminsky und Rüdiger Maschwitz: »Die Kraft der Stille und des Schweigens. Die ›Stille Zeit‹ kann den Einstieg in ein geistliches Leben ebnen« (S. 151).*

gengesetzt und so zu einer heilenden Erfahrung werden: Himmel und Erde, Denken und Fühlen, aktiv sein/handeln und passiv sein/leiden, die großen Spannungsbögen des Lebens sind im Kreuz, in Christus, zusammengehalten.

Verschiedene Gebärdengebete werden in Häusern der Stille, in Frauenliturgien und anderen spirituell orientierten Angeboten geübt. Teilnehmende berichten, dass sie neu Zugang gefunden haben zum Gebet, das ihnen in der Dürre der Worte abhanden gekommen war.

3. Be-Wegung und Spiritualität

Hiermit sind spirituelle Übungen gemeint, bei denen wirklich Wege zurückgelegt werden. Die äußere Bewegung entspricht einer inneren; im Gehen oder Tanzen kann ich »bewegt« und angerührt sein, können sich Fixierungen lösen, erschließen sich Schritte, die ich über die Übung hinaus gehen kann. Eine besondere Form der Meditation für Einzelne heißt im Englischen prayer-walking: Beten im Gehen oder Geh-Bet, dabei verbinden sich Bewegung, Atem und Gebetsworte.[6] Diese Form kann überall geübt werden, da sie nicht an besondere Orte oder Zeiten gebunden ist.

[6] s. Linus Mundy: »Das Geh-Betbuch. Wie Beten geht, wenn man geht«, Freiburg 1998.

3.1 Pilgerwege, Wallfahrten, Prozessionen

Auf dem Weg zu sein und dabei Gott zu suchen und zu finden, hat biblische Tradition: Viele Psalmen sind Wallfahrtslieder auf dem Weg nach Jerusalem; Glaubenserfahrungen des Volkes Israel wie der Auszug aus Ägypten, die Wüstenwanderung oder die Gotteserfahrung des Propheten Elia sind auf dem Weg passiert. Jesus selbst war Wanderprediger und ging mehrfach aus religiösen Gründen nach Jerusalem.

Ein Zeichen für die Sehnsucht nach leiblich spürbarer religiöser Erfahrung ist das wachsende Interesse an Wallfahrten und Pilgerreisen, nicht erst seit Hape Kerkelings Wanderung auf dem Jakobsweg. Waren 1990 weniger als 5000 (davon 581 deutsche) Pilger und Pilgerinnen in Santiago de Compostela, so sind es 2008 mehr als 125 000 gewesen, davon 15 746 Deutsche. Nach den Motiven gefragt, gaben mehr als 114 000 religiöse bzw. religiös-kulturelle Gründe an. Auch in Deutschland gibt es inzwischen mehrere Pilgerwege. Im Rahmen der

»Ruhrmetropole 2010« kann man »Pilgern im Pott«. Bei Wallfahrten (Lourdes, Kevelaer) verbindet sich die Bewegung mit der Suche nach Heil und Heilung. Menschen erleben beim Wandern innere Wandlung; sie kommen nicht als die Gleichen zurück, als die sie aufgebrochen sind[7]. Zunehmend bieten Gemeinden – oft als ökumenische Projekte – Prozessionswege entlang verschiedenen Kapellen an, dabei wird gebetet oder gesungen.

[7] Siehe dazu auch in diesem Band (S. 155) den Text von Gottfried Heß: »Beten mit den Füßen. Pilgern ist eine alte Form des Gottesdienstes«.

Beim meditativen Gehen während der Kontemplation, in Labyrinthen oder Spiralen werden äußerlich kurze Wege zurückgelegt, aber mit Achtsamkeit auf die innere Bewegung. Davon erhoffen sich Menschen Klärung ihres verschlungenen Lebensweges und Stärkung für ihren weiteren Weg.

3.2 Tanz

Sakraler Tanz[8], häufig verbunden mit Trance/Ekstase, gehört zu den ursprünglichsten Äußerungen der Religion in allen Kulturen. In der Bibel wird sakrales Tanzen berichtet von Propheten und von König David. Seit etwa 30 Jahren wird bei uns Tanz als Ausdruck und Vertiefung der eigenen Spiritualität wiederentdeckt, sowohl der individuelle Ausdruckstanz z. B. im Gottesdienst als auch das meditative Tanzen in Gruppen.

[8] Siehe dazu auch in diesem Band (S. 184) den Text von Karla Domning: »Dank, Klage, Lob und Bitte. Beim Sakralen Tanz mit Leib und Seele in Bewegung kommen«.

4. Berührung bei Segnung und Salbung

In der evangelischen Kirche ist durch die ökumenische Debatte die uralte biblische Tradition aufgelebt, Menschen in Gottesdienst und Seelsorge mit Handauflegung zu segnen und/oder mit Öl zu salben. Segen[9] und Salbung kommen in der Bibel in verschiedenen Zusammenhängen vor. Viele Menschen sehnen sich danach, Gottes Güte, Gottes Zuwendung körperlich zu spüren – hautnah. Die Zusage, der Zuspruch sind gut, aber manchmal erreichen sie uns nicht. Jesus ist den Menschen ganzheitlich begegnet: Er hat ihnen nicht nur gesagt, dass Gott sie liebt, sondern er hat sie auch umarmt, getröstet, sie heilsam und heilend berührt und seine Jüngerinnen und Jünger ebenfalls dazu aufgerufen. Daran knüpfen Segnung und Salbung an; viele Menschen haben im wahrsten Sinne des Wortes berührende, lösende und verwandelnde Erfahrungen gemacht, ja, manchmal Heilung erlebt.

[9] Siehe dazu auch in diesem Band (S. 51) den Text von Eckart Schwab: »Gebete sind keine Zaubersprüche. Gebet und Segen ermöglichen ein Gespräch und eine persönliche Beziehung mit Gott«.

GISELA VON BORRIES-KEGEL

Jahrgang 1951, seit 1980 Gemeindepfarrerin in Oberhausen-Sterkrade, seit 1987 Stellenteilung mit ihrem Ehemann. Diplom-Pädagogin, Lehrbibliodramaleiterin, Supervisorin (DGSv), Coach (DGfC), Autorin. Ganzheitliche geistliche Angebote sind ihr eine Herzensangelegenheit: selbsterfahrungsorientierte Erwachsenenbildung in der Gemeinde, Leitung einer Salbungsgruppe, Bibliodrama, Einkehrfahrten, Kursleitung im Haus der Stille, Leitung der Qualifizierung zur Geistlichen Begleitung in der Evangelischen Kirche im Rheinland.

Es ist für die Segnenden und Salbenden unerlässlich, sich die theoretischen/theologischen Grundlagen von Segnung und Salbung zu erarbeiten und selbst Erfahrungen zu sammeln. Durch die Reflexion und die eigene Praxis können wir besser erspüren, was für uns selbst stimmig ist, was unser Gegenüber braucht, was er/sie ablehnt oder als Übergriff erlebt. Durch geistliche, betende Vorbereitung der Salbenden/Segnenden, einen rituell klaren Ablauf und »handwerkliche« Sicherheit ist am ehesten gewährleistet, dass die Berührung eines anderen Menschen klar und streng bezogen bleibt auf dessen/deren Einverständnis bzw. Erlaubnis und das Mandat von Gott.

Im Gegenüber von segnendem Menschen und gesegneten Menschen (einzeln oder als Gemeinde) gibt es unterschiedliche Gesten, Körperhaltungen und Kontaktgrade des Segenspendens und des Segenempfangs, ohne und mit Berührung. Es gibt kein »Richtig« oder »Falsch«, sondern die Beteiligten müssen spüren und probieren, was für sie angemessen und stimmig ist. Was für die eine zentral ist, vielleicht: den Segen zugesprochen zu bekommen (»Gott segnet dich. Er ist dir nahe und bleibt bei dir.«), ist für die andere eine Vereinnahmung Gottes, der/die frei bleibt in seinem/ihrem Tun und deshalb nur um den Segen gebeten werden sollte. Beide können sich auf die Bibel berufen.

Für die eine mag die Intensität des Segens am ehesten erfahrbar sein, wenn sie ihren Kopf neigt, die Augen schließt und die Hände des/der Segnenden auf ihrem Kopf oder ihren Schultern spürt. Für einen anderen ist es eine tiefe Erfahrung, aufrecht und frei vor Gott zu stehen, seine Hände wie eine Schale vor der Leibmitte zu öffnen und sich in dieser auf Empfangen ausgerichteten Körperhaltung den Segen zusprechen zu lassen – durch einen Menschen, aber von Gott. Wieder anders fühlt es sich an, unter Handauflegung den Segen im Knien und mit gefalteten Händen zu empfangen, zum Beispiel an besonderen Schwellen im Leben wie bei der Konfirmation oder kirchlichen Trauung, vielleicht auch nach einer Beichte.

Der/die Segnende kann je nach Situation unterschiedliche Haltungen als authentisch und sinnvoll empfinden. Er/sie kann zum Gebet ausgebreitete Hände als Geste der Bitte um den Segen erleben oder mit erhobenen Armen und Händen, die zum Gegenüber zeigen, den zugesprochenen Segen ausstrahlen. Er/sie kann segnend einem Menschen die Hände auflegen in der Hoffnung, dass diese Berührung zu innerer Berührung durch Gott führt. Entscheidend ist die innere Haltung, die Bitte darum, durchlässig zu werden, damit durch den eigenen Körper, die eigenen Worte hindurch die segnende Kraft Gottes zu den Menschen hin fließen kann.

Die Salbung mit Öl nach Jakobus 5,13 – 16 wird im evangelischen Bereich wieder vollzogen, eingebettet in einen seelsorglichen Prozess oder als Phase/Station in einem Gottesdienst. Dazu hat die Evangelische Kirche im Rheinland im Dezember 2007 eine Handreichung herausgegeben, die die theologischen Grundlagen reflektiert, die Praxis beschreibt und liturgische Formulare anbietet. [10]

Wie auch immer der Ablauf einer Salbung im Gottesdienst aussieht: Die Mitglieder der Salbungsgruppe müssen zurückhaltend und kompetent handeln, damit nicht etwa Heilungshoffnungen geweckt und dann enttäuscht werden oder sich Grenzverletzungen innerhalb der Leib-Seelsorge ereignen. Da wir in Deutschland in einer eher berührungsarmen Kultur leben, bedarf jede Berührung, gerade im geistlichen Zusammenhang, eines Kontraktes, einer zumindest körpersprachlichen Einverständniserklärung der Person, die sich berühren lässt. Ihre Grenzen zu erspüren, ist Aufgabe der Salbenden und Segnenden.[11]

5. Bibliodrama

Körperbezogene spirituelle Erfahrung finden sowohl Gläubige als auch Kirchendistanzierte auch im Bibliodrama: Biblische Geschichten bzw. Texte werden in der Gruppe erlebt durch Körperübungen, kreatives Gestalten, Rollenidentifikation und inszenierendes Rollenspiel, durch Aneignung mit allen Sinnen. Durch diese körperlichen Erfahrungen werden die alten Texte lebendig, verständlich, relevant, aussagekräftig für das eigene Leben. Grundlegend für das in Gang kommen und Wachsen der inneren Auseinandersetzung mit dem Text, der eigenen Person, der Gruppe und Gott ist eine Atmosphäre der Offenheit, des Vertrauens und der Wertschätzung. Eine umfassende Fortbildung bei einem Bibliodrama-Ausbildungsinstitut befähigt den Leiter/die Leiterin, fachlich kompetent und

[10] Die Handreichung kann im Internet heruntergeladen werden: http://www.gottesdienst-ekir.de/files/downloads/Salbung_in_Gottesdienst.pdf

[11] Siehe dazu auch in diesem Band (S. 41) den Text von Christiane Vetter und Edwin Jabs: »Rühr mich nicht an. Grenzen in Seelsorge und Geistlicher Begleitung«.

in einer Haltung des Respekts gegenüber dem biblischen Text/dem Wort Gottes und der Lebensgeschichte der Teilnehmenden den Prozess erlebnis- und ergebnisoffen zu gestalten und nach dem eigentlichen bibliodramatischen Spiel auf der Erlebnisebene, der Personebene und als geistliches Geschehen auszuwerten. Es grenzt manchmal an ein Wunder, wie sich in der Offenheit dieses Prozesses die Kraft ereignet, die dem Wort Gottes innewohnt, und wie sie Menschen berührt und verwandelt.[12]

[12] *Siehe dazu auch in diesem Band (S. 141) den Text von Bärbel Krah: »In der Rolle eines Wasserkrugs. Das Bibliodrama ist eine handlungsorientierte Bibelauslegung, bei der alle Teilnehmenden mitreden«.*

Abschließende Bemerkung:

Immer wieder erleben Menschen, die in unseren Gemeinden keinen dieser Wege kennenlernen konnten, den Glauben als wenig bewegend, berührend und sinnstiftend. Darin liegt eine Aufgabe, denn zunehmend suchen Menschen spirituelle Erfahrungen, die mit Körpererfahrung verbunden sind, Körpergebet, Pilgerwege, Labyrinthe, sakraler Tanz, Segnung und Salbung, Bibliodrama »boomen«. Lebens- und Glaubensthemen körperlich, mit allen Sinnen, mit Bewegung und Berührung erleben zu können, hilft vielen Menschen, ihre Spiritualität zu entwickeln. Ob sie dabei im Wesentlichen mit sich selbst in Kontakt kommen oder darüber hinaus authentische Gotteserfahrungen machen, weiß Gott allein – wie bei jedem anderen religiösen Erfahrungsweg auch.

Literatur

von Borries-Kegel, Gisela: Bewegte Gottesdienste. Erfahrungsräume im Gottesdienst eröffnen, Neukirchen-Vluyn 2006.

Jäger, Willigis/Grimm, Beatrice: Der Himmel in dir. Einübung ins Körpergebet, 2. Auflage, München 2001.

Mundy, Linus: Das Geh-Betbuch. Wie Beten geht, wenn man geht, Freiburg 1998.

Pisarski, Waldemar: Gott tut gut. Salbungsgottesdienste. Grundlagen und Modelle, München 2000.

Segensworte und Segensgesten. Materialheft 72 der Beratungsstelle für Gestaltung, Eschersheimer Landstraße 565, 60431 Frankfurt, 1994.

Offen bleiben für Gottes Wort

Vom Glauben reden bedeutet, miteinander zu reden und einander zuzuhören | Von Anne Schneider

Prägt der Glaube mein Leben oder prägt das Leben meinen Glauben? Beides stimmt: Mein Leben ist Teil meines Glaubens, mein Glaube weitet und überschreitet die Grenzen meines Lebens, er schenkt mir das lebensnotwendige Grundvertrauen vom »Mutterleibe« an bis über meinen Tod hinaus. Ohne meinen Glauben kann und will ich mein Leben nicht denken und gestalten! Mein Glaube gestaltet und formt mein Leben.

Und mein Glaube ist Teil meines Lebens, erst mein Leben und meine Lebensgeschichte machen aus einem theoretischen Gedankenkonstrukt eine lebendige Beziehung. Glaube ist für mich nicht ein abstraktes »Fürwahrhalten« von theologisch-dogmatischen Sätzen. Glaube ist für mich eine konkrete und umfassende Lebensbindung an Gott und an Gottes Wort. Ohne mein Leben kann und will ich meinen Glauben nicht denken und bezeugen. Mein Leben füllt und formt meinen Glauben.

Ich bin 1949 geboren, seit mehr als 30 Jahren Lehrerin für Evangelische Religion und Mathematik, seit fast 40 Jahren glücklich verheiratet mit einem engagierten Pfarrer und Theologen. Wir haben drei Töchter großgezogen und 2005 unsere jüngste Tochter Meike im Alter von 22 Jahren durch Leukämie verloren. Seit April 2008 genießen wir unser erstes Enkelkind und unsere neue Rolle als Großeltern.

Gott und Glaube sind keine abstrakten Größen für mich. Ich lebe und denke aus meiner persönlichen Beziehung zu Gott. Die Liebe und Gegenwart Gottes konkretisieren sich für mich in der Liebe und Nähe meines Mannes und meiner Kinder, in dem Verstehen und dem Verständnis meiner Freundinnen und Freunde, in der Gemeinschaft mit Menschen mitten in meiner Alltagswelt. Deshalb lassen sich meine Glaubensgeschichte und meine Lebensgeschichte nicht voneinander trennen! Sie sind ineinander verwoben.

Gott, der Ewige, ist jedoch mehr und größer als alle meine zwischenmenschlichen Erfahrungen, größer als alle meine gedanklichen Erkenntnisse und Vorstellungen und auch größer als alle in Kirchen und Religionen überlieferten theologischen Sätze und Bekenntnisse. Gottes

ANNE SCHNEIDER
*Jahrgang 1949, Lehrerin
für Evangelische Religion und Mathematik.
Verheiratet mit Nikolaus Schneider, Präses
der Evangelisches Kirche
im Rheinland. Schneiders haben drei erwachsene Töchter, die Tochter
Meike ist 2005 im Alter
von 22 Jahren an Leukämie gestorben.*

lebendiger Geist lässt sich durch unseren menschlichen Geist nicht »einfangen« und nicht begrenzen. Deshalb sind meine Glaubensgeschichte und meine Lebensgeschichte – konkret und grundsätzlich – »offene« Geschichten über diesen Tag und über mein Leben hinaus!

Aus Gottes Wort entsteht und gelingt menschliches Leben

Unsere Beziehung zu Gott, unser Glaube, kann nur wachsen und lebendig bleiben, wenn wir in der Gewissheit und mit der Erfahrung leben, dass Gott sein Wort uns Menschen offenbart, dass Gott zu Menschen und durch Menschen gesprochen hat, dass Gott auch heute zu und durch uns Menschen spricht.

Gewiss, Gottes Wort ist für uns Menschen niemals und nirgendwo eindeutig hörbar und erkennbar. In der Heiligen Schrift finden wir Gottes Wort nur in der Verbindung mit vielstimmigen Menschenworten (Männerworten?!). Und Gottes »lebendiges Wort« Jesus Christus ist untrennbar mit dem Menschen Jesus von Nazareth verbunden. So gilt auch für unsere je eigene Glaubensbeziehung zu Gott: Wir können aus unserer Kraft nicht Gottes Wort und Gottes Geist eindeutig von unserem Wort und unserem Geist trennen und unterscheiden. Aber das ist auch gar nicht nötig. Gottes Wort will sich ja durch unser menschliches Wort offenbaren und Gottes Geist will ja unseren Geist inspirieren und bewegen. Wir müssen nur täglich neu darum bitten, dass wir offen bleiben für Gottes Wort und Gottes Geist. Und weil Gottes Wort sich nicht exklusiv an uns persönlich richtet, müssen wir gemeinsam mit anderen Menschen um unser Hören, Verstehen und Antworten ringen – und dabei sicher auch manchmal streiten!

Aus menschlichem Wort entstehen menschliche Beziehungen

Ich kann mir keine Beziehung, keine glückliche Liebesbeziehung zwischen Menschen, keine erfolgreichen Arbeitsbeziehungen unter Kolleginnen und Kollegen und auch keine lebendige Glaubensbeziehung zu Gott denken ohne Worte, ohne dass wir miteinander reden. Unsere Beziehung zu Menschen kann nur dann wachsen und lebendig bleiben, wenn wir zueinander und miteinander reden, wenn wir einander mitteilen, was uns bewegt und was wir bewegen wollen, was uns ängstigt und was uns tröstet, was wir denken, wovon wir träumen und worauf wir hoffen.

An Sprachlosigkeit sterben Beziehungen, gewollte und bewusst einge-
setzte Sprachlosigkeit (Schweigen als pädagogisches Experiment oder
als Strafe!) tötet! Gewiss, es gibt Zeiten, da fehlen uns die Worte, da bleiben uns alle Worte »im Halse stecken«, da »ersterben« uns unsere Worte
auf der Zunge. In den Zeiten übergroßer Trauer und Traurigkeit etwa, in
den Zeiten großer Schmerzen und Enttäuschungen. Dann können unsere geweinten und ungeweinten Tränen unser Bedürfnis zu reden ersti-
cken und auch das Bedürfnis, das Reden anderer anzuhören. Dann brauchen wir »fleischwerdende« Worte, Worte, die sich inkarnieren in
menschliche Berührungen, in umarmende und streichelnde Hände. Reden hat seine Zeit und Schweigen hat seine Zeit – Gott schenke uns die
Erkenntnis und das Einfühlungsvermögen für beides!

Geistvoll »vom Glauben reden« braucht mein Fragen

- Wer oder was ist Gott, was ist Gottes Wort für mich?
- Wer oder was bin ich, was bedeutet mein Leben für Gott?
- Wo und wie habe ich Gottes Gegenwart und Liebe erfahren?
- Wo und warum fühlte ich mich von Gott verlassen und enttäuscht?
- Wo und wie kann ich immer wieder neu die Kraft Gottes in mir und
  für mein Leben erfahren?
- Wie kann ich trotz allem, was mir und in der Welt geschieht, glauben
  und hoffen und lieben und von Gott gesegnet leben und sterben?

Geistvoll vom Glauben reden heißt, auch von meinem Fragen und Suchen, von meinen Anfechtungen und von meinem Zweifel erzählen. Ich
sehne mich zum Beispiel manchmal nach »einfachen«, nicht zu hinter-
fragenden und zeitlosen Gottes- und Glaubensvorstellungen. Es ist oft
anstrengend und kräftezehrend, sich auf ein lebenslanges Suchen und
Fragen und Sich-in-Frage-stellen-lassen durch Gottes lebendiges Wort
einzulassen. Und ich stelle rückblickend und selbstkritisch immer wieder fest: Glaubensantworten, die mich heute tragen und inspirieren, unterscheiden sich von den Antworten, die mich gestern gebunden und
bewegt haben. Und die Glaubensantworten, die mich heute tragen
und inspirieren, sind nicht unbedingt die Antworten, die mein Nebenmann und meine Nebenfrau jetzt für ihr Leben brauchen. Aber vielleicht brauchen sie sie, um für ihre persönlichen Glaubensantworten
inspiriert und ermutigt zu werden.

Manchmal bin ich auch versucht, meinen Glauben zu »missbrauchen«, um mein Leben zu vereinfachen. Dann »bastele« ich mir meine Gottesbilder und Glaubensvorstellungen so »zurecht«, dass sie mich und meine Lebensentscheidungen einfach nur bestätigen, dass sie mich nicht mehr infrage stellen, nicht mehr herausfordern und nicht mehr verändern. Geistvoll von meinem Glauben reden heißt aber, meine Glaubensgeschichte und meine Lebensgeschichte so zusammenzuhalten, dass sie als »offene« Geschichten von Gottes lebendigem Wort und von Gottes freiem und befreiendem Geist Zeugnis geben.

Geistvoll »vom Glauben reden« braucht mein Hören und Zuhören

»Viele Menschen suchen ein Ohr, das ihnen zuhört, und sie finden es unter den Christen nicht, weil diese auch dort reden, wo sie hören sollten. Wer nicht lange und geduldig zuhören kann, der wird am Anderen immer vorbeireden und es selbst schließlich gar nicht mehr merken.«[13]

[13] *Dietrich Bonhoeffer: »Gemeinsames Leben«, München 1939, S. 84.*

Schweigen kann wehtun, Sprachlosigkeit kann Beziehung verhindern und zerstören. Aber unbedachtes, vorschnelles und als Grenzen überschreitendes und zudringlich empfundenes Reden kann das auch. Das gilt für alle Bereiche unseres Lebens, auch für unseren Glauben. Geistvoll vom Glauben reden heißt nicht, sofort auf alle Fragen und für alle Probleme »fromme Sprüche« parat zu haben und so das Fragen und Suchen eines Menschen nach Gott mit »theologischen Richtigkeiten« zuzuschütten.

Menschen können auch durch ein ehrlich gemeintes offenes Gespräch über Gott, Gottesglauben und Glaubenserfahrungen abgestoßen und verletzt werden. Das Bedürfnis der Menschen, über ihre Lebens- und Glaubensgeschichten zu reden und ihre Grenzziehungen für die je eigene ganz private Intimsphäre sind individuell sehr verschieden.
Unbewusst und ungewollt habe ich sicherlich mit meinen Lebens- und Glaubensgeschichten auch von mir nicht erkannte Grenzen bei anderen überschritten, habe zu wenig und zu ungeduldig zugehört, habe »geplappert« statt »geistvoll geredet«. Mein »Herz ist oft so voll« von den Erfahrungen mit meiner Gottesbeziehung und meinen Menschenbeziehungen, dass »mir mein Mund übergeht«, auch wenn Hören und Schweigen seine Zeit hat.

Geistvoll »vom Glauben reden« braucht gemeinschaftliches Bekennen

Auch wenn Gottes Wort uns ganz persönlich anspricht: Wir sind in unserer Lebensgeschichte und in unserer Glaubensgeschichte keine »einsamen Inseln«. Glaube lebt nicht nur aus der Beziehung des oder der Einzelnen zu Gott, sondern genauso wesentlich aus der Beziehung der Glaubenden untereinander. Für das Gelingen unserer Gottesbeziehung und für unsere Menschenbeziehungen brauchen wir unsere Zugehörigkeit zu menschlichen und kirchlichen Gemeinschaften. Wir brauchen gemeinsames Fragen, Hören und Antworten, brauchen Bindungen und Verbindlichkeit in Kirchengemeinden, in Gesprächsgruppen und Bibelkreisen.

Wir können die uns überlieferten und gemeinschaftlich verbindenden Glaubenszeugnisse unserer Väter und Mütter im Glauben nicht immer und nicht überall durch die uns je eigenen Glaubenserfahrungen relativieren und infrage stellen. Wir tragen Verantwortung nicht nur für unser ganz persönliches Glaubensleben, sondern auch für die Tradition des Gotteswortes in den unterschiedlichen Menschengeschichten und für die Tradition unserer christlichen Glaubensgemeinschaft.

Offensein für Gottes lebendiges Wort in unserer ganz persönlichen Lebensgeschichte heißt nicht, unsere Traditionskritik und unseren Individualismus so weit zu treiben, dass wir keine Heimat und keine Verwurzelung mehr finden in unserer Kirche. »Wo zwei oder drei in meinem Namen versammelt sind, da bin ich mitten unter ihnen«, verheißt uns der Auferstandene. Meine Glaubensgeschichte lebt deshalb zugleich aus meiner individuellen Bindung an Gott wie aus meiner Gemeinschaftsbindung an meine Glaubensgeschwister.

Wenn ich »geistvoll von meinem Glauben« reden will, dann brauche ich den Rückhalt und die Korrektur durch andere, dann brauche ich die »Gemeinschaft der Glaubenden« – über die Grenzen meiner Person, meiner Zeit und meines Raums hinaus.

Bunter und vielfältiger

Wenn Menschen ihre Gaben und Möglichkeiten einbringen, tut das der Gemeinde und den Menschen selbst gut | Von Herbert Großarth

Seit jeher war die Evangelische Apostelkirchengemeinde (genannt: APO) – mit knapp 2000 Gemeindegliedern die kleinste Gemeinde im Kirchenkreis Oberhausen – eine missionarische Gemeinde. Viele Jahre lang hatte sie ihren Schwerpunkt in der Arbeit mit Jugendlichen und jungen Erwachsenen. Und seit jeher versuchen wir, den Menschen der APO die Gute Nachricht so nahezubringen, dass sie die Relevanz des christlichen Glaubens für ihre jeweilige Situation erkennen und erleben können. 1998 nahmen wir mit etwa 50 Mitarbeitenden am Willow-Creek-Kongress in Oberhausen teil, durch den wir wesentliche Impulse für unser Gemeindeaufbaukonzept bekommen haben.

Unter anderem wurde uns klar:

- Wir brauchen ein Leitbild, in dem die »Ziele und Werte« – also das, wofür die APO theologisch und inhaltlich steht – ausgedrückt wird.
- Wir müssen die vorhandenen Strukturen auf ihre Effektivität und Transparenz hin überprüfen und gegebenenfalls verändern.
- Wir brauchen als Gemeinde in unserem Gemeindeaufbaukonzept einen Paradigmenwechsel – nicht nur die Arbeit mit Kindern und Jugendlichen ist wichtig, sondern auch die Angebote für Erwachsene. Und dabei wollen wir den Gottesdienst als missionarische Möglichkeit entdecken.

»Gott will, dass allen Menschen geholfen werde und dass sie zur Erkenntnis der Wahrheit kommen«, heißt es im ersten Timotheusbrief (2,4). Darin bestehen die beiden Haupt-Akzente unseres Einsatzes in der APO, unser Profil: Glaubenshilfe und Lebenshilfe. Deswegen reden wir auch vom »missionarisch-diakonischen Gemeindeaufbaukonzept«. Was wir tun, darf weder bei der Glaubenshilfe stehen bleiben, noch darf es sich ausschließlich auf die Lebenshilfe erstrecken. Die Menschen brauchen beides. Deswegen steht in unserem Leitbild: »Für uns sind Glaubenshilfe und Lebenshilfe untrennbar.« Und für beide Bereiche gibt es inzwischen bei uns die Möglichkeit mitzuarbeiten.

Der Bereich Glaubenshilfe

Darunter verstehen wir, dass wir Menschen Hilfestellung geben wollen, Zugang zur Dimension des Glaubens zu finden. Wir stellen fest, dass viele, selbst solche, die offiziell noch zur Kirche gehören, keinen inneren Bezug zu dem haben, was Kirche ausmacht, sich oftmals sogar als »Atheisten« bezeichnen. Sie erleben Gottesdienste und andere Angebote der Kirche vielfach als »nicht relevant« für ihre Lebenswirklichkeit. Andererseits stellten wir aber auch fest, dass sich »Außenstehende« sehr wohl darauf ansprechen lassen, bei bestimmten Projekten (z. B. in der Arbeit mit Kindern, Jugendlichen oder alten Menschen) mitzumachen.

HERBERT GROSSARTH

Jahrgang 1944, Studium der Theologie, Pädagogik und Anglistik, bis 2009 einmal 16 Jahre und zum zweiten Mal (nach einer Unterbrechung von fünf Jahren als Jugendpfarrer im Essener Weigle-Haus) noch einmal 14 Jahre Pfarrer der Evangelischen Apostelkirchengemeinde auf dem Tackenberg in Oberhausen. Engagiert in Jugendarbeit, alternativer Gottesdienstgestaltung und Begleitung von ehrenamtlich Mitarbeitenden. Verheiratet, zwei erwachsene Kinder.

Da hatten wir eine Idee: Wir entwickelten »Gästegottesdienste« – Spotlight genannt –, die zu einem bestimmten Thema kreativ gestaltet werden. Eine spritzige, witzige Moderation, professionelle Power-Point-Präsentationen, Ausdruckstänze und Pantomime, eine gute Band sowie eine Predigt, die versucht, biblische Aussagen in die Lebenswirklichkeit der Menschen zwischen 25 und 50 zu übersetzen. Wir machen die Erfahrung, dass sich viele Menschen, auch solche, die nicht im Bereich der Gemeinde wohnen, zu solchen Gottesdiensten einladen lassen.

Weiterführend gibt es einmal im Jahr einen Glaubenskurs – »Lichtspur« genannt –, der wöchentlich an acht Abenden und an einem Wochenende in einem Freizeithaus mit ansprechendem Ambiente Informationen über Inhalte des christlichen Glaubens gibt und viel Raum zur Diskussion lässt. Die Abende beginnen mit einem festlichen Abendessen an hübsch dekorierten Tischen. Danach gibt es ein thematisches Referat, das in Kleingruppen diskutiert wird.

In Glaubenskursen Vorurteile abbauen

Im Laufe des Glaubenskurses öffnen sich die Teilnehmenden mehr und mehr und bringen ihre kirchliche und religiöse Sozialisation zur Sprache. Es ist manches Mal erschreckend und ernüchternd, was Menschen in Gemeinden oder in religiös geprägten Elternhäusern erlebt haben. Und es ist wohltuend, dazu beitragen zu können, dass tief sitzende Vorurteile im Laufe der Zeit abgebaut werden können. Am Ende des Glaubenskurses haben die Teilnehmenden in einem kreativen Gottesdienst die Möglichkeit, für sich auszuloten, welche Rolle der Glaube in Zukunft in ihrem Leben spielen soll. Danach bieten wir Hauskreise an: Entweder wird ein neuer gegründet oder die Menschen können sich bereits bestehenden anschließen.

In jedem Jahr erleben wir es wieder neu: Bisher Außenstehende fühlen sich durch die Atmosphäre der Gastfreundschaft angezogen und erfahren durch unsere Angebote Glaubens- und Lebenshilfe. Auf diese Weise haben wir mehr als 150 Menschen gewinnen können, die vorher kritisch-distanziert oder gar ablehnend abseitsstanden.

Wer so neuen Zugang zur Dimension des Glaubens und zum Anliegen der Kirche gefunden hat, sucht Anschluss an die APO – egal, wo er bzw. sie wohnt. Das schlägt sich übrigens im Gottesdienstbesuch, in Kircheneintritten, in den Anträgen auf Gemeindezugehörigkeit in besonderen Fällen und natürlich im Kollekten- und Spendenaufkommen nieder.

Mehr über die eigenen Möglichkeiten erfahren

Durch diese Struktur haben wir in den vergangenen Jahren eine Reihe neuer Hauskreise gründen können, denn viele wollen dabeibleiben und bieten ihre Mitarbeit an. Für sie gibt es ein weiteres Angebot: Alle zwei Jahre organisieren wir ein Seminar, durch das die Teilnehmenden mehr und mehr erfahren können, wo ihre Gaben, Neigungen und Möglichkeiten liegen. Wenn sie wollen, können sie diese Gaben, Neigungen und Möglichkeiten in die Gemeinde einbringen. Eine Mitarbeit im Einklang mit den eigenen Gaben, Neigungen und Möglichkeiten ist für alle Beteiligten effektiver und erfüllender, als Menschen irgendeine Aufgabe zu geben, weil zurzeit da irgendetwas brachliegt. Aufgrund der vorhandenen Gaben und Neigungen konnten (mussten) wir auch neue Tätigkeitsfelder einrichten, damit diese Menschen mit ihren Gaben und Neigungen zum Zuge kommen können. Das hat das Erscheinungsbild der Gemeinde in den vergangenen zehn Jahren entscheidend verändert: Es ist bunter und vielfältiger geworden.

Es ist bewegend zu beobachten, wie ehemalige Lichtspur-Teilnehmende sich in die Gemeinde hinein entwickeln und ihrerseits nun Menschen aus ihrem Freundes- und Verwandtenkreis einladen, an der Lichtspur teilzunehmen.

Der Bereich Lebenshilfe

Die APO liegt auf dem »Tackenberg«, in einem Stadtteil im Oberhausener Norden, der – ursprünglich vom Bergbau geprägt – inzwischen eine Reihe sozialer Brennpunkte hat: Dort lebt der höchste Anteil an muslimischen Bürgerinnen und Bürgern in Oberhausen – die meisten mit türkischem Hintergrund, zunehmend mehr inzwischen auch Bürgerinnen und Bürger aus dem ehemaligen Jugoslawien. Seit vielen Jahren befinden sich ein Flüchtlingsheim und seit drei Jahren eine Moschee in unmittelbarer Nachbarschaft.

Gerade dieses soziale Umfeld ist eine große Herausforderung für unser diakonisches Engagement. Hier sehen wir unseren sozial-diakonischen Auftrag und hier investieren wir viel Geld, Zeit und Arbeitskraft: in den Kindergruppen (bewusst »Kinder-einer-Erde« genannt), in denen mehr als die Hälfte der Kinder muslimisch sind – mit Zustimmung der Verantwortlichen der Moschee –, in der Asylbewerberbetreuung (durch das Angebot der Kleiderkammer und parallel laufender Beratung und Betreuung).

Die APO sorgt durch diesen wichtigen Zweig ihrer Arbeit im sozialen Umfeld des Stadtteils mit dafür, dass ein friedliches und tolerantes Miteinander der unterschiedlichen Kulturen und Nationalitäten möglich wird. Denn es gibt seit Jahren eine gute Kooperation mit der benachbarten Moschee, die sich in gegenseitigen Besuchen an Festtagen und in gemeinsamen Kinder- und Straßenfesten äußert.

Mit der Kleiderkammer Not lindern

Die Arbeit der Kleiderkammer fing ganz bescheiden an: Wir stellten fest, dass viele Kinder, die zu unseren Kindertreffs kamen, im Winter keine warme Kleidung trugen und oft hungrig waren. So haben wir in der Gemeinde nach Kleidungsstücken gefragt und einen Bäcker um Teilchen gebeten, die er auf dem Markt nicht verkauft hatte. Dann fragten die Kinder, ob wir nicht auch für ihre Eltern etwas anzuziehen hätten. So wurde diese Aktion ausgeweitet, allmählich entstand die Kleiderkammer. Weil auch viele Asylsuchende kamen, haben wir uns überlegt, wie wir ihnen über die Kleidung hinaus helfen konnten. So entstand mit der Zeit eine intensive Arbeit mit Asylsuchenden.

Wir fingen mit der Kleiderkammer an – ohne großes Konzept, einfach nur, um Not zu lindern. Ich beschreibe das gerne so: Gott wirft uns Aufgaben vor die Füße und wartet darauf, dass wir reagieren. Inzwischen ist aus dieser Kleiderkammer-Arbeit ein eminent wichtiger Zweig unserer Gemeindearbeit geworden.

Besonders in diesem Arbeitszweig erleben wir es, dass viele ihre Mitarbeit anbieten, die wir »Suchende« nennen würden: »Menschen auf dem Weg«. Sie machen mit, weil sie sich mit den Zielen der Kleiderkammer identifizieren können. Jeder Kleiderkammer-Nachmittag beginnt mit einem geistlichen Impuls für alle Mitarbeitenden. Es ist dabei zu beobachten, dass Menschen über ihr Engagement und die Wertschätzung, die sie dabei erfahren, offen werden für die Inhalte unseres Glaubens.

Das ist ein zweiter Ansatz zur Gewinnung von Mitarbeitenden: Belonging before believing (Dazugehören, bevor man glaubt). Es entspricht unserem Leitbild: Wir geben den einzelnen Menschen Raum und teilen unsere Räume mit ihnen.

Ein Zeichen von Wertschätzung

Selbstverständlich feiern wir auch: Zum Neujahrsempfang mit einem sagenhaften Brunch-Buffet werden alle eingeladen, die sich an irgendeiner Stelle in die APO einbringen – und sei es nur sporadisch oder an einer ganz kleinen Stelle. Es werden aber auch die weiterhin eingeladen, die wegen ihres fortgeschrittenen Alters oder wegen einer Krankheit nicht mehr mitarbeiten können. Das ist für uns ein Zeichen von Wertschätzung.

Wenn wir den Auftrag, »missionarisch Volkskirche (zu) sein«, ernst nehmen, können auch landeskirchliche Gemeinden mehr als Versorgungsgemeinden sein. Sie könnten Gemeinden sein, die Begegnungsräume schaffen, Gemeinden, die den Erfahrungshorizont öffnen, dass Glaube erlebbar und lebbar ist. Sie werden offene Gemeinden sein, in denen aber nicht alles offen bleibt, Gemeinden, in denen Jesus zur Sprache gebracht wird und in denen Lebensmodelle ausprobiert und eingeübt werden, Lebensmodelle, die sich am Modell Jesu orientieren. Solche Gemeinden werden mehr und mehr ein heilendes, ein heil machendes Milieu haben und so zur Heimat für viele jetzt noch abseits Stehende werden können.

Die Quellen der Kraft

Wie Presbyterinnen und Presbyter sich für das verantwortungsvolle
Leitungsamt stärken können | Von Renate Voswinkel

Die Sehnsucht nach spirituellem Leben in der Gemeinde ist verbunden
mit dem Wunsch, Lebendigkeit aus der Kraft des Glaubens zu erfahren.
Spiritualität ist die Gestalt des prägenden Geistes im »Haus der Kirche«. Wo Menschen zusammenfinden, bestimmt sie ein besonderer
Geist, ausgesprochen oder unbewusst. Es kommt darauf an, welcher
Geist es ist. »Spiritualität ist die Gestalt des Lebens in jeder Beziehung
aus der Kraft des Heiligen Geistes«, sagt Manfred Seitz, emeritierter
Professor für Praktische Theologie (Erlangen/Nürnberg). [14] In Apg 1,8
wird den Jüngerinnen und Jüngern von Christus versprochen: »Ihr werdet die Kraft des Heiligen Geistes empfangen und werdet meine Zeugen sein ...«

[14] Manfred Seitz: »Praxis des Glaubens. Gottes- dienst, Seelsorge, Spiri- tualität«, Göttingen 1978.

Spiritualität ist das Wirken des Geistes im Leben Einzelner und der Kirche

Die Gemeinschaft der Christinnen und Christen, also die Kirche, ist dazu
beauftragt, den Menschen so zu begegnen, dass sie durch Jesus Christus
Gott kennenlernen und damit die neue lebendige heilige Geistkraft in
ihrem Leben erfahren und andere Menschen zu dieser Erfahrung einladen. So wurden die ersten Christengemeinden von den Nichtchristinnen
und Nichtchristen erstaunt mit der Feststellung wahrgenommen: »Seht,
wie haben sie einander so lieb.« [15]

[15] Tertullian, Apologeti- cum, Kap. 39.

Also bezieht sich das Zeuge- und Zeuginsein nicht nur auf das, was in
den Gottesdiensten und Bibelstunden usw. gesagt wird, sondern auch
auf die Art des Zusammenlebens und -arbeitens der Menschen in den
Gemeinden. Auch die Gestalt, das heißt die Organisation eines Presbyteriums und seiner Aufgaben als Leitungsgremium, spiegelt den Geist wider, den wir den Heiligen nennen. Darum werden die Mitglieder des
Presbyteriums in der Evangelischen Kirche im Rheinland bei ihrer Einführung gefragt:

»Versprecht Ihr, über Lehre und Ordnung unserer Kirche zu wachen, bei
allen Euch anvertrauten Aufgaben und Diensten die geltenden Ord-
nungen unserer Kirche zu beachten und in allem danach zu trachten, dass
die Kirche auf dem Wege der Nachfolge Christi, ihres einen Hauptes bleibe?« Dann antworten sie: »Ja, mit Gottes Hilfe!« [16]

[16] §32.3 Presbyterwahl- gesetz (PWG)

Renate Voswinkel

Jahrgang 1941, Pfarrerin i. R.; sie war Gemeinde-pfarrerin in Mainz, Gemeindeberaterin, Supervisorin, Krankenhaus-seelsorgerin. Sie war zwölf Jahre Landespfarrerin zur Leitung des Hauses der Stille, dem Meditations- und Einkehrzentrum der Ev. Kirche im Rheinland in Rengsdorf, baute das Haus der Stille auf und arbeitete in vielen Kursen mit Presbyterien und Pfarrkonventen zu den Fragen Geistliche Leitung, Entscheidungen fällen mit geistlichen Kriterien, Konfliktbearbeitung, Zeitmanagement usw. und zur Gestaltung des persönlichen und gemeindlichen geistlichen Lebens.

Der Geist Gottes als Energiequelle

Wie aber kann die Kraft des Geistes Gottes Menschen bewegen, ermutigen, stärken, klären, wenn viele verschiedene Geister die Verantwortung im Amt der Presbyterin und des Presbyters beeinflussen?

Spiritualität als Lebensgestalt des Glaubens in der Leitungsverantwortung der Presbyterinnen und Presbyter braucht Zuspruch und Anleitung. Die Kraft des Geistes Gottes wird im Neuen Testament als Energie und Dynamik beschrieben, also als Energiequelle. Der Geist Gottes wird ausgegossen, er ist wie der Wind, er lässt Menschen von Neuem geboren werden, das wurde in der Taufe der ersten Gemeinden erfahren (Tit 3,5 – 7; Joh 3,3), dieser Geist hilft unserer Schwachheit auf (Röm 8,26), ist unerschöpfliche Kraftquelle (1 Joh 4,16). Das haben die Glaubenden damals erfahren, und sie berichten von den Wirkungen im Neuen Testament. Aus dieser guten Nachricht wächst der Zuspruch für die Arbeit im Presbyterium. Der Zuspruch ist auch Auftrag. Wenn er ernst genommen wird, wächst daraus der Mut, sich darauf einzulassen.

Besinnung, Gebete und Meditation sind nötig

In der Einführung im Gottesdienst wie auf allen Wegen der Verkündigung des Evangeliums, in jedem Gottesdienst, in der Seelsorge, die auch Presbyterinnen und Presbyter brauchen, im gemeinsamen Umgang mit der biblischen Botschaft wird der Zuspruch und der Anspruch wirksam: »Ihr werdet meine Zeugen sein.« (Apg 1,8) Die Anleitung zum Leben in diesem Geist findet in Gebet und geistlicher Besinnung und in vielen Impulsen auch in den Sitzungen statt.

Die Andacht am Anfang der Sitzung dient dem Ziel, Entscheidungen zu treffen, die dem Geist Gottes in der Gemeinde Raum geben. Das darf keine schnell wahrgenommene Pflichtübung sein. Dazu sind längere Zeiten der gemeinsamen Besinnung, des Gespräches über einen Text notwendig, ebenso Zeiten des Gebetes und der Meditation, Gespräche über den Gottesdienst und eine gemeinsam eingeübte Praxis im Umgang mit biblischen Texten.

Da jedes Mitglied des Presbyteriums dazu den anderen etwas zu geben hat, sollten nicht nur beruflich Mitarbeitende für die geistliche Besinnung zuständig sein. Ungeübte könnten zu zweit die Verantwortung für die Einführung übernehmen. So wächst durch Übung und Erfahrung der Mut zur Selbstständigkeit. Es ist notwendig, sich regelmäßig Zeit für die Stärkung des Glaubens und die Wahrnehmung des Auftrags zu nehmen.

Spannungen und Widersprüche offen benennen

Im Johannesevangelium wird der Heilige Geist als Geist der Wahrheit beschrieben (Joh 16,13). Und bei Paulus gibt es das Gesetz des Geistes, der lebendig macht im Gegensatz zum menschlichen Gesetz, bei dem der Mensch ohne die Energie aus Gott versucht, es Gott recht zu machen (Röm 8,2). Welcher Geist prägt die Entscheidungen, wie können Spannungen und Konflikte ausgehalten und bearbeitet werden, wenn wir dem Geist der Wahrheit verpflichtet sind?

Spiritualität in der Organisation Presbyterium gibt den Maßstab für die Leitungsaufgabe in der Gemeinde vor, also für Planungen, Zielsetzungen und Vorhaben, für Veränderungen in den Strukturen, den Umgang mit dem Geld und für die Verantwortung für Mitarbeitende. Nach Joh 14,26 ist die heilige Geistkraft auch der Geist des Beistandes oder des Trösters, der Geist, der für uns betet, wenn wir nicht wissen, was wir beten sollen (Röm 8,26). Dieser Geist wirkt sich vielfältig im Alltag der Gemeinde aus, z. B. muss der Widerspruch zwischen den geglaubten und verkündigten Zielen und ihrer Verwirklichung wahrgenommen, ausgehalten und bearbeitet, das heißt offen benannt werden. Es geht nicht um die Interessen Einzelner, sondern um den Auftrag der Kirche innerhalb der Gemeinde und in der Welt.

Die Wirklichkeit einer Gemeinde muss daraufhin kritisch befragt werden, ob sie durch den Glauben Sinn stiftet und Menschen hilft, die Kraft aus Gott zu erfahren, gerade in drängenden Fragen persönlichen und gesellschaftlichen Lebens, oder ob sie den Auftrag aus den Augen verloren hat und den Interessen Einzelner und ihrem Machtbedürfnis folgt. Die spirituelle Wirklichkeit der Gemeinde drückt sich darin aus, ob Widerstand möglich ist und ernst genommen wird. Wird mit Widerständen offen umgegangen, gibt es die Möglichkeit, daran zu wachsen? Dazu ist der Anschluss an den Heiligen Geist als Geist der Freiheit für jede und jeden notwendig.

Die Gaben der Mitarbeitenden sind Schätze der Gemeinde

Jede Mitarbeiterin, jeder Mitarbeiter auch im Leitungsamt der Gemeinde bringt einen Reichtum an verschiedenen Gaben mit: In 1 Kor 12 werden diese Gaben als Charismen beschrieben, als Gnadengaben von Gott. Wer sich vom Geist Gottes bewegen und senden lässt, erfährt, dass alle Gaben, die ein Mensch hat, Geschenke sind (vom Managen einer Familie bis zum Kalkulieren in einer Firma ...).

Kompetenz von Presbyterinnen und Presbytern ist die Zusammenfassung von vier Schätzen, die jede und jeder mitbringt oder gewinnen kann:

- Die einzigartige Person mit ihrer (Glaubens-)Geschichte
- Ihre Erfahrungen, ihr Wissen, ihr Glaube, ihre daraus gewachsenen theologischen Erkenntnisse
- Die mitgebrachten oder gelernten Wege und Methoden, Aufgaben anzugehen
- Der Auftrag der Kirche, Zeugin und Zeuge zu sein für das Evangelium in bestimmten Situationen, auch in persönlichen

Diese Schätze sind notwendig für die Leitung der Gemeinde. Sie müssen Anerkennung finden und eingesetzt werden. Zum sorgsamen Umgang mit der Gemeinschaft gehört z. B., dass alle hellhörig dafür werden, ob bestimmte Gaben nicht geachtet werden oder ob Wissen unterworfen und nicht ernst genommen wird. Zur Einübung in die Gemeinschaft gehört auch, dass auf das Maß der Belastungen geachtet und die Kraft der ehrenamtlich Mitarbeitenden zwar genutzt, aber nicht ausgenutzt wird.

Das Presbyterium, das sich der geistlichen Kraft bewusst ist, lernt, in Konflikten Wege der Versöhnung bereitzuhalten. Das ist eine seelsorgliche Aufgabe im Leitungsamt. Damit wird auch ein Zeichen für die Gemeinde gesetzt: Neuanfänge und Vergebung sind mehr als nur Menschenfreundlichkeit und gehören dazu. Und immer wieder wird die Gemeinschaft daran gemessen, wie mit Macht umgegangen wird. Wo Einfluss und Macht zum Wohl der Aufgaben eingesetzt werden, gilt die Norm des Dienens. Jesus sagt: »Wer unter euch der/die Größte sein will, sei die Dienerin, der Diener der anderen.« (Mk 10,44)

Die Menschen, die sich an die Kraft des von Jesus versprochenen Geistes anschließen lassen, werden bereit und fähig, auch lieb Gewordenes und Sicherheiten aufzugeben (z. B. das Vereinsgefühl). Sie werden finanzielle Mittel usw. zur Verfügung stellen und loslassen und sich von Gott »in ein neues Land« locken lassen und ein Wagnis im Vertrauen eingehen.

Spiritualität im persönlichen Leben der Presbyterinnen und Presbyter

Die Kraft des Geistes Gottes offenbart Erkenntnisse und Erfahrungen, die zum Staunen bringen und das Leben verändern (1 Kor 2,9 – 10). Manche bringen Erfahrungen eines lebendigen Glaubens im Alltagsleben in die Arbeit ein. Andere kennen diesen Weg weniger oder gar nicht. Damit die Arbeit im Leitungsamt der Gemeinde nicht »unter geistlicher Magersucht« leidet (Dorothee Sölle), ist es wichtig, dass Presbyterinnen und Presbyter sich auch in ihrem persönlichen Leben als von Gott gerufen und begleitet erfahren. Das bedeutet Einübung in Spiritualität im Alltag. Dazu gibt es viele Wege und Möglichkeiten:

- Einen Satz aus dem Gottesdienst eine Woche lang täglich zehn Minuten zu bedenken
- Ein tägliches Vaterunser, in das nach jeder Bitte ein persönlicher Gebetssatz eingefügt wird
- Das fortlaufende Lesen eines Bibeltextes
- Das Lesen der Losungen der Herrnhuter Brüdergemeine
- Ein Gebärdengebet
- Meditation in der Stille
- Ein Gesangbuchlied für eine ganze Woche auswählen und singen
- Eine Familienbesinnung am Frühstückstisch oder am Abend
- Ein stilles Gebet vor der Sitzung bei der Vorbereitung auf die Tagesordnung
- Die Teilnahme an einer Gruppe, die sich monatlich trifft, z. B. eine Lebenswortgruppe [17]

[17] *Siehe dazu auch in diesem Band (S. 145) den Text von Hermann Kotthaus: »Kauen oder im Herzen bewegen. Lebenswort-Gruppen sind eine Möglichkeit, den Glauben zu vertiefen und praktisch zu leben«.*

Unser Leben mit Gott braucht Regeln, so wie jede Beziehung zu einem Menschen auch. Von Gott her ist schon alles getan, damit der Mensch in die lebensheilende Beziehung eintreten kann. Das ist die wunderbare Zusage, unter der aller Dienst in Kirche und Gemeinde geschehen darf. Es geht nicht um ein vollkommenes Dasein, sondern um einen Weg, der eine immer größere Bedürftigkeit nach der Liebe Gottes spüren lässt. Nach Dietrich Bonhoeffer ist Heiligung nicht, dass wir immer vollkommener werden, sondern dass wir immer mehr auf die gerecht sprechende Liebe Gottes angewiesen sind. [18]

[18] Vgl. Dietrich Bonhoeffer: »Nachfolge«, München 1957, S. 247ff.

Einige Grundelemente sind notwendig, um täglich in den Raum einzutreten, den Gott für meinen Alltag und mein Leben vorbereitet hat:

1. ein fester Ort
2. eine bestimmte Zeit
3. eine verbindliche Ordnung, die mir aus der Disziplinlosigkeit hilft
4. Einfachheit, immer das gleiche Ritual
5. Gottes Wort
6. Ganzheit
7. Begleitung
8. Einsamkeit und Stille
9. Schweigen
10. Geistliche Gemeinschaft [19]

[19] Gerhard Ruhbach: »Theologie und Spiritualität«, Göttingen 1987.

Geistliches Leben ist das Leben aus der Kraft des Heiligen Geistes, der in allen Erfahrungen des Lebens präsent und real ist, es geht um die Bereitschaft, diese Kraft zuzulassen. Wo das geschieht, wird die christliche Gemeinde lebendig sein und wachsen. Eine stärkende Funktion haben die Häuser der Stille, die Klöster und die dort stattfindenden Klausuren für Presbyterien, in denen in Stillen Tage und Kursen zur Einübung in das geistliche Leben im Alltag tiefe und nicht nur die Arbeit tragende persönliche Erfahrungen gemacht werden.

DER ANGEFOCHTENE GLAUBE
Krisen im Lebens-Gespräch mit Gott | Von Ralf Stolina

Kurz nachdem der Prophet Elia einen glanzvollen Sieg über die Baals-priester errungen hat, stürzt er in einen Abgrund aus Angst und Resignation. Erschöpft und tief verunsichert verzweifelt er am Leben. Hiob klagt Gott das zu Unrecht erlittene Leid und schreit ihm seine Not entgegen. (Mt 26,69 – 75)

Der Prediger Salomo erleidet zunehmend resigniert die Absurdität des Lebens: Der Weltlauf ist ungerecht, der Gerechte hat meist nicht nur keinen Vorteil, oft sogar einen Nachteil gegenüber dem Ungerechten; unweigerlich wartet auf alle das gleiche Todesschicksal; die Sinnsuche, die dem Menschen doch ins Herz gelegt ist, bleibt unerfüllt. (Mk 14,66 – 72)

Der Prophet Jeremia wünscht sogar, nicht geboren zu sein – so schwer lastet der Auftrag Gottes auf ihm. Und Petrus muss erfahren, welche Macht Angst und Panik haben können: Erst wenige Stunden war es her, da hatte er noch mit Jesus zusammen am Tisch gesessen und ihm mit voller Überzeugung und Hingabe die Bereitschaft versprochen, ihm zu folgen – wohin auch immer und um welchen Preis auch immer. Und dann im Angesicht tödlicher Macht verleugnet er seinen Herrn und verliert dabei auch sich selbst: »Ich kenne ihn nicht. ... Ich bin's nicht.« (Lk 22,54 – 62)

Nachterfahrungen im Lebens-Gespräch mit Gott

In aller Deutlichkeit werden in der Schrift Krisenerfahrungen berichtet, die Menschen in ihrem Leben machen, denen sie in ihrem Lebens-Gespräch mit Gott ausgesetzt sind. Geistliche Krisen sind Lebenskrisen, und: Lebenskrisen sind geistliche Krisen. Die Auslöser sind so verschieden wie die Lebenswege: Äußere Geschehnisse, innere Erfahrungen, plötzliche Ereignisse oder fast unbemerkt sich einstellende Veränderungen. Es sind Zeiten der Wandlung, der Unterscheidung und Entscheidung, Zeiten, in denen die Lebensorientierung, die Lebensordnung irritiert und neu zu finden sind: Wohin bin ich unterwegs, was nährt mich, stimmt die Richtung meines Lebens? Zugleich fordern Krisen heraus, können sie eine schwere, unerträglich schwere Last und Bedrohung sein.

Ralf Stolina

Jahrgang 1963, Dr. theol., apl. Professor für Systematische Theologie an der Universität Münster, Pfarrer, Dozent am gemeinsamen Pastoralkolleg der Evangelischen Kirche von Westfalen und der Evangelischen Kirche im Rheinland, dort u. a. verantwortlich für die Handlungsfelder Theologie und Spiritualität, Fortbildung in den ersten Amtsjahren; Leiter der mehrjährigen qualifizierenden Weiterbildung »Begleitung von geistlichen Übungen/Exerzitien« am Pastoralkolleg, landeskirchlicher Beauftragter der EKvW für Geistliche Begleitung.

Glaube und Anfechtung

Geistliche Krisen sind kein »Unfall« des Glaubens, sondern eine Dimension des Glaubens selbst. Martin Luther verändert deshalb in der Vorrede zur Ausgabe seiner deutschen Schriften die in seiner Zeit übliche Abfolge von Gebet – Meditation – Kontemplation in Gebet – Meditation – Anfechtung.

Zur Anfechtung heißt es da: »Zum dritten ist da Tentatio, Anfechtung. Die ist der Prüfstein, die lehret dich nicht allein wissen und verstehen, sondern auch erfahren, wie recht, wie wahrhaftig, wie süß, wie lieblich, wie mächtig, wie tröstlich Gottes Wort sei, Weisheit über alle Weisheit.« [20]

Wichtig zu sehen ist: Die Anfechtung ist nicht etwa Prüfstein für die Standhaftigkeit des Menschen, sondern dafür, wie tröstlich Gottes Wort ist! Gerade die Anfechtungserfahrung ist der Raum, in dem Gott sich erweist! Luther gibt zu verstehen, dass es keinen Schritt über die Anfechtung hinaus in Richtung auf einen bleibend und letztlich unangefochtenen Glauben gibt. Die Anfechtung ist keine zu überwindende Episode oder Störung im Glauben, die es zu beheben gelte oder die auch nur zu beheben wäre.

Gerade diese Zuordnung von Glaube und Anfechtung befreit von dem trügerischen Ideal eines unangefochtenen Glaubens und bewahrt davor, dass der Glaube subtil zu einer Leistung des Menschen wird, bzw. gemessen und beurteilt wird am Vorhanden- oder Abwesendsein von bestimmten Gemütszuständen. Der Glaube ist kein ein für allemal erreichter Zustand, auch keine Erleuchtung oder Meisterschaft, sondern eine Beziehung, deren Erfahrungsgestalt sowohl freizugeben ist als auch freigegeben werden kann.

Glaubensgewissheit ist also nicht identisch mit der Abwesenheit von Zweifel und Anfechtung, sie ist vielmehr eine Beziehungsgewissheit: Ich stehe in einer lebendigen und lebensstiftenden Beziehung mit Gott, die sich sehr unterschiedlich gestalten kann und der Veränderung unterliegt.

Erfahrungsgestalten geistlicher Krisen

Die Nachterfahrungen bringen in Berührung mit einer Dimension der Glaubenserfahrung, die als Erfahrung von Trostlosigkeit und Bedrängnis beschrieben werden kann, als dunkle Nacht der Sinne und des Geistes, als Anfechtung und Angst, Gott zum Feind zu haben, oder auch paradox als Nicht-Erfahrung, Erfahrungslosigkeit und Ausbleiben von Erfahrung.

Für unsere Gegenwart signifikante Erfahrungsgestalten geistlicher Krisen sind:

[20] WA 50, 658/29 – 661/8

- die Not, angesichts des ungeheuren Leidens an Gott zu zweifeln und irre zu werden;
- der horror vacui, das Grauen vor der Leere, vor einem unendlichen sinnlosen Nichts, das aus sich heraus Welten gebiert und wieder verschlingt;
- die Geschlossenheit der Welt, die gleichsam gegen Gott abgedichtet ist;
- die Erfahrungslosigkeit des Glaubens: eine erlittene Nicht-Erfahrung, in die hinein Zweifel, Skepsis, Verzweiflung ihre Schatten werfen, und die dennoch in einem nicht zu beschreibenden »Kontakt« mit der Wirklichkeit stehen, die wir Gott nennen;
- Gleichgültigkeit und Gottesverlust, der so groß ist, dass er gar nicht mehr empfunden wird.

Psalmen: die Sprachschule des Glaubens gegen das Verstummen

In den Psalmen werden Nachterfahrungen des Lebens, denen wir im Lebens-Gespräch mit Gott ausgesetzt sind, vor Gott gebracht – in aller Deutlichkeit und Intensität, ohne eine spekulative »Lösung« oder eine »Erklärung« anzubieten. Lebensnächte sind ein Faktum menschlicher Existenz, wie es glutvoll in folgenden Psalmworten zum Ausdruck kommt:

Wie der Hirsch lechzt nach frischem Wasser, so schreit meine Seele Gott zu dir ... Meine Tränen sind meine Speise Tag und Nacht ... Was betrübst du dich, meine Seele, und bist so unruhig in mir? (Ps 42)
Ich denke an Gott – und bin betrübt; ich sinne nach – und mein Herz ist in Ängsten. Meine Augen hältst du, dass sie wachen müssen, ich bin so voll Unruhe, dass ich nicht reden kann. (Ps 77)
Meine Seele ist übervoll an Leiden und mein Leben ist nahe dem Tode. Ich bin denen gleich geachtet, die in die Grube fahren, ich bin wie ein Mann, der keine Kraft mehr hat. ... Meine Freunde hast du mir entfremdet, du hast mich ihnen zum Abscheu gemacht. (Ps 88)
Das Wasser geht mir bis an die Kehle, ich versinke in tiefem Schlamm, wo kein Grund ist; ich bin in tiefe Wasser geraten und die Flut will mich ersäufen. (Ps 69)

Die Betenden wenden sich nicht von Gott ab – resigniert, enttäuscht oder gleichgültig, sondern bringen gerade das ins Gespräch mit Gott, was Vertrauen und Zuversicht eigentlich hindert, ganz wie der heidnische Hauptmann im Evangelium, der sich von Zweifel, Ungewissheit und Unglauben nicht abhalten lässt zu beten: »Ich glaube; hilf meinem Unglauben!« (Mk 9,24)

Diese verschiedenen Nachterfahrungen finden in den vielfältigen Formen der Klage und Bitte Ausdruck im Lebensgespräch mit Gott – und werden so dem drohenden lähmenden Verstummen und Erstarren im Leid entrissen. Gott bleibt ansprechbar und zuständig auch da, wo die Situation gegen ihn, gegen seine Lebensabsicht zu sprechen scheint, wo das Leid unbegreiflich und unerträglich ist. Mitten darin bleibe ich mit dem Gott meines Lebens verbunden. Die Psalmen sind eine Sprachschule des Glaubens – sie geben uns Worte, mit denen wir uns Gott mit allem, was uns bewegt und erfüllt, mitteilen können, und ermutigen uns dazu. Denn das Gebet ist das Leben des Glaubens.

Das Mitsein Jesu

Wie lassen sich die verschiedenen Nachterfahrungen in das Lebensgespräch mit dem Geheimnis unseres Lebens, dem Geheimnis Gottes einbeziehen – ohne das Vertrauen auf Gott und die Beziehung zu ihm dem Empfinden bzw. der Befürchtung nach zu verlieren?

Von Jesus selbst wird im Evangelium häufig berichtet, dass er betet, dass er sich nachts auf einen Berg zurückzieht, um auf die Stimme Gottes zu hören. Dabei erfährt und erleidet Jesus die Höhen und Abgründe des Gebetes: In der Einsamkeit der Wüste macht er die Erfahrung, dass er nicht zuerst auf Gott trifft, sondern auf den Versucher, der ihn von seinem Weg abbringen will. Auf dem Berg Tabor hört er, wie bei seiner Taufe, die Stimme des lebendigen Gottes: Du bist mein geliebter Sohn.

In der Nacht vor seiner Kreuzigung erfährt er im Garten Gethsemane, wie furchtbar fremd Gott werden kann, wie Trauer und Angst die Seele zu Tode betrüben und Blutschweiß auf die Stirn treiben, wie der ringend festgehaltene Lebenswille am Unabwendbaren scheitert.

Und dann die notvoll herausgeschriene qualvolle Erfahrung der Gottverlassenheit im Sterben am Kreuz – ausgeschlossen aus der Gemeinschaft mit den Menschen, ausgeschlossen aus der Gemeinschaft mit dem Vater. Da ist nichts mehr: Keine Nähe, kein Vertrauen, kein Trost, ausgeliefert nackter, sinnloser Gewalt und Willkür – nur noch der denkbar schlimmste Tod, der Fluchtod vor Augen: »Mein Gott, mein Gott, warum hast du mich verlassen!« (Mk 15,34) Am Ende stirbt Jesus mit einem wortlosen, nicht mehr artikulierten lauten Schrei. Und: Jesus war tot, ist, wie wir im Glaubensbekenntnis beten, hinabgestiegen in das Reich des Todes. Dass dies nicht das Ende ist, dass dieses Geschehen eine Heilsbedeutung für uns hat, ist das Geheimnis der Verwandlung, das die schon zerstreute Gruppe der Jünger und Anhänger Jesu unerklärlich wieder zusammenkommen ließ, die Erfahrung des dritten Tages: An dem Ort des Nichts und der Leere, des Grauens und der Gottlosigkeit hat Gott selbst neues Leben geschaffen, die Erfahrung, dass in diesem Menschen Jesus Gott selbst in den Tod gekommen ist und dort, wo der Tod alle Lebensverhältnisse unterbrechen will, eine neue Lebensgemeinschaft stiftet. Deshalb werden die Worte Jesu an seine Jünger neu hörbar: »Freut euch darüber, dass eure Namen im Himmel geschrieben sind.« (Lk 10,20) Jedem Menschen kommt von Gott her eine Identität zu, die keine noch so notvollen Widerfahrnisse zerstören können, einen Namen, der bleibt und nicht verklingt. Der Apostel Paulus bringt diese Erfahrung in das Wort: »Ob wir leben oder ob wir sterben – wir sind des Herrn!« (Röm 14,8)

Auch der denkbar größte Gegensatz von Leben und Sterben ist einbezogen in die Lebensgemeinschaft mit dem Gekreuzigten und Auferstandenen, der mitfühlen kann mit uns. Ganz gleich, was ich erfahre – trostvolle Geborgenheit oder bleierne Leere, überschäumende Freude oder angstvolle Verlassenheit – Christus ist nahe bei, auch wenn ich nichts davon erfahre, spüre. Ich bin geborgen in der Lebensgemeinschaft mit dem Herrn. Diese Lebensgemeinschaft bewahrt nicht in einem allgemeinen Sinne vor, aber in einem höchst konkreten Sinne in leidvollen Widerfahrnissen.

Jochen Klepper drückt dies in lyrischer Intensität in seinem »Trostlied am Abend« so aus: »In jeder Nacht, die mich umfängt, darf ich in deine Arme fallen. Und du, der nichts als Liebe denkt, wächst über mir, wächst über allen. Du birgst mich in der Finsternis, dein Wort ist noch im Tod gewiss.« Der heillosen Steigerung von Nacht – Finsternis – Tod steht gegenüber die heilvolle Verbindung von Liebe – Bewahrung – vertrauender Gewissheit. Genauer und eigentlich: es ist gar kein Gegenüber, vielmehr ein mitten darin: in Nacht – Finsternis – Tod, ein Fallen – nicht in Abgrund und Leere, ein Fallen in bewahrende, bergende Liebe. Nacht und Finsternis sind dann nicht plötzlich ganz anders, sie werden nicht verharmlost, sie sind weiter bedrohlich und auch schmerzerfüllt – und doch bleibt mitten darin eine Gemeinschaft der Liebe lebendig, die stärker ist als der Tod.

Gerade im Widerfahrnis der Nachterfahrung ist eine zentrale Erfahrung Martin Luthers trostvoll: Die eigene Erfahrung ist ein sehr unzuverlässiges und mitunter in die Irre führendes Kriterium für das Wirken und die heilvolle Zuwendung Gottes: Meine Erfahrung ist nicht das Letzte und Entscheidende; Gott wirkt auch da, wo ich nichts davon erfahre. Daraus erwächst der Freimut, die Erfahrungsgestalt des Glaubens freigeben zu können.

Die Nacht der Verwandlung

Die kirchliche Feier der Osternacht beginnt im Freien: Kein Licht brennt, meistens ist es auch empfindlich kalt. In der Mitte liegt ein Haufen zerschlagenes Holz – eine Situation der Ungeborgenheit, ohne Licht und Wärme. Wir kennen solche Situationen, in denen es innen und außen kalt ist, dunkel, und – nach menschlichem Ermessen – nicht mehr weitergeht.

So – in der Nacht – beginnt die Feier neuen Lebens: Die Feier der Auferstehung Jesu und der endgültigen Überwindung von Verderben und Tod, die Feier, dass wir im Leben und im Sterben geborgen sind in der Lebensgemeinschaft mit dem Auferstandenen. Ein Symbol dieses neuen Lebens ist das brennende Feuer und die daran entzündete Osterkerze – ein neues Licht mitten in der Nacht, ein Hauch von Wärme und Geborgenheit im Lichtschein verbreitet sich, die Gesichter hellen auf, manchmal ist ein stilles Lächeln sichtbar.

Die Nachterfahrungen in unserem Leben haben diese Spannbreite des Erlebens von Angst und Vertrauen, Verlust und neuer Gemeinschaft, Tod und Leben. Wir sind darin nicht allein.

4 Nicht nur Gottesdienst und Andacht – Kirche und Spiritualität

Es soll zu Herzen gehen

Wenn Gott die erste Geige spielt

Die Beichte – ein Angebot Gottes

Sich selbst als Wohnung Gottes erfahren

Gute Zeiten für Leib und Seele

In der Rolle eines Wasserkrugs

Als Christen verbindlich zusammenleben

Kauen oder im Herzen bewegen

Abgeschirmt vom Alltag

Die Kraft der Stille und des Schweigens

Durchkauen und Nachschmecken

Beten mit den Füssen

Es soll zu Herzen gehen

Der sonntägliche Gottesdienst bietet einen bewährten Zugang zur Spiritualität | Von Martin Evang

Wenn Menschen gefragt werden, was sie in einem Gottesdienst suchen, antworten viele, »dass er mich berührt«. Nicht alle Gottesdienste sind so. Manche lassen gleichgültig oder enttäuschen. »Berührende« Gottesdienste sind solche, die einen in Bewegung versetzen und beteiligen – vielleicht aufwühlen, vielleicht begeistern, vielleicht sogar beseelen.

Berührende Gottesdienste! Martin Luther hat einmal knapp formuliert, was eigentlich in einem Gottesdienst vor sich geht: »… dass unser lieber Herr selbst mit uns redet durch sein heiliges Wort und dass wir wiederum mit ihm reden durch Gebet und Lobgesang.«[1] Menschen erfahren dieses In- und Miteinander von Reden Gottes und Reden der Menschen dann als berührend, wenn das, was sie von Gott zu hören bekommen, nicht nur die Ohren, auch nicht nur den Verstand erreicht, sondern zu Herzen geht; und umgekehrt: wenn das, was sie in und mit der Gemeinde vor Gott bringen, nicht nur eine Sache des Kopfes und der Lippen ist, sondern aus dem Herzen kommt. In berührenden Gottesdiensten wird ein heilsamer Kontakt mit dem Heiligen erfahren.

[1] Predigt zur Einweihung der Schlosskirche Torgau am 5.10.1544

Die Sehnsucht danach ist alt. Die gottesdienstliche Gemeinde hat schon immer darum gebetet. Johann Olearius dichtet: »Herr, öffne mir die Herzenstür, / zieh mein Herz durch dein Wort zu dir … Dein Wort bewegt des Herzens Grund, / dein Wort macht Leib und Seel gesund, / dein Wort ist's, das mein Herz erfreut, / dein Wort gibt Trost und Seligkeit.« (EG 197, 1 – 2) Schöner kann man kaum beschreiben, wie Menschen Gottes Reden mit seiner Gemeinde in einem Gottesdienst erfahren wollen; es soll zu Herzen gehen. Ebenso soll das Reden der Gemeinde mit ihrem Herrn aus dem Herzen kommen: »Gib, dass nicht bet allein der Mund, / hilf, dass es geh von Herzensgrund«, bittet Martin Luther in seinem Vaterunser-Lied (EG 344,1).

Die Musik schafft einen Zugang zum Herzen

An den Zitaten hebe ich zwei Dinge hervor. Erstens ist von Bedeutung, dass da Lieder zitiert werden. Berührende Gottesdienste sind solche Gottesdienste, in denen die Musik stimmt – sowohl die auf Instrumenten gespielte als auch die gesungene. Musik hilft die oft verstopften Kanäle zwischen den Ohren und Herzen und zwischen den Herzen und Lippen zu öffnen. Musik weitet den inneren Resonanzraum, in dem das Reden Gottes »durch sein heiliges Wort« und das Reden der Gemeinde »durch Gebet und Lobgesang« zum Klingen kommen. Wenn Johann Sebastian Bach in einem oft zitierten Wort den Zweck der Kirchenmusik so bestimmt hat, sie diene »zum Lobe Gottes und zur Rekreation des Gemüts«, so ist damit genau das gemeint: dass sie den Geist, der in den Worten der Verkündigung und des Gebetes steckt, freisetzt – heilsam, erfreulich, tröstend, beseeligend, wie Olearius das ausdrückt. Ob Menschen einen Gottesdienst so erfahren, hängt ganz wesentlich auch von der Musik ab.

Spiritualität ist nicht planbar, sondern eine Gabe Gottes

An den Zitaten aus den Liedern von Olearius und Luther hebe ich zweitens hervor, dass das Berührende eines Gottesdienstes Gegenstand eines Gebetes ist: »Herr, öffne mir die Herzenstür« und »Hilf, dass es geh von Herzensgrund«. Offenbar zielt die Sehnsucht der Menschen nach einem geistlich lebendigen Gottesdienst auf etwas, das man nicht einfach machen, sondern das nur ein Geschenk Gottes sein kann. Dieses Geschenk kann Gott auch trotz gründlicher Gottesdienstvorbereitung und sorgfältiger Gottesdienstgestaltung zurückhalten, und er kann es auch trotz miserabler Vorbereitung und Gestaltung schenken. »Der Wind bläst, wo er will«, sagt Jesus (Joh 3,8), und im Augsburger Bekenntnis heißt es, durch das Evangelium und die Sakramente gebe Gott den Heiligen Geist, »der den Glauben wirkt, wo und wann er will, in denen, die das Evangelium hören« (Artikel V). Wenn auch sogleich davon zu reden ist, was getan werden kann, so ist doch zuvor kräftig zu unterstreichen: Die Spiritualität unserer Gottesdienste ist zuerst und zuletzt nicht eine Sache, die wir bewerkstelligen könnten, sondern eine Gabe Gottes, die wir erbitten und erwarten und dankbar empfangen – und der wir Raum geben und in deren Dienst wir uns stellen können.

»Erhebet eure Herzen!« oder (so viel Latein darf sein): »Sursum corda!« Dieser uralte Aufruf aus der Mitte des Gottesdienstes, nämlich zu Beginn der Abendmahlsliturgie, ist eine gute Empfehlung, hier zu einer passenden Einstellung zu finden. »Wir erheben sie zum Herrn«, antwortet die

Gemeinde und erklärt damit, sich auf die gottesdienstliche Kommunikation – Hören und Sprechen, Singen und Sagen – in der Erwartung einzulassen, mit Gott selbst ins Gespräch zu kommen; und ferner: sich auf die gottesdienstliche Kommunion – Essen und Trinken – in der Erwartung einzulassen, dass ihr Jesus Christus selbst seine Gemeinschaft schenkt.

»Erhebet eure Herzen!« Dass es im Gottesdienst um die Kommunikation und Kommunion mit Gott selbst geht: Diese Erwartung kann – und sollte nun auch – im Gottesdienst und ebenso bereits im Um- und Vorfeld des Gottesdienstes in der Gemeinde geweckt und mit der Gemeinde eingeübt werden. Welche Möglichkeiten es dazu gibt, dafür nenne ich einige konkrete Beispiele.

Dr. Martin Evang
Jahrgang 1957, nach langjährigem Gemeindepfarramt in Düsseldorf seit 2005 Landespfarrer in der Arbeitsstelle für Gottesdienst und Kindergottesdienst der Evangelischen Kirche im Rheinland im Theologischen Zentrum Wuppertal. Tätigkeitsschwerpunkt: Beratung von Presbyterien und Qualifizierung von Mitarbeitenden in Grundsatz- und Gestaltungsfragen des Gottesdienstes.

Beim Glockenläuten innehalten
Es gehört gar nicht viel dazu, in einer Kirchengemeinde, ja, in Dorf und Stadtteil das weithin verlorene Bewusstsein dafür aufzufrischen, dass das Geläut einer Kirche »zum Gottesdienst und Gebet« ruft (Art. 72 Abs. 4 KO). Nicht nur das sonntägliche Läuten! Auch das Morgen-, Mittags- und Abendläuten an allen Tagen der Woche! »Erhebet eure Herzen!« ist jedes Mal die Einladung der Glocken, auch wenn sie zur Stunde von Trauungs- und Bestattungsgottesdiensten läuten. Die Antwort: »Wir erheben sie zum Herrn« kann in einem kurzen Innehalten (z.B. mit der Vergegenwärtigung des Wochenspruchs oder der Tageslosung) und einem kurzen Gebet (Dank, Fürbitte, Segensbitte) gegeben werden. Das wäre ein lohnendes ökumenisches Projekt: die Sprache des Dorf- oder Stadtteilgeläuts öffentlich neu zu erlernen – mit dem Angebot kurzer Gebete, dazu mit Hinweisen auf die Tagzeitengebete (EG 863 – 901) und die Wochentagsgebete (EG 915 – 939) im Gesangbuch. Wer neu auf die Sprache der Glocken hören und sie verstehen gelernt hat, den werden sie auch, wenn er sonntags zum Gottesdienst kommt, empfänglicher für die Berührung durch Gott machen.

Den Alltag unterbrechen
In der römisch-katholischen Kirche gibt es einen kostbaren Brauch, der die Gefahr vermindert, die Teilnahme am Gottesdienst als Fortsetzung des Alltags (und des All- und Allzutäglichen) mit anderen Mitteln zu praktizieren – die Selbstbekreuzigung mit Wasser, die die Taufe ver-

gegenwärtigt: »Im Namen des Vaters und des Sohnes und des Heiligen Geistes. Ich bin getauft. Ich gehöre zu Jesus Christus, und das soll jetzt wieder gefeiert werden.« Orthodoxe Christen küssen beim Eintritt in die Kirche Ikonen, die zu diesem Zweck aufliegen. Solche Schwellenriten helfen, beim Betreten der Kirche »die Herzen zu erheben«, d.h. sich darauf einzustellen, dass jetzt »nichts anderes« geschehe (Luther) als die wechselseitige Kommunikation und Kommunion zwischen Gott und seiner Gemeinde. Ob durch die Küsterin oder den Küster, ob durch ein Mitglied des Presbyteriums, ob (wozu ich eher nicht rate) durch die Pfarrerin oder den Pfarrer: Es ist eine schöne Aufgabe, die in der Kirche ankommenden Menschen so zu begrüßen, dass sie sich willkommen erfahren und dass dieser »Erstkontakt« das »Erhebet eure Herzen« nicht verstellt, sondern auf einladende Weise zum Ausdruck bringt. Dazu gehört auch die Aushändigung des Gesangbuches und der Gottesdienstordnung der Gemeinde.

Lädt der Kirchenraum dazu ein, die Herzen zu erheben?

Welchen Eindruck haben die Menschen, die den Kirchenraum betreten? Vermittelt er auf seine Weise – durch seine Besonderheit als »AnderOrt«, durch seine Schönheit und Atmosphäre, seine Ausstattung und seinen Pflegezustand, durch seinen Kerzen- und Blumenschmuck – den Aufruf »Erhebet eure Herzen«? Legt er seinerseits den Entschluss nahe: »Wir erheben sie zum Herrn«? Und weiter: Können der Gemeinde, z.B. durch ein Projekt in Kreisen und Gruppen und im Gemeindebrief, Möglichkeiten der persönlichen Vorbereitung auf den Gottesdienst neu erschlossen werden? Das könnten z.B. Angebote für ein stilles Gebet vor dem Hinsetzen sein; das Einrichten des Gesangbuchs mit Lesebändchen; die stille Besinnung, vielleicht mit Einlesen in den Text der Lieder oder Lesen von Gebetstexten des Gesangbuchs, vgl. EG 802 – 808? Natürlich fördern oder hemmen die Kirchräume je nach ihrer Konzeption, die Gottesdienste je nach ihrem Format und – vor allem – die Bedürfnisse der zum Gottesdienst Kommenden je nach Temperament und Lebenssituation die Bereitschaft, unmittelbar vor den Gottesdiensten im Kirchraum miteinander zu sprechen. Bei den Menschen, für die die gottesdienstliche Unterbrechung des Alltags zuallererst die häusliche Einsamkeit und Schweigsamkeit wohltuend unterbricht, wird man behutsam um Verständnis für die anderen werben, die sich – endlich einmal in der Stille angekommen – auf die gottesdienstliche Begegnung mit dem heiligen Gott vorbereiten wollen – und umgekehrt! Gut, wenn unterschiedlich bedürftige Menschen möglichst Rücksicht aufeinander nehmen und Nachsicht füreinander aufbringen.

Das Presbyterium trägt auch Verantwortung für die Qualität der Musik

Zur gottesdienstlichen Musik ergänze ich allgemein, dass sie – in großer stilistischer Vielfalt – so gut sein soll wie in den gegebenen Verhältnissen möglich und dass es zur Verantwortung eines Presbyteriums gehört, notfalls für eine Verbesserung der Verhältnisse Sorge zu tragen. Die Lieder der Gemeinde werden am besten so ausgewählt, angeleitet und begleitet, dass es für die Gemeinde eine Lust ist, kräftig mitzusingen und so an der öffentlichen Verkündigung und am öffentlichen Beten aktiv mitzuwirken. »Doppelt betet, wer singt«, sagte Augustinus. Unbekannte Lieder können der Gemeinde von Menschen, die eine entsprechende Gabe haben, von Angesicht zu Angesicht vorsingend nahegebracht werden (»call & response«) – gern im Verlauf des Gottesdienstes selbst und nicht schon davor; denn auch das Lernen eines Gotteslobs (oder einer Klage) ist eine Gestalt des Gotteslobs (bzw. der Klage). Unbekannte Lieder sollten durch mehrmalige Wiederholung in aufeinanderfolgenden Gottesdiensten vertieft werden (»Lied des Monats«).

Wie die Liturginnen und Liturgen, die Predigerinnen und Prediger dem Heiligen Geist, der die Gemeinde erleuchten und bewegen will, Raum geben können, dazu muss ich hier nicht viel sagen. Sie können es so, dass sie ihre lebendige Teilnahme am Alltag ihrer Gemeinde mit in die Gottesdienstvorbereitung nehmen, diese selbst aber bereits als Unterbrechung des Alltags gestalten: als Zeit der Stille, an geschütztem Ort, mit erhobenem Herzen. In der Feier des Gottesdienstes selbst können sie mit der bewussten Bereitschaft und Erwartung agieren, dass besonders durch ihr Predigen und Segnen das Reden Gottes mit seiner Gemeinde und auch durch ihr Vorbeten das Reden der Gemeinde mit Gott geschieht – zu Herzen gehend und aus dem Herzen kommend. Ein Presbyterium nimmt an der gottesdienstlichen Verantwortung der Pfarrerinnen und Pfarrer mindestens insoweit teil, dass es ihnen den nötigen Freiraum zur Vorbereitung gewährt und dazu hilft, dass sie zu ihrem gottesdienstlichen Tun konstruktive Rückmeldungen bekommen.

Fortbildung sollte zum Standard gehören

Die Schriftlesung kann zu einem geistlichen Höhepunkt des Gottesdienstes werden, wenn sie von der Lektorin oder dem Lektor in dem Bewusstsein, dass darin Gott selbst zu Wort kommen will, gestaltet wird – gründlich vorbereitet und nach den Kunstregeln des Lesens. Dass die Lektorinnen und Lektoren einer Gemeinde sich gegenseitig durch Rückmeldungen fördern und sich von Zeit zu Zeit in Kursen fortbilden, sollte zum Standard gehören.

Ein Wort noch zur Feier des Abendmahls: Die im Vergleich zur römisch-katholischen Kirche größere evangelische Freiheit in der Gestaltung der Abendmahlsfeier stellt auch höhere Anforderungen und bringt in dieser Hinsicht eine größere Verantwortung mit sich. Man spürt es einer Mahlfeier ab, ob sie »mit erhobenen Herzen« gefeiert wird: in der Offenheit, sich von Jesus Christus selbst beschenken und neu senden zu lassen. Eine Abendmahlsfeier wird umso eher zu einer geistlichen Erfahrung werden – berührend und verbindend, heilend und ermutigend –, je mehr sich die Teilnehmenden einer sicheren Leitung anvertrauen können.

»Berührende Gottesdienste«: Man kann sie nicht »machen«, aber man kann sich dem Geist öffnen, nach dessen Berührung man sich sehnt. Ein Presbyterium, das in seine Leitungsaufgaben bewusst auch das gottesdienstliche Leben der Gemeinde einbezieht und dessen Mitglieder selbst häufig und erwartungsvoll an den Gottesdiensten der Gemeinde teilnehmen, trägt schon dadurch zur Spiritualität der Gottesdienste bei.

Literatur

Gottesdienste gestalten und erleben: Das Gottesdienstforum am Tag rheinischer Presbyterinnen und Presbyter am 23.4.2005 in Bonn, »Thema: Gottesdienst«, 23/2005.

Möller, Christian: »Wenn der Herr nicht das Haus baut ...« Briefe an Kirchenälteste zum Gemeindeaufbau, 6. Auflage, Göttingen 2007.

Vorländer, Wolfgang: »... dann wird meine Seele gesund«. Der Gottesdienst als Raum des Heiligen und Heilenden, Gütersloh 2007.

WENN GOTT DIE ERSTE GEIGE SPIELT

Warum die Andacht im Presbyterium Sinn hat | Von Bianca Neuhaus

Montagabend, 19 Uhr – das Orchester trifft sich zur Probe im Gemeindehaus. Die Instrumente werden ausgepackt, Ständer aufgeklappt, Noten verteilt. Hier und da unterhält man sich mit dem Nebenmann und der Nachbarin: Wie war's im Urlaub? Mir ist heute etwas passiert ... Der Dirigent klopft mit dem Taktstock auf sein Pult, begrüßt alle Anwesenden und übergibt an die erste Geige: Das Einstimmen beginnt. Die erste Geige gibt den Ton an, auf den alle nach und nach ihr Instrument ausrichten: vom tiefen Bass bis zur hohen Flöte, bis am Ende das Orchester in seiner ganzen Fülle hörbar wird.

Eine kurze Pause, ein Innehalten, alle setzen ihre Instrumente an und das Stück kann beginnen. Es entfaltet sich eine vielstimmige Melodie, melodisch, bisweilen auch dissonant, wenn sich eine/einer im Ton vergreift. Manchmal muss das Stück unterbrochen werden – man ist sich nicht einig über die Taktvorgabe. Und dann immer wieder neu das Hinhören, die Ausrichtung auf die erste Geige – sie übernimmt die Melodieführung, stimm- und taktsicher, mal im Vordergrund, dann wieder zurückhaltend, auch die anderen Stimmen kommen zur Geltung. Die erste Geige ist meisterhaft; es ist ein Genuss, ihr zuzuhören, und der Dirigent vertraut auf ihre Führung: Sie zieht die anderen mit, leitet, treibt das Stück voran, bis alle schließlich zum Finale kommen und der Dirigent die Probe für heute beendet. Das Musikstück ist gelungen. Was wäre, wenn es die erste Geige nicht gäbe?

Gott gibt den Ton vor

Wenn sich das Presbyterium trifft, geht es ähnlich zu wie in einer Orchesterprobe. Ob das Stück (die Sitzung mit ihrer Tagesordnung und das Tagesgeschäft in der Gemeinde) gelingt, hängt wesentlich davon ab, dass die erste Geige zum Zug kommt und wer sie spielt. Der/die Vorsitzende hat die Aufgabe des Dirigierens, doch den Ton muss ein anderer vorgeben: Gott. Beim Einstimmen, der Andacht, kann er seine Stimme zu Gehör bringen, wenn wir uns selbst zurücknehmen und lernen hinzuhören. Wie klingt Gott? Welchen Grundton, welche Melodie gibt er uns vor, damit unser Herz sie aufnimmt?

Bianca Neuhaus
*Jahrgang 1968, von
2001 – 2006 Pastorin
im Sonderdienst im
Amt für Gemeindeent-
wicklung und missio-
narische Dienste (gmd)
im Bereich Kirche in
der Freizeitwelt; da-
nach weiterbeschäftigt
im gmd (spendenfi-
nanzierte Stelle) für
die Bereiche Glaubens-
kurse, Offene Kirchen.
Seit 2009 Pfarrerin mit
besonderem Auftrag
im Kirchenkreis Ober-
hausen. Außerdem
Geistliche Begleiterin.
Verheiratet.*

In der Bibel, seinem bevorzugten Instrument, vernehmen wir seine Stimme in einer Bandbreite, die überwältigend ist. Gottes Repertoire ist unerschöpflich: Er beherrscht alle Tonarten und Tonlagen des Lebens, er vermag uns zu Tränen zu rühren oder bis ins Mark zu erschüttern; er verzaubert und ernüchtert. Die Melodie, die Gott durch die Bibel in unser Herz spielt, ist belebend: Sie muntert unser Gemüt auf, bewahrt uns durch ihre Bandbreite vor Einseitigkeit oder Verkürzung, sieht Atemzeichen und Pausen zum Luftholen vor. Sie mutet uns auch Wiederholungen zu, damit sich etwas setzen kann, sie enthält Ruf und Antwort und hält uns gemeinsam im Fluss.

Gottes Melodieführung können wir uns anvertrauen – er weiß, was gespielt wird – auch in der Gemeinde; er kennt das Stück und sein Ziel und möchte uns bis dahin sicher leiten. Wenn sich bei uns Dissonanzen einschleichen, wenn sich eine/r im Ton vergreift oder das Stück aus den Fugen gerät – dann vermag er es durch seine Führung wieder zurückzuholen auf ein gelingendes Miteinander. Mit Gott zu musizieren ist ein Privileg – seine Anwesenheit ehrt uns – und macht Freude: Er überspielt unsere Stimmen nicht lautstark, sondern bringt sie im gemeinsamen Stück richtig zur Geltung. So kann jede/r im Hinhören auf Gottes Ton die eigene Stimme finden, Instrumentenführung lernen und in seine tragende Melodie einstimmen.

Voraussetzungen für Gottes Führung im Presbyterium

Damit Gott ausreichend und nachhaltig zu Gehör kommen kann, scheint mir notwendig:

- das erwartungsvolle Vertrauen in seine Führung: »Er wird uns dahin leiten, wo er uns will und braucht« (eg 395/Vertraut den neuen Wegen, Klaus Peter Hertzsch)
- die Bereitschaft, sich selbst zurückzunehmen und seinen Ton aufzunehmen (das gilt besonders für wortstarke und das Wort führende Menschen, von denen in der Gemeinde erwartet wird, dass sie den Ton angeben, und bedeutet zugleich Ermutigung für zurückhaltende Menschen)
- das Einüben in das Hinhören, wozu auch das gemeinsame Schweigen, Zeiten der Stille, Unterbrechung und das Beten in einer Sitzung gehören

– das Vertrautmachen mit seinem bevorzugten Instrument, der Bibel, durch das (gemeinsame) Lesen darin und der Austausch darüber
– die Entschlossenheit, das, was bei einem Anklang gefunden hat, Raum zu geben, d.h. sich davon leiten zu lassen im weiteren Verlauf der Presbyteriumssitzung und in der Gemeindearbeit

Hat in der Andacht die gemeinsame Einstimmung auf Gott stattgefunden, dürfte es im Folgenden leichterfallen, seine Stimme immer wieder herauszuhören und von den anderen zu unterscheiden und sich im gemeinsamen Spiel gegebenenfalls von ihm zurückrufen zu lassen von seiner Melodieführung. Wenn Gott die erste Geige spielt, heißt das nicht, dass Fehler und Dissonanzen im gemeinsamen Spiel ausgeschlossen sind, wohl aber können sie mit seiner Hilfe besser überwunden werden. Schon manche Sitzung soll dadurch auch zügiger und entspannter zum Finale gekommen sein.

DIE BEICHTE – EIN ANGEBOT GOTTES
Auch in der evangelischen Kirche gibt es die Möglichkeit zur Beichte | Von Heiner Mausehund

Für evangelische Christen ist die Beichte oft etwas Fremdes. Man verbindet sie mit der katholischen Kirche. Wenige wissen, dass es die Beichte auch in der evangelischen Kirche gibt. Eine Form findet sich im Evangelischen Gesangbuch (EG 840). Angebote zu beichten sind in evangelischen Kirchen oder Gemeinden noch selten. Vertrauter sind Angebote zu einem seelsorglichen Gespräch. Menschen in unterschiedlichen Lebenslagen seelsorglich zu begleiten, gehört zweifelsohne zu den grundlegenden Aufgaben einer Kirche. Doch ist die Beichte nicht eine Dimension der Seelsorge?

Martin Luther nennt sie das »allerheilsamste Ding«[2]. Er zählte sie nicht zu den Sakramenten, hat sie jedoch sehr geschätzt. In seinem Kleinen Katechismus antwortet er auf die Frage: »Was ist die Beichte? Die Beichte begreift zwei Stücke in sich: eins, dass man die Sünden bekenne, das andere, dass man die Absolution oder Vergebung vom Beichtiger empfange als von Gott selbst und ja nicht daran zweifle, sondern fest glaube, die

[2] *Evangelischer Erwachsenenkatechismus, Hrsg.: VELKD, 2000, S. 596.*

[3] *Kleiner Katechismus, Gütersloh 1977, S. 16*

Sünden seien dadurch vergeben vor Gott im Himmel.«[3] Bis ins letzte Drittel des 18. Jahrhunderts war die Beichte eine weit verbreitete Praxis in der evangelischen Kirche. Danach verlor sie an Bedeutung. Ein Grund liegt vermutlich im zu formalistisch gewordenen Ablauf. An ihre Stelle trat in der Abendmahlsliturgie das Sündenbekenntnis mit Zuspruch der Vergebung. Abgesehen davon ist sie noch als allgemeine Gemeindebeichte im Gottesdienst in Form des Schuldbekenntnisses bekannt. Auch im Gebet Jesu, dem Vaterunser, klingt sie an in der Bitte: Vergib uns unsere Schuld.

Wer in der allgemeinen Form der Beichte seine Schuld bekennt, darf der Vergebung Gottes gewiss sein (Mk 3,28). Es gibt weder eine biblische Geschichte noch ein kirchliches Gesetz, das die Einzelbeichte als verbindlich und notwendig vorschreibt. Beichte ist grundlegend freiwillig. Sie ist ein Angebot Gottes.

Sich zur Schuld zu bekennen, kann entlasten

Es gibt Situationen, in denen dieses Angebot hilfreich sein kann. Schuld kann den Alltag sehr belasten. Sie lässt nicht los, hält gefangen. Gedanken kreisen immer wieder um dieselbe Sache. Schuld macht auf Dauer einsam und auch unfähig, anderen zu verzeihen. Sie wirkt sich nicht zuletzt körperlich aus. »Solange ich es verschwieg, waren meine Glieder matt, den ganzen Tag musste ich stöhnen«, schreibt der Beter des 32. Psalms. Weder das Gespräch mit Freundinnen und Freunden noch das persönliche Gebet und der allgemeine Zuspruch der Vergebung im Gottesdienst wirken dann entlastend.

Die Einzelbeichte bietet die Möglichkeit, Schuld klar beim Namen zu nennen. Sich der eigenen Schuld zu stellen, gehört zur Würde des Menschen. Ich bin schuldfähig. Wenn ich meine Schuld verharmlose oder die Schuld auf andere schiebe, dann beraube ich mich der Würde, dass ich schuldig werden kann. Schuld ist immer Ausdruck meiner Freiheit, so sagt es Anselm Grün.[4] Der auf das Schuldbekenntnis folgende persönliche Zuspruch der Vergebung im Namen Gottes entlastet und befreit. Er lässt das Leben mit neuen Augen wahrnehmen. Vorausgesetzt ist, dass er angenommen wird. Mit dieser Praxis befinden wir uns in guter Gesellschaft Jesu. Er hat einzelnen Menschen seiner Zeit die Vergebung zugesprochen und ihnen damit ein neues Leben ermöglicht. (z.B. Joh 8,1f.)

[4] *Anselm Grün: »Vergib dir selbst«, Münsterschwarzach 1999, S. 100.*

Vergebung ermöglicht das Loslassen und den Neuanfang

Es ist nicht leicht, Schuld vor einem anderen Menschen zu bekennen. Schamgefühle werden wach. Das Selbstbild gerät ins Wanken. Schuld alleine vor Gott zu bekennen ist leichter. Vor einem anderen Menschen kostet es Überwindung. Doch es hat auch eine andere tiefenpsychologische Dimension. Das Aussprechen einerseits und das Zusprechen der Vergebung andererseits ermöglichen das Loslassen und Neuanfangen auf einer inneren tiefen Ebene. Dieser ritualisierten Form kommt, so C.G. Jung, »eine Wirkung zu, die tiefer ist als Worte, die sich nur an den Verstand oder das Gefühl wenden«.[5]

Wer die Beichte hört, handelt im Namen Gottes. Er oder sie leiht Gott das Ohr, um zu hören, und den Mund, um freizusprechen. Die Beichte ist ein Geschehen vor Gott. Sie erneuert die Beziehung, die Liebesbeziehung zwischen Gott und Mensch. Der Beichtiger/die Beichtigerin tritt als Person völlig zurück. Er/sie ist Vermittlungsinstanz. Es muss nach evangelischem Verständnis keine Pfarrerin oder Pfarrer sein (vgl. Jakobus 5,16), obwohl diese mit ihrer Ordination berufen und bevollmächtigt sind, die Beichte zu hören und Vergebung zuzusprechen. Sie haben versprochen, das Beichtgeheimnis und die Schweigepflicht zu wahren, und sind darin vom Gesetzgeber geschützt.

Sich selbst der Unzulänglichkeit bewusst sein

Welche Person auch die Beichte hört, entscheidend sind eine Vertrauensbeziehung und das Gefühl, sich gut aufgehoben zu wissen. Es sollte keine Person aus der Familie sein, um unnötige Rollenkonflikte und emotionale Verstrickungen zu vermeiden. Der Beichtiger/die Beichtigerin sollte jemand sein, der/die sich der eigenen Unzulänglichkeiten und Sünde zutiefst bewusst ist (Röm 3,2) und sich deshalb der/dem Beichtenden in einer grundlegenden Solidargemeinschaft verbunden weiß. In ihrer/seiner Haltung soll sich etwas von der Liebe und Barmherzigkeit Gottes spiegeln.

Der Ort der Beichte ist sekundär. Sie kann überall stattfinden, wie jedes seelsorgliche Gespräch auch. Wichtig ist, dass der Ort ein geschützter Raum ist, der keine Einblicke von außen zulässt und jegliches Zuhören fremder Personen ausschließt. Gut denkbar ist die Sakristei, wenn sie

HEINER MAUSEHUND
Jahrgang 1956, Gemeindepfarrer in Velbert und im Auslandsdienst in Norwegen, seit 2000 Gemeindepfarrer in Essen-Steele. Er teilt sich seit 1989 die Pfarrstelle mit seiner Frau Hanna. Ausbildung zum Geistlichen Begleiter 2006 – 2008. Besondere Aufgaben in der Gemeinde und im Kirchenkreis: Geistliche Begleitung, Pilgerwanderungen, Motorradgottesdienste, Kulturhauptstadt 2010, nebenher Religionsunterricht an einer Hauptschule.

[5] *zitiert bei Anselm Grün: »Vergib dir selbst«, Münsterschwarzach 1999, S. 106.*

nicht gerade eine Gerümpelkammer oder ein Arbeitszimmer ist. Eine Kerze und ein Kreuz auf dem Tisch unterstreichen, vor wem und in wessen Auftrag die Beichte geschieht. Nachgeordnet ist, ob der Beichtiger/ die Beichtigerin einen Talar oder eine Stola trägt. Äußere Zeichen können eine Hilfe sein. Wichtig ist jedoch, dass sie der Situation und dem Rahmen angemessen sind und nicht unnötig eine Verfremdung oder ein Hindernis darstellen.

Es geht in der Beichte nicht um Moral

Beichte ist ein Angebot Gottes. Es geht in ihr nicht um Moral, sondern um die Wiederherstellung der Beziehungsfähigkeit zu sich selbst, zum Mitmenschen und zu Gott. Es geht nicht darum, eine Sache zu verdrängen oder zu vergessen. Es geht vielmehr darum, die zerrissenen Enden eines Bandes neu miteinander zu verweben, sodass Altes alt und Vergangenes vergangen sein kann. Wunden und Verletzungen sollen heilen dürfen und der Mensch soll wieder seine Lebendigkeit spüren und neu Freude am Leben finden (vgl. Joh 10,10).

Wo in der evangelischen Kirche die heilsame und befreiende Kraft der Beichte wiederentdeckt wird, kann sie zu einem Angebot werden, das Menschen bewusst für sich in Anspruch nehmen. Evangelische Seelsorgerinnen und Seelsorger in den Citykirchen erzählen, dass die Beichte neu an Bedeutung gewinnt und Menschen im Rahmen der Offenen Kirche zunehmend von ihr Gebrauch machen.

Literatur

Grün, Anselm: Vergib dir selbst, Münsterschwarzach 1999.

Die Beichte, in: Die Religion in Geschichte und Gegenwart (RGG), Band 1 A-B, S. 1219, 4. Auflage, Tübingen 1998.

Domay, Erhard und Köhler, Hanne (Hrsg.): Der Gottesdienst, Liturgische Texte in gerechter Sprache, Band 2, Gütersloh 1998.

Evangelischer Erwachsenenkatechismus – glauben – erkennen – leben, 6. Auflage, Hannover 2000.

Evangelischer Taschenkatechismus, 3. Auflage, Rheinbach 2002.

Karle, Isolde: Seelsorge en passant: Urbanität, Individualität und City-seelsorge, in: Praktische Theologie. Zeitschrift für Praxis in Kirche, Gesellschaft und Kultus, Heft 03/2006, S. 219ff.

Neues Ev. Pastorale, 2. Auflage, Gütersloh 2005.

Seitz, Manfred: Praxis des Glaubens. Gottesdienst, Seelsorge und Spiritualität, S. 194ff., 2. Auflage, Göttingen 1979.

Theologie. Zeitschrift für Praxis in Kirche, Gesellschaft und Kultus, 3. Auflage, 2006, S. 219 f.

SICH SELBST ALS WOHNUNG GOTTES ERFAHREN
Meditation und Kontemplation ermöglichen es, im Alltag die Gegenwart Gottes wahrzunehmen | Von Manfred Rompf

Von je her ahnen die meisten Menschen, dass es etwas Heiliges gibt, dem das Leben zu verdanken ist. Aus dieser Ahnung kann eine Sehnsucht werden, dem Heiligen nachzuspüren. Aus solcher Sehnsucht sind Gebet und Meditation entstanden, schließlich haben sich im Laufe der Geschichte die Religionen entwickelt. In der christlichen Tradition und in den meisten anderen Religionen können wir drei verschiedene Formen des Betens unterscheiden:

1. Das gesprochene Gebet: Dank, Klage, Bitte, Fürbitte, Anbetung und Gebärden.[6]

2. Das betrachtende Gebet: die Meditation, die Betrachtung und Verinnerlichung des Wortes Gottes sowie von religiösen Bildern und Symbolen. Beim Meditieren geht es um die Erfahrung des Göttlichen durch intensives Nachsinnen und Nachspüren, letztlich um die Erkenntnis des Lebenssinns. Das lateinische Wort »meditari« hat eine doppelte Bedeutung: Nachsinnen und intensiv üben, also immer wieder wiederholen und vertiefen. »Maria aber behielt alle diese Worte und bewegte sie in

[6] Siehe dazu auch in diesem Band (S. 88), den Text von Gisela von Borries-Kegel: »Mit Leib und Seele. Es gibt viele körperorientierte Wege, den Glauben auszudrücken und spirituelle Erfahrungen zu machen«.

ihrem Herzen.« (Lk 2,19) Dieser Satz lässt sich als ein Beispiel für Meditation interpretieren. Meditation hat einen Gegenstand: Worte, besonders Bibeltexte, Symbole oder irgendetwas aus der Natur. In der Meditation sind Verstand, Gefühle, Sinne und Wille aktiv und damit unser Ich.

3. Das schweigende Gebet: Die ungegenständliche Meditation, die Kontemplation. Während bei der gegenstandsbezogenen Meditation Verstand, Gefühle, Sinne und Wille aktiv gehalten werden, wird in der Kontemplation alles zum Schweigen gebracht. Der evangelische Mystiker und Liederdichter Gerhard Tersteegen hat dies in seinem Lied »Gott ist gegenwärtig« (EG 165) so ausgedrückt: »... Alles in uns schweige«, und »... lass mich so still und froh deine Strahlen fassen und dich wirken lassen.« In der Kontemplation üben wir uns in längeren Zeiten der Stille in einer passiven Offenheit. Dabei werden die Gedanken zum Schweigen gebracht. Das war für Tersteegen eine tägliche Übung.

Kontemplation ist die Bezeichnung für den christlich-mystischen Weg, sich in der Gegenwart Gottes zu erfahren. Ich zitiere dazu Tersteegen: »... ich senk mich in dich hinunter. Ich in dir, du in mir, lass mich ganz verschwinden, dich nur sehen und finden.« (EG 165) Hier wird das Ich, das wir im Alltag notwendig brauchen, ganz zurückgenommen. Das Wort »Kontemplation« kommt aus dem Lateinischen und setzt sich zusammen aus »con«, das bedeutet »gemeinsam« oder »mit«, und »templum«, das bedeutet »Betrachtungsraum«, Heiliger Raum der Gottheit, wo in der Antike die Priester und Priesterinnen Rituale vollziehen, aber auch betrachten, beobachten und beschauen, was der Wille der Gottheit sei. So bedeutet auch das Verb »contemplari« »betrachten«, »beschauen«. Es geht in der Kontemplation darum, sich selbst als Tempel, als Ort der Gottesbeschauung und Wohnung Gottes zu erfahren.

Da Gott nicht gegenständlich zu fassen ist, geht es nicht um ein rationales Betrachten von Worten, von Bildern und Symbolen, sondern um ein gegenstandsfreies Beschauen, eigentlich um ein Sich-beschauen-Lassen, Sich-durchdringen-Lassen vom Unbegreiflichen. Dazu ist Zeit und Stille erforderlich. Wir lernen in der Stille, uns selbst, unserer Wirklichkeit und der uns umfangenen Wirklichkeit standzuhalten. Das kann erschreckend sein, ist aber auch verbunden mit einem Staunen über

Geheimnisse in unserem Leben und der Schöpfung, die wir nicht genauer bezeichnen können. Da solche Erfahrung »geheimnisvoll« ist, weil sie nicht mit dem Verstand zu fassen ist, wird sie mystisch genannt. Mit Mystik bezeichnen wir das »geheimnisvolle« Erkennen und Schauen Gottes mit dem Herzen. Mystische Erfahrungen sind ein Geschenk, manchmal ohne besondere Übungen erfahrbar und auch bei Kindern möglich. Übungen der Meditation und Kontemplation können aber durchaus Vorbereitungen und Vertiefungen für solche Erfahrungen sein und helfen, diese bleibend in den Lebensvollzug zu bringen. Wichtig ist, dass echte Mystik in den Alltag führt.

Anfänge christlicher Meditation

Die christliche Meditation wurzelt in jüdischer Gotteserfahrung, die der Jude Jesus von Nazareth selbstverständlich teilt. Mose erlebt in der Einsamkeit der Wüste Sinai das Heilige; er erfährt: Gott ist gegenwärtig, er ist der »Ich bin, der ich war und sein werde«. Und dieser »Ich bin« gibt Mose einen Auftrag. Er soll seinem Volk in Ägypten die Zusage seiner Befreiung aus der Gefangenschaft verkünden und mit dem Pharao darüber verhandeln (2 Mos 3 ff.). Mose geht in der Folge immer wieder in die Stille und erhält Weisungen. Jesus geht 40 Tage in die Wüste, er fastet und betet. Er hat in der Wüste sicher nicht auf Gott eingeredet, sondern vorwiegend schweigend gebetet, was wir heute als Meditation oder Kontemplation bezeichnen. Anschließend beruft er die ersten Jüngerinnen und Jünger, lehrt und heilt.

Fasten und Beten waren zur Zeit Jesu und später weit verbreitet. Die Bibel nennt uns Johannes der Täufer mit Namen. Es gab viele solche Gruppen, die unter einem Meister/Rabbi ein spirituelles Leben einübten. Wie selbstverständlich im Urchristentum der Rückzug in die Stille war, geht nebenbei aus einem Satz des Apostels Paulus im 1. Korintherbrief (7,5) hervor, wo er Ehepaare mahnt, sich wegen des Problems der sexuellen Enthaltsamkeit nur nach vorheriger Absprache zurückzuziehen: »Entziehe sich nicht eins dem andern, es sei denn eine Zeit lang, wenn beide es wollen, damit ihr zum Beten Ruhe habt; und dann kommt wieder zusammen, damit euch der Satan nicht versucht, weil ihr euch nicht enthalten könnt.« Paulus erweist sich als Geistlicher Begleiter, der spirituell und realistisch denkt und weise anleitet.

MANFRED ROMPF
Jahrgang 1936, Pfarrer, Meditations- und Kontemplationslehrer. Hauptschule, Schreinerlehre, Gemeindehelfer und Jugendwart in Wuppertal, Hochschulreifeprüfung, Studium der evangelischen Theologie, Pfarrer in Essen, seit 1981 Synodalbeauftragter für Meditation in Essen. Er übte Zen und Kontemplation seit 1974 bei Pater Dr. Willi Massa, Pater Enomiya-Lassalle, Zen-Meistern, Franz-Xaver Jans-Scheidegger, Pater Willigis Jäger. Er ist Mitglied der »Würzburger Schule der Kontemplation«. Seit 1974 leitet er Meditationskurse und -Gruppen. Mitglied im Beirat des Hauses der Stille. Verheiratet, zwei Söhne.

Lernen von den Wüstenvätern und Wüstenmüttern

Vom 4. Jahrhundert an finden wir Anleitungen für den mystischen Weg bei den sogenannten Wüstenvätern und Wüstenmüttern. Sie zogen sich zurück in die Wüste Juda, in wüste Gebiete in Ägypten und in Kappadozien (in der heutigen Türkei). Es wurde angeleitet, sich hinzusetzen und zur Ruhe zu kommen, um inneren Frieden zu finden und bei jedem Atemzug zu beten: »Herr Jesus Christus, Du Sohn Gottes, erbarme Dich meiner.« So schreibt Evagrius Pontikus († 399): »Das Gebet verlangt Freisein von jedem Gedanken.« – »Darum suche zur Zeit des Gebets unter keinen Umständen nach einem Gedankenbild.«[7]

[7] Zitiert nach: Kleine Philokalia, Düsseldorf 1997, S. 33ff.

Diese Gebetspraxis ist Kontemplation und wird in der Tradition bezeichnet als »Jesusgebet«, »Herzensgebet« und als »Immerwährendes Gebet«. Wer sich in dieser Praxis übt, kann im Lauf der Zeit feststellen, dass es in seinem/ihrem Herzen ganz von selbst betet, im Sitzen oder Stehen und Gehen, beim Pilgern, aber auch bei ganz alltäglichen, mechanischen Arbeiten wie Stricken oder Kartoffelschälen. So selbstverständlich wie das Herz schlägt, so betet es innerlich, wobei Geborgenheit in Gott erfahren wird. Entsprechend dem klassischen Herzensgebet können auch kürzere Formulierungen gebraucht werden, z.B.: »Jesus«, oder: »Gott erbarme dich«, oder: »Du zu mir – ich zu dir«, oder: »Du in mir – ich in dir«, usw. Diese Methode hat eine gewisse Parallele zur Mantra-Meditation, wie sie im Hinduismus geübt wird.

Meditation im Mittelalter

Aus den Schriften vieler Mystiker und Mystikerinnen ist zu entnehmen, dass sie auch Kontemplation geübt und dazu angeleitet haben. Als Beispiel erwähne ich hier einen anonymen englischen Mönch aus dem 14. Jahrhundert mit seiner Schrift »Wolke des Nichtwissens«. Hier wird die Kontemplation als Übung des »Nichtdenkens«, als Übung der »Versunkenheit«, als Übung der »Hingabe« und »Achtsamkeit« und als »Übung der Liebe« bezeichnet, die »auch die Kraft zur Nächstenliebe« gibt.[8] Da diese Anleitungen in einer erstaunlichen Parallele zum Zen stehen, haben sie für die nichtgegenständliche Meditation im Christentum heute, da Zen viele Christen inspiriert hat, eine besondere Bedeutung. Die Schrift nimmt die Erinnerung an Mose auf dem Berg Sinai auf. Über ihm sei die »Wolke des Nichtwissens« und unter ihm eine »Wolke des

[8] Willi Massa: »Kontemplative Meditation, Wolke des Nichtwissens«, Mainz 1974, S. 66f.

Vergessens«. Der Schüler/die Schülerin wird angeleitet sich vorzustellen, er/sie lasse unter sich in die Wolke des Vergessens alle Gedanken und Vorstellungen fallen, die ihm/ihr während der Übung kommen. Um von den vielen Gedanken leer zu werden, empfiehlt der Verfasser der »Wolke«, ein kurzes Wort, z.B. »Gott« oder »Liebe«, immer wieder zu wiederholen, um alle anderen Gedanken damit abzuwehren.

Aufs Ganze gesehen waren in der Westkirche jedoch die Schriftmeditation, das Brevierlesen und die Gregorianischen Gesänge bestimmend. Die Schriftmeditation, wie sie bis heute geübt wird, können wir beispielhaft auch bei Luther finden, der sie sein Leben lang praktiziert hat. Ein Bibelwort wird betrachtet: Was lehrt mich dieses Wort? Wofür kann ich danken? Was habe ich zu beichten? Wofür kann ich beten? Luther betrachtet so im Vaterunser Bitte für Bitte: »Und wenn auch solche reichen, guten Gedanken kommen, so soll man die anderen Gebete fahren lassen und solchen Gedanken Raum geben, ihnen mit Stille zuhören und sie beileibe nicht hindern. Denn da predigt der Heilige Geist selbst, und ein Wort seiner Predigt ist besser als tausend unserer Gebete.«[9]

[9] Luther, Ausgewählte Schriften II, Frankfurt 1995, S.275.

Nach der Reformation trat in den evangelischen Kirchen die Übung der Stille und der Kontemplation sehr zurück und wurde weithin vergessen. Eine Ausnahme stellt Gerhard Tersteegen (1697 – 1769) dar (s. o.), einer der sogenannten »Stillen im Lande«. Sein literarisches Hauptwerk: »Auserlesene Lebensbeschreibungen heiliger Seelen«, in dem er bedeutende Mystikerinnen und Mystiker ausführlich zu Wort kommen ließ und Anleitungen zur Kontemplation gab, wurde in der evangelischen Kirche als Werbung für die römisch-katholische Kirche empfunden und hatte deshalb wenig Wirkung.

Die Entwicklung seit dem 20 Jahrhundert

1922 entstand die Berneuchener Bewegung, aus der die Michaelsbruderschaft hervorging. Diesen Gemeinschaften ging es darum, das Evangelium neu zu verkünden und zu leben, und sie verbanden dies mit Übungen der Stille. Dietrich Bonhoeffer betonte in den dreißiger Jahren die Orientierung des Christen an der Bergpredigt und die praktische Nachfolge Jesu als Aufgabe der Kirche. Er schrieb nicht nur 1937 sein Buch »Nachfolge«, sondern ging schon seit 1932 an den Wochenenden mit seinen Studierenden in eine märkische Jugendherberge zum Meditieren und Diskutieren. Unter seiner Leitung gehörten im Predigerseminar der Bekennenden Kirche die Schriftmeditation und Stille zur täglichen Übung der Vikare. Während des 2. Weltkriegs und unmittelbar danach entstanden die Kommunitäten bzw. ihre Vorläufer wie die Gemeinschaft von Taizé und der Casteller Ring, die sich in Meditation und Kontemplation übten und bis heute üben.

Es verdient Beachtung, dass gerade die Begegnung mit den östlichen Religionen und ihrer Praxis mit verschiedenen meditativen Übungen, die auf eigene Erfahrung zielen, im Westen so großes Interesse geweckt haben. Bereits in den Zwanzigerjahren hat der Marburger evangelische Theologe Rudolf Otto hier Pionierarbeit geleistet. Er ließ sich von japanischen Zen-Lehrern in das Zazen (Sitzen in der Stille) einführen und verglich die Schriften des indischen Mystikers Sankaras (um 800) mit denen des christlichen Mystikers Meister Eckehart (um 1300). Aber er wurde kaum von den Theologen beachtet. Heute werden seine Bücher, »Das Heilige« (1923) und »West-östliche Mystik« (1926) wieder aufgelegt.

In den Siebzigerjahren waren es im deutschen Sprachraum von katholischer Seite der Jesuit Enomiya-Lassalle und von evangelischer Seite der Psychotherapeut Karlfried Graf Dürkheim, die in Japan durch den Zen-Buddhismus die christliche Mystik wiederentdeckten. In Deutschland gaben sie Einführungen in Zen und christliche Mystik. Zen-buddhistischen Meistern öffneten sie den Weg in Klöster und Bildungsstätten. Außer Zen gab und gibt es heute ein kunterbuntes Gemisch an Angeboten östlicher Spiritualität, das viele Menschen auf ihrer Suche nach Religiosität und Lebenshilfe anzieht. In den letzten Jahren sind aus dem Islam mystische Gruppen stärker hinzugekommen, zum Beispiel aus dem Sufismus.

Im Blick auf all diese Richtungen und Praktiken gilt der Satz des Paulus: »Prüft aber alles, und das Gute behaltet.« (1 Thess 5, 21) Ich verstehe diesen Satz als Aufforderung zur Offenheit, die nicht die Abgrenzung in den Vordergrund stellt, zu der aber, wenn nötig, auch die Kritik gehört. Als Christinnen und Christen sollten wir den Menschen aus anderen Religionen mit Achtung und auf Augenhöhe begegnen. Das können wir umso besser, je mehr wir in unserer eigenen Tradition verwurzelt sind.

Wer intensiv einen spirituellen Weg mit Kontemplation oder Zen geht, sollte sich eine Geistliche Begleitung [10] suchen bei einer Person, die diesen Weg schon lange geht und eine Ausbildung dazu hat.

Zum Abschluss möchte ich sagen: Meditation, Gemeinschaft und Aktion, manchmal auch Widerstand, gehören zusammen für einen lebendigen Glauben.

Literatur

Manfred Rompf: »Aus der Stille leben. Einübung in die christliche Meditation und Kontemplation«, Studienbrief S.29, (20 Seiten); besonders geeignet für Teilnehmende von Meditationseinführungskursen oder zur ersten Information. Zu beziehen beim

AMD
Zentraler Vertrieb des Diakonischen Werkes
Karlsruher Str. 11, 70771 Leinfelden-Echterdingen
Telefon 0711/90216-50; Fax 0711/7977502
E-Mail: amd.wolf@diakonie.de
Stückpreis 1,30 €, ab 25 St. je 1,05 €, ab 100 St. je 0,85 €

www.manfredrompf.de

[10] *Siehe dazu auch in diesem Band (S.27) den Text von Angelika Vogel: »Die Gegenwart Gottes im Alltag erspüren. Seelsorgende wollen in der Geistlichen Begleitung Menschen sensibel machen für die Begegnungen mit Gott«.*

GUTE ZEITEN FÜR LEIB UND SEELE
Die Spiritualität von Menschen mit Behinderungen | Von Rainer Schmidt

Wie muss (unsere) Kirche gestaltet sein, damit Menschen mit Behinderung in ihr einen passenden Ort für ihre Spiritualität finden? Was ist das Besondere an der Spiritualität von Menschen mit Behinderung? Diese Fragen sind schwer zu beantworten. Der Begriff »Spiritualität« ist ebenso schillernd wie die Gruppe derer, die als Menschen mit Behinderung bezeichnet werden. Einen Antwortversuch ist es aber allemal wert, denn er kann dazu beitragen, dass alle Menschen gute Zeiten für Leib und Seele erleben und frischer Wind durch unsere Gemeinde weht.

Ich möchte in drei Schritten vorgehen. 1. Was ist das Besondere an Menschen mit Behinderung? 2. Was heißt Spiritualität? 3. Spiritualität für alle – gute Zeiten für Leib und Seele.

Sind Menschen mit Behinderung etwas Besonderes?

Wer sich fragt, worin sich Menschen mit Behinderung von Menschen ohne Behinderung unterscheiden, kommt schnell ins Schleudern. Die beiden zentralen Kennzeichen sind überaus fraglich.

Behinderung als Einschränkung

»Eingeschränkte Fähigkeiten« haben doch wohl alle Menschen. Wir haben alle unsere ureigenen Begabungen und Begrenzungen. Und wer die biblische Urgeschichte in 1. Mose 1–11 liest, bekommt eindrücklich vor Augen geführt, dass bei aller Gottesebenbildlichkeit des Menschen doch seine Fähigkeiten weit hinter denen Gottes zurückstehen. Gott erschafft die Welt in sechs Tagen, der Mensch scheitert schon an einem Turm. Aus Gottes Perspektive sind alle Menschen behindert, also in ihren Fähigkeiten eingeschränkt. Wer spirituell lebt, weiß um seine Angewiesenheit auf Gott und Mitmensch. Der autonome Mensch ist eine Illusion.

Behinderung als Normabweichung

Aber vielleicht gibt es »normale« Fähigkeiten und besondere Begrenzungen? Menschen mit Behinderung sind diejenigen, die von der Norm, vom statistischen Mittel abweichen. Behindert ist, wer seltene Einschränkungen hat. Behindert ist, wer mehr Unterstützung als andere braucht. Diese Begriffsbestimmung ist sinnvoll, wenn es darum geht, Nachteile auszugleichen und allen Menschen Teilhabe zu ermöglichen. Krankenkasse und Sozialhilfeträger brauchen Normen. Normen für Menschen können aber missbraucht werden, indem die als behindert definierten Menschen abgewertet und zur Randgruppe gemacht werden. Menschen, die miteinander leben, glauben und feiern, brauchen keine Normen für Menschen. »Jeder ist anders, das ist normal«, sagt Richard von Weizsäcker. Die Unterschiedlichkeit aller Menschen ist Gottes Schöpfungsgabe an uns. Das schließt auch die Menschen mit außergewöhnlichen Grenzen und Gaben ein. »Wer hat dem Menschen den Mund gegeben, und wer macht taub oder stumm, sehend oder blind? Doch wohl ich, der Herr!« (Ex 3,11)

Behinderung als Verunsicherung

Alle Menschen sind begrenzt und alle sind mit ihren Unterschieden normal. Nichtsdestoweniger bleibt eine Verunsicherung. Natürlich ist der Mensch ohne Arme normal, aber wie begrüße ich ihn? Selbstverständlich möchten wir den Menschen mit starker Spastik nicht ausgrenzen, aber kann er den Abendmahlskelch selbst zum Mund führen oder wird er den Wein verschütten? Wer Menschen mit Behinderung begegnet, fühlt sich zuweilen überfordert. Unsere Sicherheit geht dahin.

Was heißt Spiritualität?

Spiritualität heißt: Leben aus dem Geist. Und der Geist Gottes zeigt Wirkungen. Zu Pfingsten (Apg 2) überwindet er Sprachgrenzen und damit kulturelle Grenzen. Ein bisher für unmöglich gehaltenes Miteinander wird möglich. Die Trennung zwischen Verschiedenen fällt.

Und der Geist Gottes verändert Menschen. Zachäus erfährt Wertschätzung und wird so von der Habgier befreit. Petrus muss immer wieder lernen, was Glauben heißt. Wer aus der Kraft des Heiligen Geistes lebt, öffnet sich für Veränderungen. Der Geist Gottes verwehrt uns Festlegungen. Von Gott dürfen wir uns kein Bild machen, denn damit hätten wir Gott »im Griff«. Und andere Menschen müssen nicht so werden wie wir. Der fremde Exorzist (Lk 9, 49f.) darf seinen eigenen Weg gehen. Wer aus dem Geist lebt, ist offen für Überraschungen. Wo der Geist Gottes ist, da ist Freiheit (2 Kor 3,17). Die Kunst des Lebens aus dem Heiligen Geist besteht darin, dass Menschen mit all ihren Unterschieden und befremdenden Eigenarten zueinanderfinden und miteinander Gott feiern.

Spiritualität für alle – gute Zeiten für Leib und Seele

Behinderung verunsichert – wir fühlen uns unsicher, vielleicht sogar überfordert, wenn wir Menschen begegnen, die anders als durchschnittlich sind oder die sich anders als gewohnt verhalten. Wie gehen wir mit solchen Situationen um? Wer aus Gottes Geist lebt, dem verschließen sich zwei Taktiken: die Trennung von dem Andersartigen, denn in Wirklichkeit sind wir Geschwister in Gott. Und es verbietet sich die Gleichmachung, denn das beschädigte die Freiheit und Identität der/des anderen. Es bleibt nur der Weg Christi, nämlich eine Gemeinschaft der Verschiedenen zu werden. Wie kann das gelingen, wenigstens ansatzweise?

RAINER SCHMIDT

Jahrgang 1965, seit 2005 Pastor im Sonderdienst am Pädagogisch-Theologischen Institut Bonn im Arbeitsbereich Integrative Gemeindearbeit. Im ersten Beruf Diplomverwaltungswirt. Der Autor der Bücher »Lieber Arm ab als arm dran« und »Spielend das Leben gewinnen« hat keine Unterarme und einen verkürzten rechten Oberschenkel. Er ist mehrfacher Medaillengewinner bei Paralympics und seit 2004 Aktivensprecher des Deutschen Behindertensportverbandes.

Spiritualität braucht inklusives Bewusstsein: Unsere Sprache zeigt es: Beten wir für »die Behinderten und Kranken« und schaffen damit eine Kluft zwischen denen und uns? Oder beten wir für uns, die wir Krankheit und Behinderung zu tragen haben? Unsere Angst verrät es uns: Fürchten wir, aus der Rolle zu fallen? Müssen wir uns verbiegen, um dazuzugehören? Oder genießen wir die Freiheit des Außergewöhnlichsein-dürfens? Menschen mit Behinderungen lehren uns die Freiheit des Andersseindürfens. Unsere Unsicherheit fordert uns: Wer Menschen mit Besonderheiten begegnet, darf sich unsicher fühlen. Die Frage, wie soll ich mich verhalten, wie kann das gehen, lässt uns offen sein für neue Wege. Herausforderungen verändern uns und unsere Gemeinden.

Spiritualität braucht inklusive Strukturen: Wie es gilt, Barrieren in den Köpfen abzubauen, so gilt es, Barrieren in Raum und Zeit abzubauen. Können alle zu unseren Treffen kommen? Haben alle ausreichende Hilfsmittel und Hilfsmenschen an ihrer Seite? Tragen wir einander die Last des anderen?

Spiritualität braucht inklusives Handeln: Gottes Geist erfahren wir in Gemeinschaft. Unser Kopf muss es verstehen. Dafür brauchen wir eine klare Sprache. Besonders die Menschen mit geistiger Behinderung brauchen sie. Aber sie tut uns allen gut. Kurze Sätze, eindrückliche Beispiele, unterstützende Gestik. Unser Leib muss es erleben. Besonders die Menschen mit geistiger Behinderung brauchen das. Aber es tut uns allen gut. Das Wort »Freundschaft« ist abstrakt, eine Umarmung ist konkret. Der Tod ist unbegreiflich, die kalte Hand eines Verstorbenen ist fassbar. Wo Worte versagen, spricht unser Körper. Unsere Seele muss es ahnen. Gott trägt mich durch das Leben, wie mich diese Menschen durch das Leben tragen. Niemand muss sich verbiegen und alle werden angenommen wie sie sind. Denn keine/keiner lebt für sich allein und niemand aus sich selbst heraus.

Menschen mit Behinderung haben oder brauchen keine besondere Spiritualität. Sie brauchen eine besondere spirituelle Gemeinschaft. Eine Gemeinschaft, in der Verschiedenheit normal ist, Teilhabe von allen angestrebt wird und jede/jeder Einzelne so unterstützt wird, dass sie/er ihr/sein Leben aus der Kraft des Geistes Gottes führen kann.

In der Rolle eines Wasserkrugs

Das Bibliodrama ist eine handlungsorientierte Bibelauslegung, bei der alle Teilnehmenden mitreden | Von Bärbel Krah

»... mein Leib und Seele freuen sich in dem lebendigen Gott!« (Ps 84,3b). Das Johannesevangelium beschreibt in seinen einleitenden Versen die Lebendigkeit des Wortes Gottes (Joh 1,1 –4), das nicht für sich ist, sondern aus sich herausgeht, sich selbst hingibt und einbindet in die Geschichte der Menschen. Dynamisch und befreiend verheißungsvoll offenbart sich Gott dem Mose (Ex 3,14 »Ich bin der/die ich bin – war – sein werde«). Theologisch sprechen wir von der Einwohnung Gottes (der Schechina) in der Geschichte Israels und von der Menschwerdung (der Inkarnation) des einen Wortes Gottes im Christus. Gottes Wort wird Fleisch.

»Bibliodrama« – was ist das?

Wort für Wort übersetzt: eine »Buch-Handlung«. Das »Buch«, von dem wir hierbei ausgehen, ist die Bibel mit ihrer Vielzahl von Büchern, überlieferten Glaubenszeugnissen und durchlebten Erfahrungen. Mit »Handlung« klingt das Bekenntnis zum handelnden, lebendigen und lebensschaffenden Gott ebenso an wie das Konzept des Bibliodramas als einer handlungsorientierten Bibelauslegung.

In den Siebzigerjahren wurde Bibliodrama besonders durch den Theologieprofessor G. Martin Marcel bekannt und erfuhr im Verlauf der Jahre unterschiedliche Ausprägungen und Akzentsetzungen. Impulse aus Theater- und Körper-/Leibarbeit, Psychodrama und Rezeptionsästhetik, Tanz-, Erwachsenen- und Religionspädagogik etc. flossen ein. Zunächst verliefen Bibliodrama-Prozesse in Veranstaltungen über mehrere Tage, später verstärkt in kürzeren Einheiten (Kirchentagsforen, Gottesdienste, Konfirmandenunterricht, Schule, Predigtvorbereitung, Gruppen ...). Inhaltlich wachsen im Bibliodrama spirituelles Erleben und Ausdrücken, Meditation und vielfältige hermeneutische[11] Herangehensweisen zusammen. Seit etlichen Jahren bewährt sich Bibliodrama auch im Dialog zwischen den Religionen. Das Beispiel Lateinamerikas zeigt besonders eindrucksvoll, wie sich Bibliodrama je nach dem soziokulturellen Kontext, in dem es stattfindet, ganz unterschiedlich weiterentwickelt.

[11] *Biblisch-hermeneutische Herangehensweisen sind Wege auf der Suche nach dem rechten Verstehen biblischer Texte. Dabei gehören z.B. Fragen nach Voraussetzungen, Zielen der Auslegung und das gesamte Schriftverständnis zu ihren Themen. Bereits im NT finden sich in Apg 8,30ff. hermeneutische Überlegungen.*

Bärbel Krah

Jahrgang 1958, Landespfarrerin für Prädikantinnenarbeit in der Arbeitsstelle für Gottesdienst am Theologischen Zentrum in Wuppertal; davor viele Jahre Gemeinde- und Krankenhauspfarrerin in Wuppertal-Elberfeld und Bonn-Beuel sowie Pas-torin im Sonderdienst in der Seelsorge Krebs-erkrankter/Sterbender an der Uniklinik Köln; Bibliodrama-leiterin (GfB).

Bibliodramatisches Arbeiten in Gruppen (mit Anleitung durch ausgebildete Bibliodramaleiter/-innen) verbindet im Interaktionsprozess zwischen biblischer Überlieferung und Teilnehmenden immer Erfahrungs-mit Textorientierung. Eine Fülle von kreativen Methoden, Materialien und der Wechsel von Gruppen- und Einzelarbeit unterstreichen den ganzheitlichen Ansatz. Der Aufbau eines klassischen Prozesses verläuft in verschiedenen Phasen:

1. Einlassung und Sensibilisierung (Körpererfahrungsarbeit)
2. Berührung und Konfrontation (Themen des Textes)
3. Identifikation und Auseinandersetzung (Szenische Interpretationen)
4. Differenzierung und Aktualisierung (Übertragung auf mein Leben heute)

Die Stärken des Bibliodramas als ein Angebot in unseren Gemeinden liegen – gut evangelisch – in der »Demokratisierung« der Bibelauslegung durch alle Teilnehmenden. Die Mehrdimensionalität biblischer Texte wird erlebt – Leib und Seele (Ps 84) sind berührt, bewegt und bewegen. Die Gabenvielfalt der Gemeinde kann spielerisch (zwanglos experimentell und in geschütztem Raum) zum Tragen kommen. Herrschaftswissen wird bedeutungslos im gemeinsam eröffneten Text- und Gestaltungsraum. Nebenbei und vor allem: Lust auf Bibel, auf lebendige Wort-Gottes-Begegnung, das (Wieder-)Entdecken verschütteter Glaubenserfahrung von damals wie heute und die befreiende Bevollmächtigung zur Verkündigung im Alltag wachen auf.

Meine erste Begegnung mit Bibliodrama geschah im Rahmen einer Erwachsenenbildungsveranstaltung in der Gemeinde mit der biblischen Geschichte der »Hochzeit zu Kana« nach Joh 2,1–12. Ich war mehr als zögerlich, ob ich »spielen«, eine der angebotenen Rollen übernehmen wollte; sogar »Jesus« war im Angebot! Schauspielen, ist das der Bibel angemessen? Und will ich mich in der Gruppe zeigen, etwa blamieren? Aber: Spielverderberin wollte ich auch nicht sein. Also entschied ich mich, die (nicht direkt angebotene) Rolle eines der Wasserkrüge zu übernehmen. Was ich (innerlich) erlebt habe, als Jesus das Wasser in Wein verwandelte – und alle Festgäste davon nehmen wollten –, kann ich mit Worten nicht beschreiben …

Literatur

Martin, Gerhard Marcel: Sachbuch Bibliodrama, Praxis und Theorie, 2. erw. und akt. Auflage, Stuttgart 1995.

Naurath, Elisabeth/Pohl-Patalong, Uta (Hrsg.): Bibliodrama: Theorie – Praxis – Reflexion, Stuttgart 2002.

Teichert, Wolfgang: Wenn die Zwischenräume tanzen, Theologie des Bibliodramas, Stuttgart 2001.

Mehr Angaben zu bis 2002 erschienener Literatur bei:
Rosenstock, Hans-Jörg/Rosenstock, Roland: Bibliodrama Bibliographie, Bibliodrama Kontexte, Bd. 2, Reihe: Beiträge zur Theorie der Bibliodramapraxis, hrsg. von Aldebert, H. u.a., Schenefeld 2003.

Ausbildungen bei: Gesellschaft für Bibliodrama e. V. (GfB; www.bibliodrama-gesellschaft.de)

Zeitschriftenreihe: Textraum – Bibliodrama Information (hrsg. von GfB)

Als Christen verbindlich zusammenleben
Kommunitäten und geistliche Gemeinschaften im protestantischen Bereich | Von Angelika Vogel

Seit etwa sechzig Jahren gibt es in Deutschland evangelische Kommunitäten. Damit wurde eine geistliche Lebensform im protestantischen Bereich wieder lebendig, deren Wurzel bis in die frühe Zeit des Christentums zurückreicht. In den reformatorischen Bekenntnisschriften wurde ausdrücklich erklärt, dass die Rechtfertigungslehre mit »Klostergelübden« nicht vereinbar sei. Gemeint war damit, dass das Leben nach den »evangelischen Räten« (Armut, Ehelosigkeit und Gehorsam) nicht in einen »Stand der Vollkommenheit« führt. – Seit etwa zwanzig Jahren pflegt die EKD durch einen Beauftragten intensive Kontakte zu den Kommunitäten. Sie sieht in ihnen einen wichtigen Bereich geistlichen Lebens, in dem sich ein wesentlicher Teil kirchlicher Erneuerung vollzieht.

Angelika Vogel

Jahrgang 1951, Pfarrerin, Supervisorin, Geistliche Begleiterin. Sie war in der Gemeinde, in der Leitung einer Telefon- seelsorgestelle und als Dozentin am Prediger- seminar Bad Kreuznach tätig. Von 2000 – 2009 war sie von der Landes- kirche für die südlichen Kirchenkreise beauf- tragt für Seelsorge- fortbildung, Supervision und Spiritualität. Sie lebte zwölf Jahre in der Kommunität in Bergen.

Die Kommunitäten und geistlichen Gemeinschaften sind aus dem Be- dürfnis nach Erneuerung der Kirche, nach Intensivierung des gottes- dienstlichen Lebens und des gemeinsamen Gebets, aus dem Wunsch nach verbindlicheren Formen des Zusammenlebens als Christen ent- standen. Das biblische Vorbild kommunitären Gemeinschaftslebens ist das Leben der Urgemeinde, wie es in Apg 2,42 beschrieben wird.

Unter den Kommunitäten gibt es solche, die ihr gemeinsames Leben in Anlehnung an die altkirchlichen Gelübde Armut, Keuschheit und Gehor- sam gestalten. Diese sogenannten »evangelischen Räte« haben heute nicht nur für kommunitäres Leben Bedeutung. Sie haben eine geistliche und politische Dimension, die für alle Christinnen und Christen Weg- weisung und Herausforderung sein können: »Armut« macht aufmerk- sam auf den Umgang mit Besitz und fordert mich zur Klärung heraus, was ich zum Leben brauche und ob ich auf Privatbesitz verzichten kann. Ich bin eingeladen, vom Haben zum Sein, vom Konsumismus zu einer Kultur des Brotes zu kommen und den Sabbat zu heiligen.
»Keuschheit« (Jungfräulichkeit) stellt uns Maria in der Begegnung mit dem Engel als Lebenshaltung vor Augen, weist darauf hin, dass der Mensch ein liebebedürftiges und von Gott geliebtes Wesen ist, lädt zur Hingabe ein an Gott, der das Ziel aller Sehnsucht ist. In »Keuschheit« scheint eine Alternative zu sexuellem Machtverhalten auf, das durch Gier und Besitzenwollen bestimmt ist.
»Gehorsam« weist auf die Notwendigkeit des Horchens hin und lädt ein, auf Gott zu horchen, aufeinander zu hören und der Gemeinschaft zu dienen, auf sich selbst zu hören, auf die Zeichen der Zeit zu hören und je neu den Weg der Kommunität im kirchlichen und gesellschaftlichen Kontext zu beschreiben.

Alle Gemeinschaften, die an einem Ort zusammenleben, gestalten ihre Zeit nach dem benediktinischen »Ora et labora«: Gottesdienst und Ge- bet sind die Mitte ihres Lebens und jedes Mitglied der Gemeinschaft übernimmt (je nach den jeweiligen Möglichkeiten) einen Teil der ge- meinsamen Arbeit.

Neben diesen Gemeinsamkeiten gibt es sehr verschiedene Ausprä- gungen in den Kommunitäten und geistlichen Gemeinschaften. Das bezieht sich zum einen auf die Form des Zusammenlebens: Sie reicht von zölibatären Lebensformen von Frauen oder Männern über Formen von Familiengemeinschaften an einem Ort bis hin zu Gemeinschaften, die sich auf eine gemeinsame Regel verpflichten, aber an unterschiedlichen Orten leben.

Zum anderen gibt es auch inhaltlich unterschiedliche Schwerpunkte. So gibt es Gemeinschaften, die mehr auf Kontemplation und Gottesdienst ausgerichtet sind (z.B. Casteller Ring, Michaelsbruderschaft), solche, die diakonisch (Christus-Bruderschaft in Selbitz) oder stärker politisch orientiert sind (Laurentiuskonvent Wethen). Es gibt Gemeinschaften, die mehr missionarisch-evangelistisch tätig sind (Adelshofen, Jesusbruderschaft Gnadenthal), und solche, die sich vor allem dem Bemühen um die Einheit der Kirche verpflichtet wissen (Taizé, Grandchamp, Imshausen). Die evangelischen Kommunitäten und geistlichen Gemeinschaften wissen sich den Ordensgemeinschaften anderer Kirchen sehr verbunden.

KAUEN ODER IM HERZEN BEWEGEN
Lebenswort-Gruppen sind eine Möglichkeit, den Glauben zu vertiefen und praktisch zu leben | Von Hermann Kotthaus

Wer einen Weg sucht heraus aus der oft beklagten Unverbindlichkeit und mangelnden Alltagstauglichkeit des Christseins, kann sich vom Stichwort »Lebenswort-Gruppe« anregen lassen, mit anderen zusammen konkrete Schritte in Richtung einer vertiefenden Gestaltung des Glaubens zu versuchen.

Der Name »Lebenswort-Gruppe«
»Ihr scheint als Lichter in der Welt dadurch, dass ihr haltet an dem Wort des Lebens.« (Paulus an die Philipper, 2,16) – »Lass uns leuchten des Lebens Wort.« (Martin Luther in einem Kirchenlied; EG 125,2) – So haben Christen aller Zeiten das Evangelium von Jesus Christus gekennzeichnet: als Wort, das durch dieses Leben zum ewigen Leben führt. Im Bereich der evangelischen Kirchen führten Begegnungen mit der »Bewegung der Foccolare« dazu, dass sich Lebenswort-Gruppen bildeten. »Foccolare« heißt »Herdgemeinschaft«. Dieser Name wurde zum Pro-

gramm der 1943 in Trient entstandenen Bewegung: Einheit um das Feuer der Liebe Gottes. Weil die Menschen damals das Wort der Bibel auch
im täglichen Leben merkbar bei sich haben wollten, war für sie von Anfang an eine Übung charakteristisch: Sie wählten in ihren kleinen Gruppen für einen bestimmten Zeitraum ein biblisches Wort, um es mit besonderer Aufmerksamkeit zu leben. Prof. Manfred Seitz berichtet über
die Anfänge dieser Bewegung unter Studenten verschiedener Fachrich-
tungen in Erlangen in den Siebzigerjahren: »Darüber erfuhren sie die
Tiefe eines solchen Wortes, die menschliche Ferne davon und das Ein-
dringen des Heiligen Geistes in diese Ferne.«

Eine Art evangelischer Lebensordnung

Die Lebenswort-Gruppe setzt sich zusammen aus Menschen, die sich
gegenseitig bei der Verwirklichung des Glaubens helfen. Dafür sind folgende Vereinbarungen sinnvoll:

- Die Gruppe trifft sich regelmäßig (vierzehntägig/vierwöchentlich)
  für eine begrenzte Zeit.
- Die Gruppe trifft Vereinbarungen als Stütze in der eigenen Schwäche
  und als Hilfe zur konkreten Übung der Verbindlichkeit: Wer nicht
  kommen kann, meldet sich ab.
- Die Mitglieder der Gruppe halten Fürbitte füreinander. Besonders
  wichtig ist das gemeinsame Lesen eines Abschnitts aus der Bibel. Jemand leitet ein Gespräch darüber ein. Alle suchen einen Satz heraus
  als »Lebenswort«, mit dem die Gruppenmitglieder von dem Treffen an
  meditativ im Alltag umgehen: d.h. den Satz in der Wohnung, in der
  Tasche, im Notizbuch o.ä. sichtbar bei sich haben, sodass man jederzeit diesen Satz »kauen« und im Herzen bewegen kann. Dieses Wort
  begleitet die Gruppenmitglieder im Leben der Alltage zwischen den
  Treffen.
- Dazu hilft dem/der Einzelnen: das Wort zu Beginn des Tages oder zu
  Beginn der eigenen Andacht o.ä. dreimal mit großer Aufmerksamkeit
  halblaut lesen; es auf die eigene Tagesplanung und Situation meditierend anwenden; aus Wort und Situation ein Gebet entstehen lassen. Man kann sich zur eigenen Erinnerung feste Zeiten nehmen, z.B.
  mittags und abends (dann vor allem unter den Stichworten Rückblick,
  Dank, Belastung), und das Wort wiederholen.

Beim nächsten Gruppentreffen können alle berichten, was sie konkret in ihrer Lebenssituation mit dem Wort erlebt haben. Auch Niederlagen, Vergesslichkeit usw. haben Platz in diesem Gespräch. Es darf nicht zu einer frommen Leistungs- oder Erfahrungsschau werden. Im Gespräch wird nicht kontrolliert, sondern gemeinsam geübt. Die Vereinbarungen sind ein Raum, den die Gruppenmitglieder mit ihren Möglichkeiten gestalten können.

Manche Lebenswort-Gruppen nehmen in ihre Vereinbarungen auf, dass sie sich nach einem bestimmten Zeitraum (z.B. nach drei Monaten) freigeben, Bilanz ziehen und entweder weitermachen oder sich auflösen oder mit einer anderen Besetzung neue Schritte versuchen. Die Überprüfung der getroffenen Vereinbarungen sollte nach einem ähnlichen Zeitraum erfolgen.

Zur Praxis

Das Ganze ist eine freiwillige Bereitschaftserklärung, für eine begrenzte Zeit etwas für den eigenen Glauben zu tun. Die Verbindung der Übenden sorgt von innen heraus für eine der Gruppe angemessene Form und wird in irgendeiner Weise auch in der Gemeinde und in der Welt sichtbar werden. Der Kreis der Übenden findet sich in der Regel nicht durch Abkündigungen von der Kanzel oder eine Einladung im Gemeindebrief. Persönliche Ansprache, direkte Einladung von Mensch zu Mensch ist die einzig wirksame Methode zur Gründung einer Gruppe.

Ich selbst habe mit einigen persönlich zusammengesuchten Menschen einige Jahre diese Form über einen relativ großen geografischen Raum hinweg gelebt (wir wohnten und arbeiteten in ganz verschiedenen Kontexten). Wir bereicherten einander, nahmen Anteil am persönlichen Ergehen, trugen Freud und Leid der anderen mit. Wir mochten diese Gruppe nicht missen. Als es an der Zeit war, haben wir uns freigegeben und die Gruppe aufgelöst. Jede/r macht auf eigene Weise auf dieser Spur weiter.

Menschen, die an Kursen im Haus der Stille in Rengsdorf/Westerwald teilnehmen und fragen, wie sie zu Hause das, was sie an einem Wochenende erlebt haben, weiter pflegen und gestalten können, empfehlen wir

HERMANN KOTTHAUS
Jahrgang 1951, seit 2008 Pfarrer im Kirchenkreis Köln-Rechtsrheinisch; vorher 20 Jahre Landespfarrer im Amt für Gemeindeentwicklung und missionarische Dienste, Wuppertal (Evangelisation, Grundkurse des Glaubens, Hauskreise, Beratung in missionarischer Gemeindeentwicklung, ›geistliches Leben‹), Gründungsmitglied vom Haus der Stille, Rengsdorf, und Vorsitzender des dortigen Beirates. Ausbildung in Spiritualität und Beratung, Geistlicher Begleiter. Verheiratet, drei erwachsene Kinder, eine Enkelin.

gerne diese durch keinerlei administrative Hindernisse begrenzte Weise, das Wort der Bibel als alltagstauglich zu erleben. Im 1. Petrusbrief heißt es: »Baut euch als lebendige Steine zum geistlichen Haus ...« (2,5) Das gilt für einzelne, für kleine Gruppen und ganze Gemeinden. Unsere Kirche leidet darunter, dass es in der Struktur der Großgemeinden kaum gelingt, die Mehrzahl der getauften Gemeindeglieder für ein lebendiges geistliches Leben zu interessieren. Von den kleinen Gemeindekreisen der Urchristenheit lassen wir uns inspirieren und binden Menschen an das Lebenswort und aneinander: im Glauben befestigen, zur Gemeinschaft der Heiligen zusammenfügen. So tat es auch Paulus. Er verband die Neugründungen von Hauskirchen in den Großstädten der Antike mit der Urgemeinde in Jerusalem. So entstand eine Zusammengehörigkeit der Gemeinde Jesu Christi.

Adressen

Haus der Stille
Melsbacher Hohl 5
56579 Rengsdorf
Tel.: 02634/921103
Fax: 02634/920517
E-Mail: anmeldung.hds@ekir.de
www.ekir.de/haus-der-stille

»Exerzitien/Leben ordnen – Glaube vertiefen«
Das Faltblatt gibt es bei der Arbeitsgemeinschaft
Deutscher Diözesan – Exerzitien – Sekretariate
Kaiserstr. 163
53113 Bonn

ABGESCHIRMT VOM ALLTAG
Einkehrarbeit ist ein Angebot, sich mit dem eigenen Leben zu beschäftigen und Ziele zu klären | Von Margot Karberg

Einkehrarbeit will Menschen ermöglichen, auf ihrem Weg innezuhalten und zu bedenken: »Wo komme ich her, wo stehe ich im Moment und will ich meinen Weg in Zukunft so fortsetzen oder andere Akzente setzen?« Sie kann Räume eröffnen, in die Menschen einkehren, sich zurückziehen können, um mit einer gewissen Distanz zum Alltag und Zeit für sich selbst diesen Fragen nachzugehen. Ziel der Einkehrarbeit ist also nicht die Erweiterung des Wissens, sondern die Ermöglichung der Auseinandersetzung mit der eigenen Lebenssituation.

Kurze Impulsreferate, Übungen der Körperwahrnehmung, kreatives Gestalten, meditative oder bibliodramatische Übungen, Anstöße durch die Auseinandersetzung mit biblischen Texten, der Austausch mit anderen, aber auch Zeiten des Schweigens können helfen, sich selbst als Person und das Beziehungsgeflecht, in dem jede/r lebt, anders in den Blick zu nehmen und den eigenen Weg aktiv zu gestalten.

Raum für Fragen, Zweifel und neue spirituelle Erfahrungen
Das eigene Leben wird mit Zuspruch und Anspruch der biblischen Botschaft konfrontiert und verknüpft. Dabei setzt Einkehrarbeit nicht voraus, dass alle Teilnehmenden im Glauben verwurzelt sind. Vielmehr will sie ermutigen, dass Menschen auch ihre Fragen und ihre Zweifel, ihre Sehnsucht nach spiritueller Erfahrung und ihre Enttäuschung von Gott, den sie unter Umständen als fern erleben, aussprechen können. Biblische Texte als Erlebnisberichte von Menschen, die ihren Weg zu und mit Gott gesucht und gefunden haben, können Anstöße für den eigenen spirituellen Weg und den eigenen Glauben oder auch den Umgang mit Nicht-glauben-Können geben. Manches, was in der Einkehrarbeit eingeübt wird, mag zum Impuls werden, der die Teilnehmenden ermutigt, auch im Alltag »Termine mit Gott« einzuplanen und zu gestalten (z. B. Körpergebete, Umgang mit Bibeltexten, meditative Übungen).

Einkehrangebote können nicht erzwingen, dass Menschen ihren spirituellen Weg finden oder neue Erfahrungen auf ihrem Weg machen, aber

MARGOT KARBERG

Jahrgang 1957, Landespfarrerin mit besonderem Auftrag im Haus der Stille, 1987 – 2001 Gemeindepfarrerin in Duisburg, 2001 – 2003 Mitlebende in der Kommunität Jesu Weg, seit 2003 im Haus der Stille tätig mit den Schwerpunkten Seelsorge und Einkehrarbeit.

sie schaffen Räume, in denen Menschen sensibler werden können für das Wirken des Geistes. Solche Räume sind Schutzräume: Sie schließen für eine Zeit den Alltag und seine Anforderungen aus, sodass Menschen zu sich selbst kommen und bei sich selbst bleiben können. Abgeschirmt von der Notwendigkeit, anstehende Aufgaben zu erfüllen, können Menschen dem nachspüren, was sie bewegt. Dabei mögen auch Gefühle und Gedanken bewusst werden, denen sich zu stellen nicht einfach ist. Der Wunsch, einmal zur Ruhe zu kommen, gelassener zu werden und aufzutanken, wird von Teilnehmenden immer wieder geäußert. Oft ist es so, dass die eigene innere Unruhe, Ängste und Traurigkeit deutlicher wahrgenommen werden als im Alltag. Im geschützten Raum darf auch geweint und geklagt werden. Solche vielleicht negativ bewerteten Gefühle wahrzunehmen und zu benennen sind notwendige Schritte.

Im geschützten Rahmen wird es den Teilnehmenden auch ermöglicht, sich auf andere als die vertrauten Arbeitsformen einzulassen und dabei überraschende Erfahrungen zu machen. Bei den Körperwahrnehmungsübungen zum Beispiel entdecken viele Muster, die auch sonst ihren Alltag bestimmen. Bei kreativen Arbeiten, die spontan ausgeführt werden, gestalten Menschen etwas und kommentieren hinterher überrascht: »Ich habe das nicht bewusst so gemacht, aber es ist genau das geworden, was mir einen wichtigen Hinweis gibt.«

Seelsorge ja, Therapie nein

Jedes Angebot zur inneren Einkehr muss auch ein qualifiziertes Seelsorgeangebot beinhalten. Die Teilnehmenden brauchen die Möglichkeit, Unterstützung zu suchen und zu finden, wenn sie an ihre Grenzen stoßen. Wer Einkehrarbeit macht, muss sich deshalb der eigenen Grenzen bewusst sein. Therapeutische Hilfe gehört in die Hände von Menschen, die entsprechend ausgebildet sind.

Sich aus dem Alltag und seinen Anforderungen zurückziehen, also Einkehren, und Arbeit – Ist Einkehr-Arbeit nicht ein Widerspruch in sich? Es ist wirklich Arbeit, sich mit sich selbst, mit seinem Beziehungsgeflecht und seiner Gottesbeziehung auseinanderzusetzen. Die Bilanz der meisten Teilnehmenden ist eindeutig: Es lohnt sich, dafür Zeit und Mühe zu investieren.

Die Kraft der Stille und des Schweigens

Die ›Stille Zeit‹ kann den Einstieg in ein geistliches Leben ebnen |
Von Nicol Kaminsky und Rüdiger Maschwitz

›Stille Zeit‹ bedeutet für mich (N.K.), sich – möglichst täglich – eine un-
gestörte Zeit zu organisieren, in der ein Bibeltext – möglichst fortlau-
fend – unter dieser Fragestellung betrachtet und bedacht wird. Das We-
sensmerkmal dieser Zeit ist die Stille: Wie wirkt dieser Text, dieses Wort
aus der Stille in mich hinein? Ein überschaubarer Bibeltext bzw. seine
Aussage wird so mit meinem Alltag in Beziehung gesetzt. Die differen-
zierte Fragestellung schützt mich davor, um meine Lieblingsthemen zu
kreisen: Es geht heute um genau diesen Text. Sie schützt mich davor,
etwas allgemein Gültiges zu erwarten: Es geht jetzt um mich und meine
Situation, ob oder wie der Text sie heute berührt. Morgen kann der gleiche Text auch für mich eine andere Bedeutung haben, weil ich morgen
ein/eine andere/r bin. Es geht um mich und meine Bereitschaft zu hören, was aus der Stille auf mich wirkt, und das dann auch umzusetzen.

›Stille Zeit‹ habe ich (R.M.) bereits in meiner Jugend kennengelernt. In
den Jungschar-Zeltfreizeiten gab es vor der Bibelarbeit eine ›Stille Zeit‹.
Ich erinnere mich: Ich saß an einem Berghang unter den Buchen, die
Sonne schien durch die Blätter und die Strahlen brachen sich. Der Erdbo-
den roch nach Wald, trocken und erdig. 50 Jungen saßen irgendwo ver-
streut, jeder hatte sich seinen Platz ausgesucht. Und es war still, absolut
still. Vielleicht war ein Rauschen der Blätter zu hören, ein Bach oder ein
Vogel. Und in dieser Stille las ich meinen Bibeltext für den Tag. Ich kann
mich nicht mehr an die Texte erinnern oder an die Erkenntnisse eines
jungen Menschen, aber die wohltuende Dimension der Stille hat mich
für mein Leben geprägt und es hat sich tief in mir verankert, dass der
Text aus der Stille heraus eine andere Tiefe entfaltet. So wurde ich mit
der ›Stillen Zeit‹ vertraut, einem feststehenden Begriff für eine geistlichen Übung. Ich verbinde damit die Leitfrage: Was hat dieser Bibeltext
mir heute zu sagen?

Nicol Kaminsky
*Jahrgang 1960, leitet als
Landespfarrerin seit
2004 das Haus der Stille
in Rengsdorf, das Ein-
kehr- und Meditations-
zentrum der Evange-
lischen Kirche im Rhein-
land. Ein Schwerpunkt
ihrer Arbeit ist Geistli-
che Begleitung. 1989 –
1996 lebte sie mit ihrem
Mann und zwei Töch-
tern in Botswana
(Afrika) und arbeitete
dort in einer Gemeinde,
danach war sie Ge-
meindepfarrerin in
Mönchengladbach
und unterrichtete an
verschiedenen Berufs-
schulen.*

Unser Fazit

Mir (N.K.) hat die ›Stille Zeit‹ nicht nur zu methodischem Bibellesen ver-
holfen, sondern auch dazu, meinen Glauben konkret werden zu lassen, in

Handlungen zu übersetzen, Werte zu prägen. Über die Jahre habe ich vor allem die Evangelien kennen- und schätzen gelernt. Ich konnte mithilfe der ›Stillen Zeit‹ die Bibel so für mich erobern und kann gleichzeitig auch andere Zugänge schätzen. Nicht immer waren die Ergebnisse meiner Lektüre für mich bequem, nicht immer waren mir die Texte verständlich oder zugänglich – und dennoch habe ich viel ›Erkenntnis‹ gewonnen.

Mir (R.M) hat sich durch die ›Stille Zeit‹ grundsätzlich die Kraft und Bedeutung der Stille und des Schweigens erschlossen. Ich habe so das Innehalten im Leben gelernt. Aus der Stille haben sich biblische Texte immer wieder anders entfaltet und ich erfuhr die Präsenz Gottes und meine Wahrnehmungsfähigkeit nahm zu.

Für uns beide gilt: Die ›Stille Zeit‹ hat uns geöffnet für unseren jetzigen spirituellen Weg und war uns ein einfacher und wertvoller Einstieg in ein geistliches Leben.

Literatur

Maschwitz, Gerda und Rüdiger: Kursbuch Beten – Anregungen für alle Lebenslagen, München 2009.

RÜDIGER MASCHWITZ
Jahrgang 1952, Pfarrer und Diplom-Pädagoge, Kontemplationslehrer (viacordis), Ehe- und Lebensberater (EZI), Ehemann und Vater. Maschwitz arbeitet im Haus für Gottesdienst und Kirchenmusik der Evangelischen Kirche im Rheinland in der Arbeitsstelle »Kirche mit Kindern«.

DURCHKAUEN UND NACHSCHMECKEN
Lectio divina – meditierendes Schriftgebet | Von Petra Reitz

»Öffne deinen Mund, und iss, was ich dir gebe. Und ich sah: Eine Hand war ausgestreckt zu mir; sie hielt eine Buchrolle [...] auf ihr waren Klagen, Seufzer und Weherufe geschrieben. Er sagte zur mir: Menschensohn, iss, was du vor dir hast. Iss diese Rolle! Dann geh, und rede zum Haus Israel! Ich öffnete meinen Mund, und er ließ mich die Rolle essen.« (Ez 2,8 – 3,3)

Der Prophet Ezechiel muss die Buchrolle für seinen Auftrag essen. Durch die »Einverleibung« des Textes kann das Wort in ihm und durch ihn wirkmächtig werden. In unserer Kultur vollzieht sich diese Inkorporation meistens durch Memorieren, also Aus-wendiglernen.[12] Doch dieses Auswendiglernen lässt die Dimension des In-wendigen außer Acht! Die

[12] *Vgl. Manfred Josuttis: »Die Einführung in das Leben. Pastoraltheologie zwischen Phänomenologie und Spiritualität«, Gütersloh 1996, S. 108f.*

›Lectio divina‹ ist eine meditierende Schriftbetrachtung, bei der versucht wird, einen Text auf inkorporierende Weise zu betrachten.

Eine kleine Erzählung aus dem Judentum mag erhellen, was gemeint ist: Ein fast dreißig Jahre alter Gelehrter sucht zum ersten Mal in seinem Leben einen Rebbe auf. Vom Meister gefragt, was er denn bisher getan habe, gab er zur Antwort: »Ich bin dreimal den ganzen Talmud durchgegangen.« »Gut – aber wie viel vom Talmud ist durch dich gegangen?«[13]

[13] Vgl. Karl-Adolf Bauer/ Manfred Josuttis: »Dass Du dem Kopf nicht das Herz abschlägst. Theologie als Erfahrung«, Düsseldorf 1996, S. 14.

Es genügt nicht, wenn ich biblische Texte nur durchgehe, sondern sie wollen durch mich hindurchgehen, weil sie nur so Veränderung bewirken können. Die Veränderung, die bewirkt wird, ist zunächst einmal eine auf der Ebene der Wahrnehmung, dann aber werde ich verändert. Diesen Grundüberlegungen versucht die Lectio divina zu entsprechen. Als Schriftbetrachtungsmethode geht sie vermutlich auf Origines († 254 n. Chr.) zurück, der die Bibel nicht in unserem heutigen Sinne historisch-kritisch las, sondern auf eine geistliche Weise, die in den Bildern der Bibel immer auch Bilder der Seele sah.

Nach mittelalterlicher Auffassung sollen die vier Schritte der ›lectio divina‹ zu einer ähnlichen Gottesbegegnung wie das Gebet führen. Wir würden heute von spiritueller Gotteserfahrung sprechen. Das Ziel der ›lectio divina‹ ist das Einswerden mit Gott, der mich in seinem Wort angesprochen hat.[14] Diese Einswerdung erfolgt im letzten Schritt, in der contemplatio, wobei schon Guigo II der Karthäuser darauf hingewiesen hat, dass alle drei vorhergehenden Schritte (lectio – meditatio – oratio) in der Verfügung des Menschen selbst stehen, allein die contemplatio ist Gottes Gnade anheimgestellt und damit nicht methodisierbar.[15]

[14] Vgl. Anselm Grün: »Gebet als Begegnung«, Münsterschwarzach 1990, S. 55.

1. lectio (= Lesung)
Der Text wird mehrmals laut für sich gelesen – und zwar sehr langsam! Ich lese die Schrift, bis mich ein Wort berührt und trifft; bei diesem »Wort« bleibe ich stehen. Ich lege die Bibel weg und lasse mein Herz von diesem Wort durchdringen und berühren. Was in dieser Stufe – auch nach mehrmaligem Lesen – nicht trifft, kann übergangen werden. Hier darf man sich sozusagen »die Rosinen rauspicken«.

[15] Martin Nicol: »Meditation bei Luther«, Göttingen 1991, S. 19; weshalb Luther in seiner Fassung der lectio auch die klassische Reihenfolge durch die tentatio (= Anfechtung) unterbricht: lectio – meditatio – tentatio.

Petra Reitz

Jahrgang 1961, Gemeindepfarrerin in Grevenbroich; 1981 – 1995 persönliche Begleitung durch P. Dr. Anselm Grün OSB; 1992 – 1994 Exerzitienleiter-Ausbildung bei den Jesuiten in Frankfurt a. M.; seit 1995 Schülerin im kontemplativen Gebet bei P. Johannes Kopp S.A.C., Bistum Essen; seit 2001 nebenamtlich Dozentin im Haus der Stille in Rengsdorf und seit 2006 in der »Qualifikation Geistliche Begleitung«.

2. meditatio (= mit dem Herzen nachsinnen)

›meditatio« heißt an dieser Stelle nicht nachdenken, sondern bedeutet hier: ›mit dem Herzen nachsinnen‹. Ich lasse ein »Wort«, das mich getroffen hat, in mein Herz fallen und versuche es zu schmecken und zu kosten. Ich versuche es im Herzen neu zu sprechen, indem ich mich frage: Wenn das stimmt, was da steht, wer bin ich dann? Wenn das zu mir gesagt ist, was da steht, wie fühle ich mich dann? Was ist das Geheimnis meines Lebens auf dem Hintergrund dieses Textes? Entdecke in Gottes Wort Gottes Herz und in Gottes Herz Dich selbst! In der ›meditatio‹ dringt Gottes Wort in mein Herz.

3. oratio (= Gebet)

In der ›oratio‹ halte ich mein Herz vor Gott in meinen Worten. Denn nun wird – auch über die »Rosinen« aus der ›lectio‹ hinaus – der ganze Text »durch-gebetet«. Jeden einzelnen Vers bringe ich mit allen Assoziationen und Affektionen, die mir kommen – einschließlich jeden abschweifenden Gedankens bzw. Gefühls oder störenden Gedankens bzw. Gefühls vor Gott und zwar laut im mündlichen Gebet (30 Minuten)! Im Gebet wende ich mich an Gott, damit er mir meine größte Sehnsucht erfüllt. Ich halte Gott mein (u. U. verwundetes) Herz hin, erzähle ihm alles, was mir ins Herz und in den Sinn gekommen ist, während ich sein Wort in mein Herz einlasse. Ich »verspreche«[16] Gottes Wort und meine Worte, die mir so einfallen; d.h. ich spreche sie ineinander, ich verschränke sie miteinander. Dieser Schritt ist schwer und in seiner – auch ermüdenden – Wirkung nicht zu unterschätzen! Es kann sein, dass das viele Ins-Wort-Bringen und Zur-Sprache-Bringen von selbst in ein tiefes Schweigen mündet, in dem nicht nur äußere Ruhe, sondern innere Stille erlebbar wird. Dann ist dieser Schritt von selbst in den nächsten übergegangen, in die ›contemplatio‹. Das kann sein – muss aber nicht!

4. contemplatio (= tiefinnere Betrachtung)

Die ›tiefinnere Betrachtung‹ kann ich nicht selbst machen; ich kann sie vorbereiten durch die ersten drei Schritte der ›lectio divina‹, aber der letzte Schritt ist außerhalb meiner Verfügbarkeit – er unterliegt der freien Gnade Gottes. Gemeint ist das reine Schweigen, ein Beten ohne Worte, Bilder, Gedanken und Gefühle, das reine Einswerden auf dem Grund der Seele mit Gott. Nachdem der Beter/die Beterin die ersten Schritte geübt

[16] *Für Theologen/-innen: im Sinne von Ernst Lange.*

hat, muss Gott selbst handeln. Er ist es, der den Lauf des Gebetes unterbricht und dem Beter/der Beterin entgegeneilt (vgl. das Gleichnis vom »Verlorenen Sohn« – Lk 15,11 – 32) und die ermüdete Seele wieder frisch macht und »den Hungernden mit Seinen Gütern (sättigt)« (Lk 1,53*).

Vor einem Üben ohne erfahrenen Begleiter/erfahrene Begleiterin – besonders den Schritt der ›oratio‹ – möchte ich an dieser Stelle warnen.

BETEN MIT DEN FÜSSEN
Pilgern ist eine alte Form des Gottesdienstes | Von Gottfried Heß

Seit Jahrhunderten übt das Pilgern eine große Faszination auf viele Menschen aus. Jüdische Menschen machten Wallfahrten nach Jerusalem (so auch Maria und Josef und der zwölfjährige Jesus, Luk 2,41 – 52), Christinnen und Christen pilgerten zu »Heiligen Orten« (z. B.: Rom, Santiago de Compostella). Da die katholische Kirche das Pilgern mit der Heiligen- und Reliquienverehrung und dem Sündenablass verband, lehnten Luther und andere Reformatoren die Wallfahrten als Schwindel und Aberglauben ab. In evangelischen Gebieten kam das Pilgern ganz zum Erliegen.
In den letzten Jahrzehnten entdeckten evangelische Christen das Pilgern als Wanderung verbunden mit geistlicher Besinnung neu. Nicht mehr das Pilgerziel, ein Wallfahrtsort, hatte besondere Bedeutung, sondern das Wandern unter Gottes Wort, Besinnung und Gebet im Gehen, das »Beten mit den Füßen«. Die Pilgerwanderung wurde als alte Form des Gottesdienstes wiederentdeckt.

Bei einer spirituellen Wanderung verschmelzen Atmen, Gehen, Achtsamkeit, Meditation und Gebet. Körper und Seele werden dabei ganz hineingenommen ins Gebet im Gehen, im Hören, Singen, Reden und Schweigen. Beim Wandern durch die Natur finden die Pilgernden Ruhe und Stille, Raum, um zu sich selbst zu kommen, sie werden offen für die Begegnung mit Gott und nehmen diese Erfahrungen mit in den (Glaubens-)Alltag.

Eine evangelische Pilgerwanderung steht unter einem Bibelwort, das unterwegs durch meditative Impulse auf den eigenen Lebens- und

Gottfried Hess
Jahrgang 1956, Gemein-depfarrer in Simmern und Holzbach/Huns-rück, Diplom-Sozial-Pädagoge, Diplom-Supervisor, Geistlicher Begleiter. Zunächst tätig als Theologe und Sozial-pädagoge in einem Arbeitslosenprojekt des Diakonischen Werks in Filderstadt, dann freibe-ruflich tätig als Supervi-sor, seit 1993 Gemeinde-pfarrer im Hunsrück. Erfahrungen in der Or-ganisation und Durch-führung von Pilgerta-gen und mehrtägigen Pilgerwanderungen.

Glaubensweg bezogen wird. Die Pilgernden feiern Gottesdienste und Andachten in Kirchen und Kapellen auf dem Weg, teilen Brot und Wein. Sie führen intensive Gespräche und werden einander zu »Geistlichen Begleiter/-innen«. Das Wandern im Gebet gewinnt in mehrtägigen oder mehrwöchigen Pilgerwanderungen eine hohe Intensität, gelingt aber auch an nur einem Pilgertag allein oder in der Gruppe. Auch ein medita-tiver Spaziergang (auch für Gehbehinderte) ist eine Möglichkeit, das »Gebet im Gehen« zu erleben.

Organisierte spirituelle Wanderungen werden in der evangelischen Kir-che immer häufiger angeboten, können aber auch als ausgedehnte »Stille Zeit« allein praktiziert werden. Ruhe, Besinnung und Gebet gelin-gen hier für viele leichter und die Begeisterung steigt von Mal zu Mal. Auch Kirchenferne finden einen neuen Zugang zum Glauben.

- Brich auf ... Sei unterwegs ... Sei aufmerksam ...
- Sammle auf dem Weg zum Ziel dich selbst ein.
- Brich jeden Tag neu auf und du wirst verwandelt ankommen

Literatur

Aufrichtige Erzählungen eines russischen Pilgers, 14. Auflage, Freiburg 2007.

Dittmar, Ulrike und Christian: Spirituelle Wanderungen. Stuttgart/Zü-rich 2003.

Loccumer Wegbegleiter. Texte und Lieder für Pilger, hrsg. von Horst Hirschler, Maike Selmeyer, Berlin 2007.

Müller, Peter: Die Seele laufen lassen. Pilgertage und spirituelle Wande-rungen, München 2005.

Vogel, Dirk: Dein Wort ist meines Fußes Leuchte. Ein geistlicher Pilger-begleiter, Weimar 2007.

www.ekir.de/simtra/simtra_49743

5 Sakraler Tanz und Thomasmesse – Spiritualität für Suchende

Nouvelle Eglise – Kirche für Unkirchliche

Das andere Programm

Kann man Glauben lernen?

Trauer im Netz

Ein Bild ist nie beleidigt

Dank, Klage, Lob und Bitte

NOUVELLE EGLISE – KIRCHE FÜR UNKIRCHLICHE

Citykirchen laden Menschen ein, die in der Innenstadt arbeiten, einkaufen und flanieren, aber nicht dort wohnen | Von Uwe Vetter

Als Charles Darwin im Jahre 1859 seine Beobachtungen über die Entstehung der Arten veröffentlichte, war die Kirche ihm böse. Darwin hatte nämlich ein bis dato unbestrittenes Dogma angetastet: dass alles, so wie es vorhanden ist, von Gott fertig geschaffen sei; nichts sei fortgefallen, nichts hinzugekommen. Darwin dagegen meinte, dass dem Leben eine Entwicklungsdynamik mitgegeben sei, dass Leben Wandlung und Bewegung bedeutet. Er sah, wie sich die Schöpfung in immer neuen Arten auf veränderte Lebensumstände einstellte. Die Schöpfung schreite fort, meinte Darwin. Nicht allein das Bleibende, auch Wandel und Erneuerung vergrößere den Ruhm des Herrn.

Heute, einhundertfünfzig Jahre später, muss man Charles Darwin nicht alles glauben. Aber fest steht, auch die Gestalt der Kirche ist im Wandel. Citykirchen sind im Kanon der Gemeindeformen eine evolutionsgeschichtlich junge Spezies. Aus der Not geboren, entstanden sie in den großen Städten Großbritanniens. Wunderschöne alte Kirchgebäude schmückten deren Citys, nur die Gemeinden waren weitgehend ausgestorben. Das Abwandern der Wohnbevölkerung ließ Innenstädte veröden. Der Anblick einsturzgefährdeter Gotteshäuser machte glauben, das Christentum sei am Ende und die Innenstädte von Gott und allen guten Geistern verlassen. Dann kam die Kirche zurück. Innenstadt-Parochien mochten keine Wohngemeinde mehr haben, doch ihre Kirchen standen nach wie vor an Orten, wo Menschen sich aufhielten, arbeiteten, einkauften, lernten oder ihre Kulturzeit verbrachten. Seit den Sechzigerjahren starteten diverse Versuche, Innenstadtkirchen in »Citykirchen« umzuwidmen. Man löste sie aus dem »parish« (kirchlicher Wohnbezirk) und machte sie zu Sammelpunkten von Passantengemeinden, die ihren Gottesdienst oft weitab vom Wohnsitz und Schlafplatz verrichteten, ohne den Wunsch nach Einbindung in Gruppen und Kreise.

Kirche für die Mittagspause, für Studierende und für Touristen

Während die Parochial-Kirche die Grundformen von Kirche flächendeckend sichert, treiben Citykirchen immer neue Blüten und Formen aus. In London floriert inmitten der Bankhochhäuser eine reine Mittags-pausen-Gottesdienst-Kirche. Unweit der Einkaufsmeilen sammelt eine andere Kirche schwerpunktmäßig Studierende und Berufsanfänger. Die nächste Citykirche betreibt in der Krypta ein riesiges Café für müde Touristen und finanziert so ihre diakonische Notstelle für zahllose gestrandete arme Seelen. Eine andere öffnete im Kirchgebäude ein Großraumbüro mit Einfachbüros – Schreibtisch, PC, Internet und Telefon – für mittellose Existenzgründer. Andere entwickelten maßgeschneiderte Glaubenskurse für Neustarterinnen und Neustarter in Sachen Christentum. Citykirchen sind nicht das neue System, das die Traditionsgemeinde ablöst, sondern vitale Spielart einer Kirche, die wieder in die Innenstadt einwandert.

Kirchenpavillons, »Simultankirchen« und Wintergartencafés

Zu Beginn der Neunzigerjahre des vergangenen Jahrhunderts hat der Westwind die ersten Citykirchenpollen auf den Kontinent geweht. Bald hatte Citykirchenarbeit überall im Land Wurzeln geschlagen. Einfach kopieren ließen sich die Projekte nicht, denn »jeder Jeck ist anders«, wie wir im Rheinland sagen. Jede Region hat ihre eigene Tradition, entsprechend verschieden sind die »Citykirchenmilieus«. Hier stehen Großkirchen in Fußgängerzonen, dort wurden Kirchenpavillons eigens an die wichtigen Marktplätze gebaut. Da gibt es »Simultankirchen«, wenn Ortsgemeinde und Stadtgemeinde sich in einem Hause ergänzen und arrangieren. Andernorts entwickelten sich Kulturkirchen, die sich als Begegnungsorte der Stadtszenegesellschaft öffnen. Es gibt zentrale Gemeindekirchen mit angebauten Wintergartencafés. Es gibt ökumenisch betriebene Standorte. Das »Netzwerk Citykirchen« gibt einen informativen Überblick.

www.citykirchen-projekte.de

Citykirchen ersetzen nicht die traditionellen Gemeinden

Im Laufe dieses Evolutionsprozesses erwies sich, dass Citykirchen auch bei uns die traditionelle Parochien (Flächengemeinden) nicht ersetzen. Sie stellen vielmehr eine neue Form missionarischer Initiativen dar. Citykirchen, wenn sie in Fahrt kommen, schaffen neue Kontaktflächen zur Stadtöffentlichkeit. Sie reklamieren gesellschaftliche Räume und mischen sich – geistlich – ins behäbig-atheistische Lebensgefühl der breiten Öffentlichkeit ein. Ortsgemeinden haben ihre Stärke in der Nahbereichsinfrastruktur. Sie sind Heimat für Familien mit Kindern, jüngere Jugendliche und ältere, nicht mehr mobile Menschen. Sie sind präsent in Nachbarschaftsnetzwerken, Grundschulen, Kindergarten und Vereinen. Citykirchen gehen eher »an die Straßen und Zäune« (Lk 4,23). Sie wenden sich an die Unverbindlichen, an die Passantinnen und Passanten, die Neugierigen, Inkompatiblen und spirituellen Wanderer, an Menschen, die noch im Büro sind, wenn Gemeinden in ihre Veranstaltungen einladen, und auf Reisen sind, wenn das Kirchenjahr hohe Feiertage ausruft. Sie wenden sich an À-la-carte-Christen und gestresste Existenzgründerinnen auf der Sinnsuche und an junge Menschen nach Abklingen der Nestfluchtaffekte.

Oase für Fußgänger oder Kathedrale für Konzerte

Citykirchen gibt es in derselben Artenvielfalt, wie es Zielgruppen gibt. Ob als Fußgängerzonen-Oase mit Wiedereintrittsstelle, ob als Konzertkathedrale mit Wärmestube für Wohnungslose – in all ihren unterschiedlichen Formen sind Citykirchen Brücken in eine Stadtbevölkerung, die vom Parochial-System kaum erreicht und nicht eingebunden wird. An exponierten Orten rücken sie die Kirche ins Rampenlicht und bringen das Evangelium auf unkonventionelle Weise ins Bewusstsein und Gespräch. Ob sie gezielt Profilgemeinden binden oder Durchreisenden und Ratsuchenden nur in einem einzigen Gespräch begegnen, aufs Ganze gesehen handelt es sich bei Citykirchen um eine neue Spezies moderner Stadtmission.

Was passiert mit dem ganzen Geld?

Wer in einer Citykirche mitarbeitet, bekommt viel Besuch. Geschwister kommen aus den Gemeinden im Umkreis und wollen schauen, was sich tut und was aus den Finanzmitteln wird, die von der Gemeinschaft der Gemeinden oft unter großen Opfern in diese Initiativen gegeben werden. Sie wollen zu Recht wissen, ob es nur eine dekorative Spielerei ist oder ob wirklich Substanzielles Fuß fasst, das sich evaluieren lässt. Citykirchenteams besuchen einander, um Anregungen zu sammeln und aus Fehlern der anderen zu lernen. Und es kommen Gesandtschaften aus Kirchenkreisen, die sich mit dem Gedanken tragen, selbst Cityprojekte zu starten, und sich über Erfahrungen, Bedingungen und Formate informieren wollen.

DR. UWE VETTER
Jahrgang 1956, Pfarrer des Citykirchenprojekts in der Johanneskirche in Düsseldorf. Nach dem Gemeindepfarramt im Norden Wuppertals für sechs Jahre im Auftrag der EKD mit dem Auslandspfarramt in West-London betraut, wo er verschiedene Citykirchen der Church of England im Großraum der Metropole kennenlernte. Seit 2007 Leiter der »Abteilung Verkündigung« des Kirchenkreises Düsseldorf und zuständig für Kirchenentwicklung, moderne Stadtmission, Gottesdienstkultur und Kirchenmusik.

Woraus besteht Citykirchenarbeit, und was sind typische Cityformate?

1. Citykirchen gehören in die Stadt, ins Stadtzentrum, in die Nähe der Fußgängerzonen. Zwischen Einkaufsarkaden, Kinos, Theater und Museen treten sie an. Manchmal steht eine markante große alte Kirche am rechten Ort, die sich als Citykirche anbietet. Manchmal braucht es einen neu errichteten Standpunkt in Gestalt eines Kirchpavillons, um wirklich vor Ort zu sein.

2. Es braucht visionäre Sorgfalt und Weitsicht, um die Zielgruppe(n) zu identifizieren, an die Cityarbeit sich wenden will. In enger Absprache mit der Parochial-Gemeinde der Innenstadt wird definiert, welche neuen Menschen das Citykirchenprogramm ansprechen soll und welche Sozialform angestrebt wird. Manche Citykirchen achten streng darauf, das »Passagere« in ihrem Hause auszuhalten und Menschen ohne Bindungsabsichten treu zu bleiben. Andere arbeiten gezielt auf die Sammlung neuer Stadtgemeinden hin, in denen Menschen eine Kirche finden, die ihre mobile, eklektische (auswählende) Lebensweise aushält.

3. In manchen Innenstadtkirchen praktizieren Ortsgemeinde und Citykirche enges evangelisches Simultaneum zu beiderseitigem Nutzen. Andere Citykirchen wachsen aus den Keimtöpfen heraus und brauchen Freiheit, um neue Wege zu gehen, neue Formate zu entwickeln und Wagnisse einzugehen, eine Freiheit, die eine »ordentliche« Gemeinde überfordert.

4. Wer eine Citykirche aufsucht, darf nicht vor verschlossenen Türen stehen. Die Kirche muss unbedingt offen sein und das heißt zu allererst: Sie muss geöffnete Kirche sein. Ein ehrenamtliches Team begrüßt die Gäste an jedem Tag der Woche (möglichst ganztägig). Es bewirtet nach den Möglichkeiten des Ortes, gibt Auskünfte über das Gebäude, über Kirche am Ort, über evangelische Veranstaltungen, diakonische Einrichtungen und über die katholische Schwesterkirche der Stadt.

5. Die meisten Citykirchen starten mit einem Cafébetrieb und erweitern die Gottesdienststätte um ein Gästehaus, das zum Verweilen

einlädt und Kontaktflächen bietet, denn geistliche Erkenntnis, so wissen wir seit Adam und Eva, hat der Himmel in den Vorgang von Essen und Trinken gelegt. Wo das Gebäude über einen geeigneten Innenraum verfügt, dienen Kirchencafés als »Vorhof zum Tempel«. Ist die Kirche zu klein, sind Cafépavillons angebaut oder benachbarte Räume (Kirche und Café sollten in einem Blick zu erfassen sein!) angemietet oder genutzt. Der Cafébetrieb ist ein beliebtes Feld für ehrenamtliche Mitarbeit. Wächst das Gästeaufkommen über die Maßen, braucht es ein – gegebenenfalls aus den Einnahmen finanziertes – System von professionellen Kräften.

6. Viele Kirchenkreise nutzen die Anziehungskraft ihrer Citykirche und haben hier ihre zentrale Wiedereintrittsstelle eingerichtet. Eine kluge Kombination, denn Wiedereintrittsstellen sind sehr zeit- und personalintensiv. Es braucht eine geeignete, in der Regel ordinierte Person für das Aufnahmegespräch zu verlässlichen Zeiten. Und es braucht – wenn irgend möglich – die Rückendeckung durch Helferinnen und Helfer, die Eintrittswillige freundlich empfangen und gegebenenfalls an die diensttuende Pastorin oder den Pastor vermitteln. Kirchencafés sind das ideale »Wartezimmer«.

7. Citykirchen gelten als Orte, »wo was los ist«. Das ist gut, solange Menschen es hier unmissverständlich mit evangelischer Kirche zu tun bekommen. Die vornehmste Form, dies zu erleben, ist der Gottesdienst. Citykirchen-Gottesdienste können die klassischen Formen beibehalten, müssen sich aber ihrer besonderen Gemeinde aus »Normalos«, Atheisten, Neugierigen und spirituellen Wanderern widmen und mit diesen beten, musizieren und ihnen predigen. Die Sprache der Stadt und die Sprache des Heiligen müssen hier neu miteinander versprochen werden. An verschiedenen Citykirchen sind eigene Gottesdienstformate entstanden. Manche sind getragen von eigenen Musikensembles. Manche experimentieren erfolgreich mit Klassik und hochrangiger Chormusik. Freitagabend-nach-Büroschluss-Gottesdienste und Sonntagabend-zum-Wochenbeginn-Gottesdienste sind beliebte Zeitfenster für Menschen, die es als Menschenrechtsverletzung betrachten, sich sonntags um zehn in einer Kirche einfinden zu sollen.

8. Cityarbeit unter gemeindefernen Menschen entwickelt ihre eigenen Glaubenskurse. Nicht der wöchentliche Bibelkreis, nicht die Gemeindegruppe, sondern das Projekt und die begrenzte Veranstaltungsreihe sind ihre Arbeitsform. Cityglaubenskurse locken ein sehr schillerndes Publikum an. Christentum begibt sich hier auf den offenen Markt der »patchwork-Religionen«. Im Cityglaubenskurs wird hinterfragt, bezweifelt, konfrontiert und verglichen und verhandelt. Es braucht seine Zeit, bis die geeignete Passform entsteht, den christlichen Glauben elementar, alltagsrelevant und unter Verzicht auf alles Selbstverständliche vor Menschen ohne jede kirchliche Sozialisation zu vertreten: Take-a-walk-on-the-wild-side!

9. Wo Citykirchen als große Innovationsprojekte gefahren werden können, eröffnet sich die Chance der Präsenzseelsorge. Pfarrer und Pfarrerinnen, von Gremienarbeit befreit, verlegen ihren Arbeitsplatz ins Kirchgebäude. Dort sind sie täglich zu verlässlichen Zeiten erreichbar, ansprechbar für alle, die ein seelsorgliches Gespräch suchen, sich aber scheuen würden, nach Telefonnummern zu forschen oder Termine zu machen. Citykirchen mit Pfortendienst wie die Klöster sind ein nachgefragtes Novum in der städtischen Gemeindelandschaft.

10. Innenstädte sind Adressen der teureren Geschäfte und besseren Restaurants, aber zugleich sind sie Treffpunkt der Bettlerinnen und Bettler, der Wohnungslosen und der Drogenkranken. Dies macht Citykirchen auch zu diakonischen Brennpunkten. Hier finden ausgekühlte Tippelbrüder und Trebegängerinnen eine heiße Tasse Tee und an manchen Tagen eine warme Mahlzeit für eine symbolische Münze. Hier bekommen Ratsuchende eine praktische Auskunft, welche Einrichtung in der Nähe ihnen qualifiziert weiterhelfen kann. Hier finden Menschen Gehör, die seit Wochen mit niemandem mehr ein Wort gewechselt haben. Geschulte Ehrenamtliche sorgen dafür, dass Kirche ein freundliches Gesicht und ein offenes Ohr hat.

11. Beherbergt die Stadt eine florierende Kunst- und Kulturszene, biedern Citykirchen sich nicht einfach als exotische Ausstellungsflächen an. Stattdessen öffnen sie Räume zur Begegnung von Kunst und Kirche. In Zusammenarbeit mit Schauspielhäusern, Museen und bildenden

Kunstschaffenden entstehen Ausstellungen, Aktionen, Themengottesdienste und Experimentierflächen, die die geistliche Botschaft in eine Kommunikation versetzen, aus der Neues entsteht.

12. Große alte Kirchen besitzen meist einen Schatz in Gestalt gewaltiger Orgeln, das Grundkapital für hohe geistliche Musik. Die außergewöhnliche Teilnehmerschaft in Citykirchen zieht oft Chöre, Orchester und Solisten an und macht Mut zu musikalischen Großversuchen. Citykirchen bieten Freiflächen für Musicals, Tanz/Pantomime, Gospelkirche und ökumenische Veranstaltungen, in der evangelische Kirche sich musikalisch präsentiert. Als Stadtkirche werden sie zu Austragungsorten für stadtweite Festivals und wachsen hinein in eine Förderliste der städtischen Kulturabteilungen.

13. Von nichts kommt nichts. Auch Citykirchen sind, wenn sie Erfolg haben und neue Menschen nachhaltig erreichen sollen, nicht nebenbei zu betreiben. Es braucht visionäre Leitung, es braucht hoch motivierte und fortbildungsbereite Mitarbeiterteams. Es braucht Neugier, Flexibilität, Wandelbarkeit und ein waches Ohr für die Sprache der Stadt, in die das Evangelium immer neu übersetzt werden muss, und den Rückhalt eines Kirchenkreises.

Nicht alles bleibt, schon gar nicht, wie es ist. Auch Citykirchen werden, wenn sie vital sind, sich wandeln und neu riskieren. Wenn die weltlichen Verhältnisse sich ändern, muss sich auch die Art der Verkündigung weiterentwickeln. Nicht die dicht bewohnteste und bestfinanzierte Ortskirche wird bleiben, sondern jene Gemeinden, die den Menschen, so wie sie halt sind, nachgehen. Wenn es in der evangelischen Kirche Schutzpatrone gäbe, der Schutzheilige der Citykirchen wäre sicher Philippus, der sich an die Straße nach Gaza stellte und sich den Menschen widmete, die dem Heiligen den Rücken gekehrt hatten (Apg 8,26–40).

Das andere Programm

Thomasmesse, Oase-Gottesdienst und Worship-Night – Gottesdienste für Neugierige | Von Gerold Vorländer

»Ich würde ja in die Kirche gehen, wenn es da nicht so langweilig wäre«, »... wenn ich merken würde, dass ich da ernst genommen werde«, »... wenn meine Alltagsfragen dort vorkämen«, »... wenn die Musik nicht so altmodisch wäre«, »... wenn die Gottesdienste nicht immer am frühen Sonntagmorgen wären«, »... wenn mir da nicht nur von vorne irgendwelche Richtigkeiten vorgetragen würden«, »... wenn alles ein bisschen lebendiger und menschlicher wäre«, »... wenn ich mich wegen meiner vielen Zweifel nicht zu schämen bräuchte.«

Das sind Stimmen von Menschen, die ein religiöses Interesse haben. Menschen, die sich über Grundfragen des Lebens Gedanken machen, aber oft enttäuscht sind über das, was sie »bei Kirchens« so erlebt haben. Das geht quer durch die Konfessionen und ist auch in den meisten anderen europäischen Ländern so. Wenn Menschen nicht nur aus Pflichtbewusstsein zur Kirche gehen, dann fragen sie danach, was sie im Gottesdienst erleben. Aber manches, was man da erleben kann, ist eher zum Abgewöhnen, als dass man gerne wiederkommt.

Gottesdienste mit großem Erlebniswert

Ich werde im Folgenden Gottesdienstformen für Suchende und Neugierige vorstellen, die auf den Geschmack bringen möchten und einen bewusst großen »Erlebniswert« haben. Es geht nicht nur darum, »Spaß-Gottesdienste« auf den Markt zu bringen, so wie in allen Städten »Fun-Bäder« und »Thermen« die alten Hallenbäder ablösten. Allerdings – mancher Gottesdienst, den man als Teilnehmende erleben oder erleiden muss, erinnert an die kläglichen Hallenbäder, in die ich früher zum Schulschwimmen gekarrt wurde. Dort war es erbärmlich kalt und stank nach Chlor. Ein zum Schwimmen nicht sonderlich talentiertes Kind wie ich hatte permanent das Gefühl, völlig fehl am Platze zu sein. So ist aus mir nie ein guter Schwimmer geworden. Mit unseren Kindern zusammen jedoch einen Nachmittag in einem Erlebnisbad mit seinen vielfältigen Möglichkeiten zu verbringen, das lasse ich mir gerne gefallen.

Wie viele Menschen haben mit Kirche solche Erfahrungen gemacht wie ich früher mit dem Schwimmen? Sicher nicht alle, aber doch genügend viele, dass man sich Gedanken machen muss. Wenn diese Menschen nicht eine neue Einstiegsmöglichkeit bekommen, halten sie an ihren Erfahrungen fest und meiden Gottesdienste. Nötig sind Gottesdienste, die lebendig sind und Tiefgang haben, wo man Zweifel anbringen und die Wirklichkeit Gottes ahnen kann, wo man lachen und tanzen und still werden kann, wo man beten, weinen und aufatmen kann, wo man Nähe findet und doch nicht vereinnahmt wird. So müssen Gottesdienste sein: menschenfreundlich.

GEROLD VORLÄNDER
Jahrgang 1960, ist Pfarrer in der Evangelischen Brückenschlag-Gemeinde Köln-Flittard/Stammheim. Er gehörte von 1997 – 2008 zum Ausschuss für Gottesdienst und Kirchenmusik der Evangelischen Kirche im Rheinland. Aus seiner Feder stammen viele deutsche Texte zu finnischen Thomasmessen-Liedern. Er hat die Kölner Thomasmesse mitgegründet und gestaltet in seiner Gemeinde mit einem großen Team Ehrenamtlicher monatlich Offene Abendgottesdienste und jährlich Worship-Nights. Vorländer ist verheiratet und Vater dreier Kinder.

Nicht Sonntagspflicht, sondern Sonntags-Chance

Auch wenn ich besondere Gottesformen für Suchende darstelle, ist die kritische Frage nach dem, was Menschen da eigentlich erleben, an alle Gottesdienste zu richten. Gottesdienst richtig verstanden heißt vor allem: »Gott dient uns«. Gottesdienst ist nicht eine »Sonntagspflicht«, bei der wir Gott dienen müssten, sondern unsere Sonntags-Chance: Er selbst will uns im Gottesdienst stärken, korrigieren, ermutigen, ermahnen, befreien und beflügeln. Und wir dürfen ihm antworten mit unserem Dank, Lobgesang und Bitt-Gebet.

Menschen, die neugierig auf Christsein sind, haben ein gutes Gespür dafür, ob eine abgenutzte Liturgie oder eine moderne Show durchgezogen wird – oder ob der Gottesdienst die »Schnittstelle« zwischen unserer Lebenswirklichkeit und der Wirklichkeit Gottes ist. Die hier vorgestellten Gottesdienstformen entsprechen einem häufigen Wunsch engagierter Christinnen und Christen: Sie brächten ihre Familie, ihre Freundinnen und Freunde gerne mit, spüren aber, dass die »normalen« Gottesdienste für Kirchenfremde nicht ansprechend sind, weil zu viele Kenntnisse vorausgesetzt werden oder ein atmosphärisches Problem besteht. Eine intensive Gottesdienstarbeit bietet zudem engagierten Christinnen und Christen eine Plattform, ihrem persönlichen Interesse aktiv nachzugehen und in der Praxis geistlich zu wachsen.

Die Thomasmesse – zwei Stunden mit vielen Elementen

Die sogenannte »Thomasmesse« ist eine Gottesdienstform, die in Finnland entstanden ist und inzwischen auch in vielen Städten in Deutschland regelmäßig gefeiert wird. Sie spricht vor allem religiös Suchende der mittleren Generation (30 bis 60 Jahre) an, die oft von Kirche enttäuscht sind und zu keiner Gemeinde Verbindung haben. Sie zweifeln und möchten doch gerne glauben und suchen nach eigenen spirituellen Erfahrungen. Es ist ein Gottesdienst für Thomas-Menschen, die nicht aus zweiter Hand glauben können oder wollen, sondern selbst dem Auferstandenen begegnen möchten, denen nicht vom Hörensagen, sondern durch Berührung die Augen aufgehen.

Lebendiger Traditionenmix

In der Thomasmesse sind verschiedene liturgische Traditionen miteinander verbunden: Predigt und Abendmahlsfeier stammen aus dem lutherischen Gottesdienst, die Lieder und Gesänge teils aus Taizé, teils aus dem Bereich der Gospelmusik; inzwischen gibt es auch etliche Eigenkompositionen. Aus der geistlichen Gemeindeerneuerung kommen das intensive Seelsorgeangebot und die Möglichkeit zur Segnung und Salbung. Die katholische Tradition hat das Gestalten und Nutzen von Seitenkapellen und -altären eingebracht. Selbst die altkirchlich-orthodoxe Lichtsymbolik mit vielen Kerzen usw. spielt in der Thomasmesse eine wichtige Rolle. Aus der ökumenischen Spiritualität kommt die große Beteiligung von Laien an der Gestaltung des Gottesdienstes.

Diese Elemente verbinden sich zu einem etwa zweistündigen Gottesdienst mit mehreren Spannungsbögen. Nach einem feierlichen Einzug der 20 bis 30 Mitwirkenden mit Kreuz, Kerze, Salböl und Bibel kommt ein kurzer musikalischer Block mit Liedern zum Einstimmen und Mitsingen. Der anschließende thematisch konzentrierte »Verkündigungsteil« kann unterschiedliche Gestaltungselemente haben, z. B. szenische Darstellung, Bildmeditation, Kurzansprache, persönliche Statements, Interview, Dialogpredigt.

Gebetskerzen, Klagemauer und Taizé-Gesänge

Es folgt ein Teil mit meditativen Angeboten – Herzstück und Markenzeichen der Thomasmesse: Während einer guten halben Stunde sind die Teilnehmenden eingeladen, unter den verschiedenen Möglichkeiten eine oder zwei auszusuchen, die ihnen zur Vertiefung und inneren Bereicherung guttun: Man kann Gebetskerzen in stiller Fürbitte anzünden. Gleich daneben steht eine Klagemauer, in deren Ritzen man Zettel mit persönlichen Gebeten stecken kann. Niemand – außer Gott – wird sie lesen. Deshalb werden diese Zettel gleich nach dem Gottesdienst in einer Schale verbrannt. Wer möchte, kann auch Gebete aufschreiben, die in die Fürbitten einbezogen werden. Vielleicht gibt es noch einen Raum der Stille und in einem Nebenraum meditative Tänze. Irgendwo in der Kirche finden sich Liebhaberinnen und Liebhaber von Taizé-Gesängen zusammen, die mit ihrem meditativen Gesang den Kirchenraum unaufdringlich füllen und »akustischen Schutz« für persönliche Seelsorgegespräche oder die »Salbungsgruppe« geben.

Bei der Segnung und Salbung können Menschen ein persönliches Anliegen äußern. Ein Mitarbeiter betet für dieses Anliegen und legt der betreffenden Person dabei die Hand auf die Schulter. Eine andere Mitarbeiterin zeichnet mit Salböl ein Kreuz in die Hand und auf die Stirn – es ist wie eine zarte Berührung Gottes, die man zu Hause noch wohltuend riechen und spüren kann. Vielen kommen dabei die Tränen – die Salbung ist eine intensive spirituelle Erfahrung, die im Alltag Spuren hinterlässt.

Mit Musik und Gesang werden alle wieder zusammengerufen. Die Fürbitten, die festliche Abenmahlsfeier, Sendung und Segnung bilden den Abschluss der Thomasmesse. Danach sind alle zu einem lockeren Beisammensein mit Getränken und ein paar Stücken Fladenbrot eingeladen. Ein Gottesdienst mit hohem geistlichen Erlebniswert, aber auch enorm viel Vorbereitung und großem Team. Ein Gottesdienst, dessen meditativer Gesamtcharakter und lange Spannungsbögen Jugendliche eher überfordern.

Thomasmessen werden zurzeit an folgenden Orten in der rheinischen Kirche angeboten: Mettmann, Velbert, Köln, Bonn, Daun, Emmelshausen.

Tipps zum Thema

Literatur

Haberer, Tilmann: Die Thomasmesse. Ein Gottesdienst für Ungläubige, Zweifler und andere gute Christen. Claudius-Verlag, München 2000.

CD und Liederbuch zur Thomasmesse:
Simojoki/Kaskinen/Vorländer, Geh den Weg nicht allein (Continental Sound, Rotterdam 1997, auch zu beziehen über den Verf.).

Thomasmessen-Netzwerk:
Gemeindekolleg der VELKD, Berlinstr. 4 – 6, 29223 Celle

www.thomasmesse.org

Offener Abendgottesdienst / GO Special / Oase-Gottesdienst

Mit kleinerem Team können sogenannte »Gottesdienste für Suchen-de« durchgeführt werden: »Offene Abendgottesdienste«, »Go Special«, »Oase-Gottesdienste« (häufig am Sonntagabend, also zum Start in die neue Woche). Hier steht das missionarische Anliegen im Vordergrund. Das heißt, es wird möglichst wenig vorausgesetzt an kirchlicher Soziali-sation, an theologischen oder liturgischen Kenntnissen. Zu diesen Got-tesdiensten werden bewusst Menschen eingeladen, die sagen: Kirche ist langweilig und hat mit dem Leben nichts zu tun. Ziel ist es, ihnen in einem lebendigen Gottesdienst die Erfahrung zu ermöglichen, dass christlicher Glaube höchst vital ist und dass die Botschaft der Bibel aus-gesprochen hilfreich ist für zentrale Lebensthemen.

Auch hier arbeiten »Laien« und »Profis« zusammen. Zu solchen offenen Gottesdiensten lassen sich Jugendliche eher einladen und daran beteili-gen. Denn hier ist das ganze Ambiente sehr viel lockerer, die Musik fet-ziger. Beim musikalischen Eingangsblock kann richtig die Post abgehen. Ein Kabarett- oder Theaterstück gehört zum thematischen Einstieg, bei dem Alltagserfahrungen der Gottesdienstbesucherinnen und -besucher nachdenklich aufgegriffen oder humoristisch karikiert werden. Es darf gelacht werden! Zwei »Moderatoren« führen durch den Gottesdienst und haben den roten Faden in der Hand. Der Pfarrer oder die Pfarrerin kommen – jedenfalls, wenn er oder sie die Gabe zu einladender Predigt hat – bei der Predigt zum Zuge, die kurz, aber aussagekräftig ist, an All-tagsthemen anknüpft und vom Glauben an Jesus Christus her Wegwei-sung zu geben versucht.

Im Kreuzverhör 60 Sekunden Zeit

Im Anschluss an die Predigt kann der Redner oder die Rednerin ins »Kreuzverhör« genommen werden, indem die Moderatoren schriftliche Fragen der Gottesdienstbesucher sammeln und sie dann dem Prediger, der Predigerin vorlegen. Für die möglichst präzisen Antworten stehen jeweils 60 Sekunden zur Verfügung. Für ausführlichere Fragen und Antworten ist nach dem Gottesdienst Zeit.

Meditationsphase

Oder es folgt auf die Predigt eine meditative Phase, wo anhand einiger Fragen oder einer Bildmeditation mit leiser Musik über persönliche Konsequenzen des Themas nachgedacht werden kann. Diese Phase kann auch als Einladung zu einer vertiefenden Zeichenhandlung gestaltet sein. In einem Gottesdienst zum Thema »gnadenloser Umgang« etwa wurden die Teilnehmenden ermutigt, von einem Tisch einen dicken Kieselstein zu nehmen – als Symbol für die Steine, die man schon abbekommen hat oder die man selbst schon gegen andere in die Hand genommen hat – und diesen Stein mit einem stillen Schuldbekenntnis oder Klagegebet unter dem Kreuz niederzulegen. Gerade solche meditativen Symbolhandlungen haben vielen geholfen, neue Schritte im Glauben zu wagen, einem Glauben, mit dem man nicht nur am Sonntag, sondern dann auch im Alltag gute Erfahrungen machen kann. Im Anschluss an solche Gottesdienste gibt es in der Regel etwas zu trinken und zu knabbern, manchmal auch einen richtigen Imbiss, um Gelegenheit zu schaffen, miteinander ins Gespräch zu kommen, Kontakte zu knüpfen, Beziehungen aufzubauen.

Gemeinden, die solche Gottesdienste feiern, lassen sich leicht unter den genannten Stichworten im Internet finden.

Literatur

Vorländer, Gerold: Gott feiern mit Leib und Seele, Wuppertal 2000. Theaterstücke/Sketche und Ähnliches findet man u.a. bei Willow Creek Deutschland (www.shop.willowcreek.de)

Worship-Night – ein christliches Rockkonzert

Hinter diesem Namen verbindet sich eine musikalische Gottesdienstform vor allem für junge Leute. Vorbild dafür ist die von Lothar Kosse 1996 in Köln ins Leben gerufene »Cologne Worship-Night«. Auf den ersten Blick wirkt eine Worship-Night eher wie ein christliches Rock- oder Popkonzert: Auf der Bühne (einer Konzerthalle oder Kirche) steht eine Band im Scheinwerferlicht. Bilder, Texte und manchmal auch Aufnahmen der Live-Kamera werden auf Großleinwand projiziert, es gibt keine Stühle, die Besucherinnen und Besucher stehen oder tanzen zur Musik.

Aber es geht nicht um die Show einer Band, sondern ums gemeinsame Singen. Die meist sehr eingängigen, rockigen und meditativen Lieder in Deutsch oder Englisch laden ein zur Anbetung des dreieinigen Gottes (worship = Anbetung). So gehen manche dieser Lieder fließend über in zum Teil frei gesprochene Gebete (von Bandmitgliedern oder anderen Mitwirkenden).

In vielen Liedern und Zwischentexten werden auch Alltagsprobleme ausgedrückt. Aber immer geht es darum, sich mit Leib und Seele Gott zuzuwenden, seine Nähe und Hilfe zu suchen und ihn zu preisen. In der Regel gibt es in der zweiten Hälfte eine kurze, zum Glauben einladende Predigt. Obwohl die Liedtexte oft eine sehr ausgeprägte Frömmigkeit widerspiegeln, lassen sich zu einer Worship-Night auch kirchenferne Menschen gut einladen, weil sie hier bei richtig guter Musik einfach miterleben können (ohne mitmachen zu müssen), wie lebendig und begeistert Christinnen und Christen ihren Glauben ausdrücken.

Im Internet findet man viele Adressen für Worship-Nights.

Kann man Glauben lernen?
Glaubenskurse als Chance, dass Menschen von der Liebe Gottes erfahren | Von Kerstin Offermann

Vielleicht gab es sie ja wirklich einmal, die Zeit, in der es der Normalfall war, dass Menschen von klein auf in den christlichen Glauben hineinwuchsen. Wir jedenfalls leben nicht in solch einer Zeit. Sicherlich gibt es noch die traditionellen Glaubensbiografien, die mit den von der Großmutter erzählten biblischen Geschichten beginnt, mit Gute-Nacht-Gebeten und Kindergottesdienst und die im Konfirmandenunterricht in eine eigene fundierte und ehrliche Antwort an Gott mündet. Doch solche Biografien bilden zusehends die Ausnahme, mehr und mehr Menschen wissen so gut wie gar nichts über die Inhalte des christlichen Glaubens und haben eine Kirche selten bis nie von innen gesehen.

Es geht um mehr als bloße Information
Wie kann es also gelingen, diesen Menschen die Botschaft von Gottes Liebe, die in Jesus Christus Mensch wurde, zu vermitteln? Sicherlich geht es dabei auch um Information: darum, zu verstehen, was Christinnen

und Christen eigentlich glauben. Aber um wirklich im eigenen Leben mit diesem Gott und seiner Liebe in Kontakt zu kommen und dabei auch mit der christlichen Gemeinde und anderen Christen und Christinnen, braucht es mehr als nur Information – bei den Begegnungen mit Gott geht es auch immer um Transformation. Gott selbst hat ein Interesse daran, dass Menschen ihr Leben als sinnvoll erleben, dass ihre inneren Wunden heilen und ihre Beziehungen gelingen, dass Menschen fähig werden, sich für andere und für diese Welt bewahrend und fördernd einzusetzen. Damit der christliche Glaube solche Auswirkungen im Leben von Menschen hat, reicht Information allein sicherlich nicht aus.

KERSTIN OFFERMANN
Jahrgang 1965, Pastorin der Evangelischen Kirche im Rheinland, beim Amt für Gemeindeentwicklung und missionarische Dienste (GMD) zuständig für Hauskreisarbeit und Glaubenskurse, Pfarrfrau in Edingen und Greifenstein, Hessen. Verheiratet, zwei Kinder.

Wie lernen Erwachsene? Eigentlich unterscheidet sich die Art und Weise, wie Kinder oder wie Erwachsene lernen, nicht grundlegend voneinander. Allerdings gibt es zwei große Unterschiede: Erwachsene lernen freiwillig – und sie sind gemeinhin erheblich kritischer als Kinder. Also werden sie nur dann bereit sein, etwas Neues zu lernen, wenn sie und ihre Lebenswelt, ihre Fragen und Erfahrungen ernst genommen werden. Sie werden nur in einer Atmosphäre lernen wollen, in der sie sich wohlfühlen, und nur dann, wenn sie der Inhalt des Lernstoffs interessiert und somit relevant für ihr Leben ist.

Alltag und Glauben gehören zusammen

Wir haben etwas überaus Relevantes für alle Menschen zu sagen und zu vermitteln. Leider haben viele Menschen Kirche aber oft als völlig abständig und irrelevant erlebt. Das hat sicherlich auch etwas mit den Formen zu tun, in denen sie der Botschaft von Jesus Christus oft begegnet sind: frontal vermittelt, ohne die Chance, nachzufragen, ohne den Bezug zu ihrem konkreten Leben. Also brauchen wir Formen, in denen Raum ist für Anfragen, in denen der Alltag vorkommt und Glauben und Leben zusammenkommen können.

Eine mögliche Form, in der das gelingen kann, sind Glaubenskurse. In ihnen finden sich beide Elemente: die inhaltliche Vermittlung christlicher Themen und das Gespräch in Kleingruppen. In diesen kann ein Raum des Vertrauens entstehen, in dem ehrlich gefragt wird, in dem meine Lebenserfahrung zur Sprache kommt und in dem Menschen einander helfen, die Relevanz von christlichen Inhalten für sich zu entdecken. In solchen geschützten Räumen können Menschen auch erste Gehversuche in der Ausübung ihres neu oder wieder neu entdeckten Glaubens machen. Sie können z. B. erleben, wie man betet oder die Bibel auf das Leben bezogen liest.

Die Vielfalt der Glaubenskurse ist groß, aber die meisten von ihnen vereinen beide Elemente: inhaltliche Angebote, gedankliche Herausforderungen, Information auf der einen Seite und Gespräch, Gemeinschaft, Lebensbezug auf der andern Seite. Beide ergänzen und befruchten sich gegenseitig. In solchen Gemeinschaften auf Zeit entstehen nicht selten Freundschaften. Solche Gemeinschaften auf Zeit ermöglichen es Menschen, Kirche auszuprobieren, mal reinzuschnuppern – und auch wieder wegzubleiben, wenn sie das möchten. Oder aber sie machen den ersten Schritt in die fremde Welt des Glaubens in einem geschützten Raum in Begleitung von Menschen, die als vertrauenswürdig erlebt werden.

Zeitlich begrenzte Angebote

Im volkskirchlichen Kontext haben sich dabei verschiedene Kurse bewährt. Bekannt und weitverbreitet sind z. B. die Kurse »Christ werden – Christ bleiben«, der »Emmaus-Kurs«, »Stufen des Lebens« oder auch der »Alpha«-Kurs. Diese – und andere – Kurse unterscheiden sich hinsichtlich der Gewichtung von »Input« und Gespräch, hinsichtlich der Methoden und Zielgruppen. Allen ist jedoch gemeinsam, dass sie als Glaubenskurse zeitlich begrenzte Angebote sind. Außerdem möchten sie alle Menschen erreichen, die nicht schon immer in innerlicher Nähe zur Gemeinde leben.

Um solche Menschen mit einem Glaubenskurs wirklich zu erreichen, ist eine sorgfältige Öffentlichkeitsarbeit wichtig. Glaubenskurse erfordern eine strategische Vorbereitung, am besten durch ein Team, das auch die gewünschte Zielgruppe schon mit einbezieht. Es hat sich aber auch gezeigt, dass es sinnvoll ist, das Angebot von Glaubenskursen regelmäßig zu machen, da man mit Mund-zu-Mund-Propaganda rechnen kann und so Menschen erreicht, die sonst nicht mit der Kirche in Kontakt sind.

Bereits im Vorfeld eines Kurses sollte überlegt werden, welche Angebote man Menschen machen möchte, die im Anschluss an den Glaubenskurs

Kontakt zur Gemeinde halten wollen. Bei solchen strategischen Überlegungen ist es hilfreich, die Beratung von jemandem einzuholen, der oder die bereits Erfahrungen mit Glaubenskursen hat. Informationen über Glaubenskurse finden sich natürlich im Internet, z. B. auf der Seite der Arbeitsgemeinschaft Missionarische Dienste. Von der EKD geht im Moment im Rahmen des Reformprozesses »Kirche im Aufbruch« eine Initia-tive zur Stärkung von Glaubenskurse aus, die zum Ziel hat, flächendeckend in den Gemeinden Glaubenskurse anbieten zu können, die »Missionarische BildungsInitiative«.

Adressen

Amt für Gemeindeaufbau und Missionarische Dienste (GMD)
Missionsstr. 9a
42285 Wuppertal
Tel.: 0202/2820-401
E-Mail: offermann.gmd@ekir.de
www.gmd.thzw.de

Arbeitsgemeinschaft Missionarische Dienste
www.a-m-d.de

TRAUER IM NETZ
Verschiedene Landeskirchen und das gep* betreiben gemeinsam
eine Seite im Internet | Von Maike Roeber

Der Tod gehört zum Leben. Das ist eine Tatsache, vor der Menschen sich nur allzu leicht verschließen. Der Tod und die ihn begleitende Trauer können schnell und unvermutet in das eigene Leben einbrechen. Allzu oft fehlen dann Worte – Worte, die es braucht, den bevorstehenden Tod zu besprechen, Worte, die helfen würden, Trauer auszudrücken, Worte, die anderen Trost zusprechen. Tod und Trauer gehören zum Leben dazu – und haben doch fast keinen Platz, keinen Raum, keinen Ort in unserem Alltag. Umso wichtiger sind die wenigen Orte und – in neuerer Zeit – Internetseiten, an und auf denen Tod und Trauer zur Sprache kommen dürfen.

*Gemeinschaftswerk
evangelischer Publizistik*

Ein solcher Ort, eine solche Seite ist trauernetz.de. 2002 von der Evangelischen Kirche im Rheinland (EKiR) begründet, will trauernetz.de vor allem eines: Menschen unaufdringlich begleiten. trauernetz.de richtet sich an alle Trostsuchenden, an alle, die sich mit dem Tod – ihrem eigenen oder dem anderer – auseinandersetzen wollen, an alle, die Sterbende und Trauernde begleiten wollen, und an alle, die Fragen zu den existenziellen Themen Leben und Tod haben. trauernetz.de versteht sich damit auch als Angebot für Pfarrerinnen und Pfarrer, Presbyterinnen und Presbyter und alle in kirchlichen Bezügen arbeitenden Menschen.

Information und Gebet

Denn obwohl Trauer und Tod zumeist Ausnahmezustände hervorrufen, die Zeit anhalten und Alltägliches scheinbar außer Kraft setzen, gibt es in diesen Zeiten auch ganz praktische Fragen zu klären. trauernetz.de will zum einen Informationsportal sein, hier finden sich praktische Hinweise und Ratschläge unterschiedlicher Art. trauernetz.de beschränkt sich aber nicht allein auf Information, vielmehr ist immer auch die Frage nach theologischen, verkündigenden Zusammenhängen im Blick. So mischen sich Information und Rat mit theologischer Reflexion und Elementen – wie zum Beispiel dem Gebet –, die die Trauernde, den Trauernden direkt ansprechen und in ihrer, seiner Trauer wahrnehmen wollen.

Trauer ausdrücken

trauernetz.de gibt den Gefühlen, Gedanken und Gebeten rund um Sterben, Tod und Trauer Raum. Gebete, Lyrik und Meditation – das ist eine wesentliche Seite von trauernetz.de. Zu verschiedenen Empfindungen (»Ich fühle mich – traurig, wütend, einsam, schuldig ...«) stehen Gebete neben Gedichten und Meditationen: »Ich fühle mich traurig. Trauer umgibt mich. Gerade noch war da eine Stimme, die mir sagt: Wir gehören zusammen. Gerade noch war da ein Blick, der mich einfängt. Gerade noch war da eine Hand, die sich mir entgegenstreckt. [...]«
Besonders schön: Die Meditationen mischen Bild, Musik und Bibeltexte in einer kleinen Animation. Musik ist ein wesentliches Element im Zusammenhang mit Tod und Trauern, nicht nur auf trauernetz.de. Eine umfassende Musikbibliothek verzeichnet Stücke aus Rock und Pop, Klassik und Kirchenmusik. Denn: »Musik vermag in anderer Weise zu beschreiben, was Trauernde empfinden«, heißt es im Trauernetz.

Neben Musikvorschlägen finden sich Buchbesprechungen, Gedichte und Filmtipps. trauernetz.de will Trauernde trösten und sprachfähig machen, dabei können all diese Medien helfen, Worte zu finden, Trauer und Ängste zu beschreiben, um sie verarbeiten zu können – das ist ein wichtiger Bestandteil und ein wesentliches Anliegen von trauernetz.de. »Die Trauer (mit-)teilen« ist eine Rubrik, unter der Menschen sich austauschen können, in der Menschen einander – wenn auch virtuell – begegnen können.

Neben dem Link zu »chatseelsorge.de« (dem Internet-Seelsorgeangebot der rheinischen und hannoverschen Landeskirche) finden sich Foren unterschiedlicher Gewichtung. Zum Beispiel eines »Für Teens und Kinder«, ein sogenannter »Begegnungsraum«, oder ein Forum zu Gebeten und Gedichten, geschrieben und eingetragen von den Besucherinnen und Besuchern von trauernetz.de. Im »Begegnungsraum« schreiben auch Pfarrerinnen und Pfarrer aus dem Herausgeberkreis von trauernetz.de und reagieren direkt auf die Einträge der zumeist Trostsuchenden.

MAIKE ROEBER
Jahrgang 1976, Pfarrerin z. A. in Düsseldorf, Internetbeauftragte der Evangelischen Kirche im Rheinland (EKiR) und Mitglied des Herausgeberkreises von »trauernetz.de«.

Sich auf das Sterben vorbereiten

»Mit dem Abschied leben« und »sich auf das Sterben vorbereiten« – trauernetz.de greift Themen auf, die in unserer Gesellschaft oftmals mit Tabus belegt oder mit großer Sprachlosigkeit verbunden sind. »Wohin geht der Sterbende am Ende des Lebens?«, lautet eine Frage auf der Internetseite. Kann man sich auf das eigene Sterben vorbereiten? Oder wie ist es mit den umstrittenen Themen Patientenverfügung, Sterbehilfe und Suizid – was sind die theologischen, aber auch rechtlichen Gedanken und Grundlagen für Entscheidungen, die wir treffen (müssen)?

Sich auf das Sterben – das eigene oder das nahestehender Menschen – vorzubereiten, kann unter anderem bedeuten, frühzeitig mit Angehörigen und/oder mit der Pfarrerin, dem Pfarrer zu sprechen. trauernetz.de gibt dazu praktische Hinweise, will Möglichkeiten eröffnen, dem Tod nicht allein und hilflos gegenüberzustehen, sondern ihn bzw. das Sterben, soweit möglich, mitzugestalten. Da Tod und Trauer oftmals brachial in den Alltag hereinbrechen, versucht trauernetz.de die Vorbereitung auf den Tod und die Auseinandersetzung damit zu ermöglichen und dazu zu ermutigen. Wer sich schon einmal grundsätzlich Gedanken gemacht hat, kann vielleicht auch mit einem plötzlichen Todesfall umgehen.

Lange unbesprochene Themen wie Vorsorgevollmacht, finanzielle Vorsorge und Patientenverfügung haben daher bei trauernetz.de ihren Ort. So stehen unter dem Link »Patientenverfügung« neben »Formularen zum Download« die »Christlichen Überlegungen zur Patientenverfügung«. Denn: »Christinnen und Christen wissen sich im Tod von der Liebe Gottes umfangen. Der Tod ist nicht das letzte Wort. Wann oder wie Christinnen und Christen sterben, überlassen sie Gott, der Herr über Leben und Tod ist. [...] Mit der Patientenverfügung drücken Christinnen und Christen aus, dass wir für unser Leiden und Sterben Mitverantwortung übernehmen. Wer eine Patientenverfügung verfasst oder eine vorgefertigte Patientenverfügung unterschreibt, erfüllt damit einen Dienst an sich selbst, aber auch an seinen Mitmenschen.«

Checkliste für den Todesfall

trauernetz.de folgt den klassischen kirchlichen Stichworten zu Tod und Bestattung. Der Link »Abschied nehmen« zeigt auf, was bei der Sterbebegleitung und darüber hinaus denkbar ist, was Angehörige und der/die Sterbende selbst für Möglichkeiten haben, so zum Beispiel das Sterben zu Hause, die Gestaltung des Abschieds im Krankenhaus, in Hospizen oder an anderen Orten.

Es findet sich – ganz praktisch – eine »Checkliste« für den Todesfall – »Was bei einem Todesfall zu bedenken ist« – neben einer Ausführung zu »Brauchtum und Symbolik«, die den kulturellen Hintergrund von Ritualen, Sitten und Gebräuchen bei Beerdigungen erklärt. Seebestattung, Feuerbestattung oder klassische Erdbestattung? Mögliche Bestattungsformen sind auf trauernetz.de beschrieben und stehen neben Vorschlägen zur Gestaltung von Gottesdiensten, Grabreden, Nachrufen und Traueranzeigen.

Kinder und Trauer

Vielleicht besonders schwierig und dennoch besonders wichtig: das Gespräch mit Kindern. Erwachsene finden Hilfe dafür beim Link »Mit Kindern reden«. Denn: »Kinder können den Trauerprozess aktiv gestalten. Kinder orientieren sich an ihrem Umfeld: Wie wird dort mit dem Tod gelebt? Sie lernen von den Erwachsenen, dass der Tod zwar etwas Schmerzhaftes ist, dass das Leben aber – platt, aber trotzdem wahr – weitergeht.

Wir alle wünschen uns Kinder, die in der Lage sind, Mitleid zu haben, mit anderen zu empfinden und den Wert und die Vergänglichkeit von menschlichem Leben schätzen zu lernen.« trauernetz.de bietet Erwachsenen Hilfe, die nicht wissen, wie sie mit ihren Kindern über das Sterben reden sollen.

Virtueller Raum und wirkliches Leben

Rat und Tat im www, im virtuellen Raum – das ist das eine. Auf trauernetz.de findet sich außerdem eine Suchfunktion, die dabei hilft, reale Hilfsangebote in der Nähe zu finden. Ob Gemeinde, Beratungsstelle oder Selbsthilfegruppe – nicht nur an dieser Stelle schlägt trauernetz.de die Brücke ins wirkliche Leben und weiß sich dort verankert.

trauernetz.de ist eine Kooperation der Evangelisch-Lutherischen Kirche in Bayern, der Evangelisch-Lutherischen Landeskirche Hannovers, der Evangelischen Kirche im Rheinland, der Vereinigten Evangelisch-Lutherischen Kirche Deutschlands und des Gemeinschaftswerkes Evangelischer Publizistik.

Literatur

Berger-Zell, Carmen/Prößdorf, Detlev: Ich will euch trösten – Wege durch die Trauer, Buch mit CD, Neukirchen-Vlyn 2009.

EIN BILD IST NIE BELEIDIGT
Spiritualität durch Kunst – Gemeinden öffnen ihre Kirchen für Bilder | Von Johannes Weth

Die Betroffenheit der Gemeinde lässt sich mit Händen greifen. Die Kirche ist leicht verdunkelt. Nur ein kleiner Strahler beleuchtet das sorgfältig aufgehängte Ölgemälde an der Rückwand des Altarraums. Der Pastor hält kurz inne und stellt dann die unausweichliche Frage: »Was möchte uns der Maler damit sagen?« Die Gemeinde räuspert sich. Einer der Presbyter schließt die Augen. »Der Maler buchstabiert mit seinem Bild auch unsere Fragen an den Glauben durch«, fährt der Pastor fort. Wenig später entdeckt er die alles bestimmende Diagonale im Bild und zuletzt sogar noch ein Grün, das für die Hoffnung steht. Die Gemeinde ist sichtlich erbaut, aber mehr noch erleichtert, dass ihr Pastor sich so wortgewandt aus der Affäre gezogen hat. Jetzt haben bestimmt auch die letzten Gegner des Bildes ihre Bedenken verloren.

Die Bilder kommen zurück. Mehrere Jahrhunderte lang war ihnen der Zugang zu den meisten evangelischen Kirchen versperrt. Jetzt machen wir die Türen wieder weit auf. Die theologischen Bedenken der Reformationszeit sind für uns heute nicht mehr relevant oder schlichtweg vergessen. Kein moderner Protestant/keine moderne Protestantin käme auf die Idee, Bilder anzubeten. Nein, wir hängen unsere Bilder aus rein ästhetischen Gründen auf.

Bilderstau statt Bildersturm

Die Bilder, deren Zeitgefühl von jeher ein anderes ist, haben den Schrecken des Wittenberger Bildersturms und die Feindseligkeit der Calvinisten wohl noch nicht vergessen. »Stürmt die Kirchen, bevor die Tür wieder zugemacht wird«, scheinen sie einander zuzurufen. Und schon kommen sie wie die Tiere zur Arche: Ganz vorne laufen die Hungertücher mit ihren satten Erdfarben, dann die theatralischen Holzschnitte über Hiob und die großen Propheten. Weiter hinten dann erste Christusdarstellungen, ab und zu sogar eine evangelische Maria. Chagall und Hundertwasser reißen die Türen noch weiter auf, sodass auch eine nackte Eva hineinpasst. Und schließlich macht auch die moderne künstlerische Avantgarde mit beim Kirchensturm. Immer mehr Bilder werden es, große und kleine, wunderschöne und richtig hässliche, religiöse und profane, gut gemalte und gut gemeinte. Die Kirchen füllen sich und manches ergreifende Bild muss bereits draußen warten, weil es drinnen zum Bilderstau gekommen ist.

Ich bin Maler. Ich freue mich über die Rückkehr der Bilder aus dem Museumsexil. Dennoch frage ich mich, ob unsere Gemeinden gute Gastgeberinnen sind. Lasst uns die Türen unserer Kirchen ruhig aufmachen! Bilder sind geduldige Gemeindeglieder, die keine Veranstaltung verpassen. Solche Schwestern und Brüder sollten uns immer willkommen sein. Aber behandeln wir sie auch wie unsere Geschwister? Dürfen die Bilder so zu uns kommen, wie sie sind? Mit ihren Stärken und ihren Grenzen?

Auch Bilder sind in ihrem Wesen schlecht getroffen, wenn sie auf eine einzige Funktion reduziert werden. Ein Bild kann nicht nur still und dekorativ an der Wand hängen; genau wie alle anderen Kirchenbesucher wird es an einem Sonntag laut mitsingen und am anderen unerträglich stören. Ein Bild kann auch nicht einer Gemeinde mal eben eine Aura kultureller Weite verleihen, wenn die Gemeinde selbst eine solche Weite gar nicht hat. Und ein Bild lässt sich auch nicht einfach zu didaktischen Zwecken gebrauchen, um da auszuhelfen, wo wir keine Sprache gefunden haben und jetzt das Bild zum Sprechen bringen wollen. Auf eine ganz andere Weise als die Kirche der Vorreformation fangen wir modernen Protestantinnen und Protestanten also wieder an, die Kunst anzubeten, indem wir sie zu einem neuen Heilmittel für unsere stummen Kirchen erkoren haben. Wir sollten nicht Bilder aufhängen, damit unsere Gemeinden wieder lebendiger werden, sondern wir sollten lebendige Gemeinden werden, in denen auch Bilder sich zu Hause fühlen können.

Perspektivwechsel: Ein Bild schaut sich um

Aber, was ist das denn eigentlich, so ein Gemälde? Wie muss ich fragen, wenn ich das Bild in meiner Gemeinde verstehen will? Wir schwenken den Blick noch einmal zurück in unsere Kirche, in der der Pastor soeben seine Rede über das neue Bild im Altarraum beendet hat. Wir setzen uns auf eine leere Bank und wechseln für einen Moment die Perspektive:

Das Bild an der Wand schaut sich gerade bedächtig im Raum um und hat uns vielleicht noch gar nicht bemerkt. Das Bild ist geduldig, sehr geduldig. Seit einigen Tagen hängt es nun hier. Aber das Bild zählt die Tage nicht. Es hat ja viel Zeit. Auch die anderen Kirchenbesucher nimmt das Bild meist nicht richtig wahr. Es erlebt die Zeit anders. In seiner Wahrnehmung flattern die Menschen wie sekundenschnelle Kolibris durch den Raum. Das Bild hat es nie eilig. Die meiste Zeit des Tages verbringt es unbeobachtet irgendwo an der Wand. Aber es langweilt sich nicht. Und auch die Einsamkeit stört es nicht. Es atmet nur. Es wartet nicht unruhig auf uns, und deshalb umarmt es uns auch nur selten, wenn wir es das erste Mal sehen. Wer einfach nur mal etwas sagen will über das Bild wie der Pastor eben, den versteht das Bild meist nicht sehr gut, weil er sich nicht die Zeit dazu nimmt, es dem Bild auch persönlich zu sagen. Aber das Bild ist nie beleidigt. Der Maler vielleicht, das Bild nie.

Johannes Weth
Jahrgang 1975, Pfarrer und freischaffender Künstler, arbeitet in genreübergreifenden theologisch-künstlerischen Projekten, verbunden mit neuen Formen diakonischen Gemeindeaufbaus. 2001 gründete er in Düsseldorf das »Sommerhotel Habicht«. Er ist Referent des Amts für Gemeindeentwicklung und missionarische Dienste (GMD) der EKiR und in der Leitung des Christ Camp e.V. aktiv. Lebt seit 2006 in Nordhessen, leitet dort die Werner Pfetzing Stiftung Himmelsfels und baut mit Geschwistern aus Gemeinden anderer Sprache und Herkunft an einem Stück Land (www.himmelsfels.de).

Eine Melodie kann begeistern, eine Stimme berühren. Das Bild schwelt. Ein Lied kann dich zum Träumen bringen. Das Bild wartet, bis du von ihm träumst. Bis du dir den Raum zu eigen machst, den es aufbaut. Das Bild wartet darauf, dass du es betrittst.

Durch ein Bild Gott anerkennen

Als unser Bild damals gemalt wurde, hat der Maler immer wieder versucht, es zu bestechen. Es zum Aufschreien zu bewegen. Es unüberhörbar singen oder betörend duften zu lassen. Wäre es nach dem Maler gegangen, dürfte heute niemand sein Bild ignorieren. Wie ein Prediger verwandte er seine ganze Kraft darauf, es um jeden Preis von Gott erzählen zu lassen. Menschen sollten durch sein Bild dem rettenden Gott begegnen können. Die ganze Welt sollte vor seinem Bild zum Stehen kommen und endlich Gott anerkennen.

Das Bild hat damals liebevoll gelächelt über den erregten Maler und einfach gewartet, bis er fertig war. Es hat sich gefreut über die vielen kleinen Farbkontraste, die mehr zufällig entstanden, wenn der Maler mit seinen Pinselstrichen die Welt bewegen wollte. Das Bild braucht die Leidenschaft des Malers, aber seine eigene Geduld ist ihm überlegen. Der Maler hat versucht, das Bild immer wieder zum Leuchten zu bewegen, das Farbpigment zu reinem Licht zu verwandeln. Das Bild hat das Öl genüsslich ausgetrocknet und der Farbe wieder seine geheimnisvolle Mattigkeit zurückgegeben. Das Bild hat sich nicht bestechen lassen.

Aber vielleicht beginnt eines Tages in diesem Kirchenraum etwas Neues. Ohne den Maler geht die Geschichte weiter: Plötzlich wacht das Bild auf. Irgendetwas im Raum hat es aufschrecken lassen. Es ist der hartnäckige Blick einer jungen Frau. Sie sitzt schon lange da. Sie ist fest entschlossen, das Bild zu erobern, den Raum des Bildes zu betreten. Das Bild erinnert sich. Die Frau war schon einmal da, im Gottesdienst, mit der großen Gruppe. Damals hatte sie nur flüchtig herübergeschaut, wie die anderen auch. Doch jetzt ist ihr Blick anders. Und das Bild ist hellwach. Es kann nicht mehr an sich halten vor Freude. Es sammelt seinen so lange verborgenen Glanz und durchbricht die eigene Mattigkeit. Die Frau nutzt den Raum, den das Bild ihr anbietet. Sie spürt, dass das Bild nur noch einen Wunsch hat. Sie möchte diese Sehnsucht mit dem Bild teilen. Sie teilen den Wunsch, der auch den Maler getrieben hatte. Den Wunsch, alles daranzusetzen, Gott die Ehre zu geben. Dem lebendigen Gott in dieser Welt einen Raum zu schaffen.

Kunst kann nicht eine bestimmte Spiritualität wecken

Kunst ist von jeher mit Spiritualität verbunden, wohl auch deswegen ist die Kunst immer noch die spirituelle Heimat vieler Menschen, die unsere Kirchen längst verlassen haben. Warum also nicht auch in der Kirche durch Kunst wieder einen Zugang finden zu Menschen, die Spiritualität und Sinn suchen, die ansprechbar sind auf die sinnlichen Dimensionen des Evangeliums. Aber Vorsicht: Spiritualität durch Kunst hervorrufen zu wollen in dem Sinne, dass die Kunst eine bestimmte Spiritualität wecken soll, das kann nach hinten losgehen. Viele Menschen lieben die Kunst genau aus dem Grund, dass sie sich ihrer Verzweckung entzieht. Denn wer die Kunst verzweckt, macht aus ihr ein Kunsthandwerk und nimmt ihr ihre bestimmte sinnliche und übersinnliche Dimension.

Wer mit Kunst Menschen erreichen will, kann nur seine Entdeckungen mit anderen teilen, er kann die Kunst nicht nutzen oder verzwecken, dann wird sie ihre Kraft verweigern. Häufig sind wir versucht, Kunst nur didaktisch einzusetzen, ein Bild zu einer Idee zu suchen, ein Kunstwerk zur eigenen Aussage zu präsentieren oder überhaupt in Kunstwerken immer nur das Gebrauchte zu finden. Dabei werden wir auch fündig und können die Kunst für unsere Zwecke einsetzen, aber wir verpassen letztlich die Kunst im Kunstwerk. Denn die Kunst entführt den Menschen in das, was er vorher nicht wusste, nicht gesehen hat, was ihm unbemerkt geblieben war. Und so kann Kunst auch Räume öffnen, in denen Menschen neue Erfahrungen der Spiritualität und der Gegenwart Gottes machen.

Einen Zugang zur Gegenwart Gottes finden

Wer Kunst einsetzen will, um Menschen Spiritualität zu ermöglichen, sollte sich ihr zuerst selbst aussetzen, ihr Zeit und Zuwendung zukommen lassen und sie dann mit anderen teilen. Wer Kunst einlädt in die Gemeinde, wird mit ihr eine Weite aufnehmen, die vieles sprengt, was vorher eindeutig war. Das scheint ein unsicheres Wagnis. Aber zugleich werden viele Menschen, die niemals durch Worte und Traditionen erreicht würden, in der Kunst einen Zugang zur Gegenwart Gottes finden.

Dank, Klage, Lob und Bitte

Beim Sakralen Tanz mit Leib und Seele in Bewegung kommen |
Von Karla Domning

Karla Domning

Jahrgang 1957, Diplom-Psychologin und Pasto-rin, Spirituelle Psycho-therapeutin und Medi-tationsanleiterin. Sie lebt in Windhagen/ Westerwald. Fünf Jahre tätig am Pädagogisch-Theologischen-Institut der EKiR. Seit mehr als zehn Jahren Mitarbeit im Haus der Stille der EKiR in Rengsdorf. Elf Jahre Pastorin in der Rhein-Klinik in Bad Honnef, einer Fachklinik für Psychosomatische Medizin und Psycho-therapie. Seit 2009 Diplom-Psychologin und Psychotherapeutin in der Klinik Lahnhöhe in Lahnstein.

Seit den Siebzigerjahren des 20. Jahrhunderts hat der Tanz als lebendige Ausdrucksform menschlichen Daseins und als Beziehungsgeschehen zwischen Gott und Mensch in den Gemeinden wieder Einzug gehalten. Es gibt nicht nur gemeindliche Gruppen zum Tanzen, sondern es werden auch einzelne Tänze im Gottesdienst und andere kirchliche Veranstaltungen übernommen. Auch auf Kirchentagen werden seit vielen Jahren Meditatives Tanzen und andere Formen des religiösen Tanzens angeboten. Eine inzwischen verbreitete Form ist der Meditative Tanz oder auch Sakrale Tanz. Oft werden diese Begriffe synonym verwendet, manchmal wird der Sakrale Tanz als Sonderform des Meditativen Tanzes verstanden. Der Schwerpunkt liegt dann auf der Ausdrucksgestaltung von sakraler Musik, Kirchenliedern, liturgischen Gesängen und geistlichen Kanons.

Entstehung der Meditation des Tanzes

Entwickelt wurde das Meditative Tanzen von dem Ballettmeister und Choreografen Bernhard Wosien[1] (1908 – 1986). Er brachte Tanzen und Meditation zusammen. Je älter er wurde, desto mehr wurde es ihm ein Anliegen, sowohl die spirituellen als auch die heilsamen Aspekte des Tanzens wahrzunehmen. Er und einige seiner Schülerinnen haben einfache, elementare Kreistänze entwickelt, die meditativ um eine gestaltete Mitte in Gruppen getanzt werden. Meditativ meint hier: in bewusster Aufmerksamkeit zu sich selbst und zur eigenen Mitte, zur Musik, zu den Schritten, den Gebärden und den Mittanzenden. Charakteristisch ist, dass die Meditativen Tänze in immer wiederkehrender Bewegungsfolge getanzt werden. Dadurch wird die »Meditation des Tanzes« ermöglicht. Tanz und Meditation verbinden sich zu einer Einheit, sodass die spirituelle Dimension des Tanzens erfahren werden kann.

Brigitta Biberstein, Dozentin für Sakraltanz in der Schweiz, drückt es so aus: »Im tanzenden Gebet ist der Mensch ganz da vor Gott, mit all seinen Sinnen und Gefühlen, mit seinen Gedanken, Hoffnungen, Freuden und Nöten. Zentriert im Augenblick und doch bewegt, kann er auf den gegebenen Tanzwegen sein Leben meditieren. Durch die Einheit von

Leib und Seele findet er eine Sprache für Dinge, die er sonst kaum mehr benennen kann. Im Kreis mit anderen fühlt sich der Mensch eingebettet und gehalten. Erfahrungen von Geborgenheit, Ganzheit, zeitweiligem Gleichklang und Harmonie stärken und lassen ein kleines Stück Himmel erahnen.«[2]

Anfänglich wurden viele meditative Tänze aus Folkloretänzen der Völker aller Erdteile entlehnt. Mit der Zeit wurden immer mehr neue Tänze geschaffen zu meditativer Gegenwartsmusik, zu klassischer Musik, sakraler Musik und liturgischen Gesängen aus verschiedenen Epochen. Es entwickelten sich verschiedene Schwerpunkte: Tänze des Universellen Friedens, Meditation des Tanzes, Biblischer Tanz, Tanz als Gebet, liturgischer Tanz, Kirchentanz ... Der Begriff »Sakraler Tanz« wurde besonders von Maria-Gabriele Wosien[3], der Tochter Bernhard Wosiens, geprägt. Sakraler Tanz ist für sie getanztes Gebet mit Gebärden in Bewegung, um Gefühle von Dank, Klage, Lob und Bitte auszudrücken. Darin wird Glaube zu einer ganzheitlichen Erfahrung von Körper, Geist und Seele in Gemeinschaft. Solche Erfahrungen können lösend und heilsam wirken. Anselm Grün drückt es so aus: »Die Gebärden helfen uns, Gott zu erfahren. An manche Erfahrungen kommen wir nur durch bestimmte Gebärden heran. Und ohne die Gebärden sind diese Erfahrungen nicht zu haben.«[4] – »Wir werden in den Gebetsgebärden eins mit uns selbst, eins mit unserer Seele und unserem Leib, aber auch eins mit Gott.«[5]

Biblische Bezüge
Im Alten Testament ist der Tanz als religiöse Ausdrucksform anerkannt. Mirjam tanzte den Reigen der Rettung aus der Knechtschaft (Ex 15,20 ff.), David tanzte zur Ehre der Bundeslade (2 Sam 6,12–23). Auch im Psalter wird das Tanzen als Ausdruck des Lobpreises im Angesicht Gottes erwähnt, und es wird dazu aufgefordert: »Seinen Namen sollen sie loben beim Reigentanz ...« (Ps 149,3; vgl. auch Ps 30,12; 150,4)

Kirchengeschichtliche Hintergründe
Die frühchristliche Kirche hat den Tanz als sakrales Phänomen und als liturgische Form bejaht. Selbst Bischöfe haben getanzt. Je nach der christlichen Verwurzelung wurden Tanzformen aus den ortsansässigen Kulturen übernommen. Die Johannesakten, eine apokryphe Schrift aus

[1] *Bernhard Wosien: »Der Weg des Tänzers. Selbsterfahrung durch Bewegung«, Bergdietikon 2009*

[2] *Brigitte Biberstein, in: Pfarrblatt der katholischen Kirche im Kanton Zürich, Nr. 10, 2005.*

[3] *Maria-Gabriele Wosien: »Sakraler Tanz. Der Reigen im Jahreskreis«, München 1996.*

[4] *Anselm Grün: »Gebetsgebärden«, Münsterschwarzacher Kleinschriften 46, 1988, S. 9.*

[5] *Ders., S. 18.*

dem 2. Jahrhundert, zeigen Jesus als himmlischen Tänzer, der flötet (vgl. Mt 11,17 oder Lk 7,32) oder mit der Seele tanzt. Das ist ein Bild, das die christlichen Mystikerinnen später gern verwendet haben in Zusammenhang mit geistlichen Tanzliedern (z. B. Theresa von Avila, 1515 – 1582). Der Kirchenvater Lukian von Antiochien (250 – 312) bemerkte, dass der Tanz schon bei der Schöpfung entstanden sei. Üblich waren bis in diese Zeit Prozessionen, Reigen und Pilgertänze.

Erst später, als sich eine eigene christliche Kultur in Abgrenzung zu den Mysterienkulten entwickelte, wurde der Tanz als heidnisch abgelehnt. Der Streit um die Zulässigkeit des Kirchentanzes zog sich von der Synode von Aquileja 381 bis zum Konzil von Konstantinopel im Jahr 680 über drei Jahrhunderte hinweg: Das Tanzen im Kirchenraum wurde verboten. Im christlichen Mittelalter tanzten Männer und Frauen bei Beerdigungen und zu christlichen Festen. In den großen Kathedralen wie z. B in Chartres entstanden Labyrinthe, auf denen getanzt wurde. Auch Ostertänze sind vielerorts belegt. Im Calvinismus wurde das Tanzen als sündhaft verdammt. Manchmal wirken solche Vorstellungen bis heute nach, wenn Gemeindeglieder meinen, dass man in der Kirche nicht tanzen dürfe.

Integrative Aspekte des sakralen Tanzes

Sakraler Tanz wirkt heute in vielerlei Richtung verbindend. Es werden nicht nur Kreis-Mitte und -Rand im Tanzen verbunden, sondern jede Tänzerin und jeder Tänzer kommt mit ihrer bzw. seiner eigenen Mitte in Berührung und mit dem Kreis der ganzen Tanzgruppe. Leib und Seele kommen in Bewegung, mal ruhig, mal beschwingt. Schlichtheit und Tiefe der elementaren Bewegungsfolgen und ihre symbolischen Qualitäten wecken innere Resonanz bei den Tanzenden. Sie verbinden sich mit existenziellen Lebensthemen wie Fortschritt und Rückschritt, Abschied und Neubeginn, Tod und Auferstehung, Himmel und Erde. Im gemeinsamen Tun verbindet der Sakrale Tanz verschiedene Menschen, Menschen mit unterschiedlichen Frömmigkeitsstrukturen und kirchenferne Menschen, die sich durch diese noch relativ neue Form spiritueller Erfahrungen angezogen fühlen. Deshalb ist Sakraler Tanz zutiefst ökumenisch.

Abschließend dazu ein Wort von Martin Buber: »Gott sagt nicht: ›Das ist ein Weg zu mir, das aber nicht‹, sondern er sagt: ›Alles, was du tust, kann ein Weg zu mir sein, wenn du es nur so tust, dass es dich zu mir führt.‹ «[6]

[6] *Bernhard Wosien, ebd.*

6 TÄGLICH ZEIT FÜR GOTT – SPIRITUALITÄT IN ARBEIT UND FREIZEIT

Gottes Geist am Krankenbett

»... die es hungert und dürstet nach Gerechtigkeit«

Geistlich im Minutentakt

Born to be wild

Kein Event, sondern jeden Tag

Da ist mehr drin

La Ola im Gottesdienst

GOTTES GEIST AM KRANKENBETT

Was Spiritualität im Krankenhaus bewirken kann – bei Patienten, Angehörigen und Mitarbeitenden | Von Heike Rodenbusch

Krank zu sein und im Bett zu liegen, das wünscht sich niemand von uns. Damit verbinden wir Schwäche und Hilflosigkeit, Angst und Schmerzen, Ohnmacht und Abhängigkeit. Noch hilfloser fühlt sich ein Kranker/ eine Kranke, wenn er/sie ins Krankenhaus kommt. Der Verlust der vertrauten häuslichen Umgebung erschwert seine/ihre Lage meist noch, weil er/sie sich auf eine fremde Umgebung und fremde Menschen einstellen muss. Seine/ihre Privatsphäre wird stark eingeschränkt und oft auf ein Minimum (das Bett und den Nachttisch) reduziert. Die Institution Krankenhaus hat ihren eigenen Tagesablauf und ihre Routine. Darauf muss er/sie sich erst einstellen und einlassen, was eine zusätzliche Aufgabe darstellt.

Im Krankenhaus stehen viele Menschen, sogenannte »Fachleute«, am Krankenbett, um gemeinsam für den Patienten/die Patientin da zu sein: Ärzte und Schwestern, Therapeutinnen und Seelsorger. Ihr gemeinsames Ziel ist, in interdisziplinärer Zusammenarbeit und Kommunikation den Patienten/die Patientin ganzheitlich zu begleiten, das heißt ihn/sie als ganzen Menschen (mit Körper, Geist und Seele) in all seinen/ihren Bezügen (zu sich selbst, zu anderen Menschen, zur Mitwelt und in seiner/ihrer Beziehung zu Gott) wahrzunehmen und dabei zu helfen, die Krise der Krankheit zu bewältigen. Denn eine Krankheit ist eine Krise, die die Betroffenen in ihrem bisherigen Lebenskontext erschüttert und sie aus ihren geregelten Bahnen wirft.

Angehörige können eine Stütze sein, sind aber mit betroffen

Auch die Angehörigen spielen eine wichtige Rolle in der Begleitung, soweit sie in der heutigen Zeit – die geprägt ist von zunehmender Vereinsamung und Isolation in einer immer größer werdenden Single-Gesellschaft und dem Verlust der tragenden (Groß-)Familienstruktur – noch vorhanden und fähig sind. Sie können für den Patienten/die Patientin eine Stütze in der Krise sein, obwohl sie selbst auch Mitbetroffene sind von der Krise der Krankheit und oft auch selbst Begleitung brauchen. Fallen Angehörige als vertraute und stützende Begleitende für den Patienten/die Patientin weg, erhöhen sich sowohl für diesen/diese als auch für die Mitarbeitenden des Krankenhauses die Aufgaben.

In aller Fachlichkeit und Professionalität sind ebenso die Mitarbeitenden von der Krise »Krankheit« mit betroffen, die ein Leben erschüttert und/oder bedroht hat. Darum ist es wichtig, achtsam die Ängste und Hoffnungen, die Hilflosigkeit und Ohnmacht bei sich selbst und den anderen wahr- und ernst zu nehmen und sich gegebenenfalls darüber auszutauschen, um sich gemeinsam mit den anderen im Team, den Angehörigen und dem Patienten/der Patientin auf den Weg zu machen, die Krise Krankheit zu bewältigen.

Angst, Wut, Trauer, Unverständnis – alles ist erlaubt

Was Spiritualität im Krankenhaus in dem Prozess des »Miteinander-auf-dem-Weg-seins« bedeuten kann, möchte ich an der Emmausgeschichte (Lk 24,13 – 35) deutlich machen:

Wie die Emmausjünger, deren Lebens- und Glaubensgeschichte erschüttert worden ist, ist auch der Patient/die Patientin mit ihren Begleitenden auf dem Weg, die Erschütterung und Krise in seinem/ihrem Leben zu bewältigen. Hier wie dort gilt es zunächst, Worte, Zeichen und Gesten zu finden, das Unverständliche, Unbegreifliche und Erschütternde auszudrücken. Alle Gefühle (Ohnmacht, Angst, Wut, Trauer, Klage, Unverständnis ...) dürfen sein, Fragen dürfen ausgesprochen und auf dem gemeinsamen Weg betrachtet werden. Und so, wie der Auferstandene sich als Wegbegleiter anschließt und anbietet, ein Stück des Weges mitzugehen, verstehe ich ebenfalls meine Aufgabe als Seelsorgerin: das Angebot zu machen, ein Stück des Weges mitzugehen, achtsam da zu sein und zu hören, hinzuhören, wahrzunehmen und feine Antennen zu entwickeln für die Worte und nonverbalen Äußerungen meines Gegenübers, um vielleicht mit ihm/ihr gemeinsam auf Spurensuche zu gehen nach dem, was vielleicht dahinter verborgen sein könnte an Fragen und Suchen nach Sinn, nach Halt, nach Hoffnung und Gemeinschaft im Leben und/oder Arbeiten. Manchmal kann dahinter auch die Frage nach Gottes Gegenwart in der Krise der Krankheit aufleuchten.

Wenn ich diese Suchbewegungen bei Patientinnen und Patienten, Angehörigen oder Mitarbeitenden wahrnehme, versuche ich, ganz achtsam darauf zu reagieren. Das kann sehr verschiedene Facetten haben: verbal oder nonverbal, in der Sprache der Symbole, im Gebet, in einem Ritual oder im Angebot eines biblischen Textes oder einer anderen Glaubens- oder Lebenserfahrung, oder aber im schweigenden Mitaushalten dessen, was ist.

Die Krankenhauskapelle als Oase

Spiritualität im Krankenhaus braucht neben dem vertraulichen, seelsorglichen oder geistlichen Gespräch auch geeignete Räume, die dem Suchen der Menschen auch äußerlich Raum geben. Zu solchen »heilsamen Räumen« gehört für mich unbedingt eine Krankenhauskapelle, die als Raum der Stille und »Oase im Krankenhaus« rund um die Uhr geöffnet und liebevoll und sorgsam gestaltet ist, sodass Patientinnen und Patienten, Angehörige und Mitarbeitende in ihr einen Raum finden können für das, was sie im Moment bewegt.

»Siehe da, die Hütte Gottes bei den Menschen! Und er wird bei ihnen wohnen ...« (Off 21,3f.) In unserer Kapelle liegt etwa ein Fürbittenbuch aus, in das Menschen ihre Ängste und Hoffnungen, Klagen und Sorgen, Dank und Freude aufschreiben können. Ein großer Brunnen lädt Patientinnen und Patienten, Angehörige und Mitarbeitende ein, auszuruhen und neue Kräfte zu schöpfen oder sich am Wasser zu freuen. Helle, freundlich gestaltete Stellwände in einer kleinen Sitzgruppe bieten Schutz und Wärme und laden ein zu Gemeinschaft und Gespräch.

Ein Abschiedsraum kann heilsam sein

Notwendig ist auch ein sorgsam gestalteter Abschiedsraum, in dem ein Verstorbener oder eine Verstorbene aufgebahrt werden kann, wenn Angehörige sich von ihm bzw. ihr im Krankenhaus verabschieden möchten. Trauernde Angehörige brauchen dafür genügend Raum und Zeit. Gottes Trost und seine Nähe können hier spürbar werden. Ein buntes Glasfenster, tröstliche Bilder und warme Raumfarben können z. B. dabei helfen. Für Angehörige und auch für Mitarbeitende ist ein solcher Raum wichtig, in dem die Toten in Frieden und Würde liegen dürfen, denn die meisten fürchten sich davor, einem Toten/einer Toten zu begegnen. Wie heilsam ein solcher Abschiedsraum sein kann, erlebe ich immer wieder, wie z. B. nach dem plötzlichen Tod einer noch jungen Mutter: Der Ehemann und die jugendlichen Töchter konnten hier in aller Ruhe ihren Abschied

HEIKE RODENBUSCH
Jahrgang 1961, Pfarrerin und Geistliche Begleiterin. Seit 1997 Krankenhauspfarrerin (Mitglied in der Krankenhausleitung von 1997 – 2001) in der Hunsrück Klinik kreuznacher diakonie in Simmern (seit 1995 konfessionelles Krankenhaus der Stiftung kreuznacher diakonie), Mitglied im Ethikkomitee der Klinik. Verheiratet, ein Sohn.

gestalten. Sie konnten ihre Klagen und ihren Schmerz, ihre Fassungs-
losigkeit und Erschütterung zum Ausdruck bringen, aber auch ihrer
Liebe Gestalt geben, indem sie die Mutter berührten, sie mit Blumen
schmückten … Erst durch die Berührungen und Rituale wurde der Tod
für sie ganz langsam (be-)greifbarer, kamen sie ganz allmählich wieder
in Kontakt mit sich selbst.

Menschen im Krankenhaus suchen immer wieder Nischen mitten im
Krankenhausbetrieb, um sich zurückzuziehen und sich innerlich zu sammeln. Besucherecken auf den Stationen können zu solchen Ruhepunk-
ten werden.

Im Krankenhaus erlebe ich als Seelsorgerin Menschen in der ganzen
Spanne zwischen Lebensanfang und -ende, von der Geburt bis zum Tod.
Im gesamten Lebensbogen kann es zu gravierenden Erschütterungen,
zu Brüchen und Umbrüchen im Leben kommen.

Abendmahl, Segnung und Salbung als geistliche Angebote

Hilfreich für Patientinnen und Patienten und Angehörige können neben
der seelsorglichen Begleitung auch geistliche Angebote sein, die sehr
vielfältig aussehen können:
Die Abendmahlsfeiern in den Patientenzimmern etwa geben Raum für
erfahrbare Gemeinschaft. Sie stellen eine Wegzehrung und Stärkung
mitten im Krankenhausbetrieb dar. Sie können Trost und Versöhnung
vermitteln, Dankbarkeit und Freude ausdrücken in der Zeit der Krise. Zusammen mit Angehörigen und anderen Mitpatientinnen und -pati-
enten können so immer wieder mitten im Krankenhausalltag »geistliche Gemeinschaften« entstehen.

Auch Segnungen und Salbungen werden als Stärkung auf dem Weg erfahren, als liebevolle, zärtliche und persönliche Berührung Gottes, als
Angesehen- und Angenommenwerden.

Besonders in den verschiedenen Abschiedsritualen erlebe ich oft, wie vielfältig sich Spiritualität ausdrücken kann. Ich denke z. B. an eine Frau, die
eine Fehlgeburt in der zwölften Schwangerschaftswoche erlitten hatte.
Liebevoll haben wir für sie ein »Mosekörbchen« gestaltet, das sie und ihr

Mann anschauen, im Arm halten und wiegen konnten, dem sie einen Namen geben und von dem sie sich mit der Zeit verabschieden konnten. Durch die Gestaltung dieses Abschiedsrituals bekam ihr Kind, das noch keine Gestalt hatte, eine Gestalt, wurde für seine Eltern langsam (be-) greifbar. Ihr Schmerz und ihre Hoffnung konnten Gestalt finden.

Viermal im Jahr feiern wir in unserer Kapelle Gedenkgottesdienste für verstorbene Patientinnen und Patienten, zu denen wir die Angehörigen und Mitarbeitenden einladen. Die Namen aller Verstorbenen werden verlesen und für jeden/jede eine Kerze angezündet, und es werden Rosen niedergelegt. Es ist sehr tröstlich für die Betroffenen zu erleben, dass ihre Verstorbenen noch einmal mit ihrem Namen genannt und als unverwechselbare Individuen vom Krankenhaus in einem Gottesdienst verabschiedet und der Gnade Gottes anvertraut werden.

Seelsorgliche Begleitung auch für die Mitarbeitenden im Krankenhaus

Aufmerksam möchte ich in diesem Zusammenhang auch die Suchbewegungen der Mitarbeitenden aufnehmen und genau hinhören, wenn sie etwa über Belastungen klagen, die ihnen kaum noch Möglichkeiten lassen, das umzusetzen, was ihrer Überzeugung entspricht, wenn extreme Erfahrungen sie erschüttert haben oder sie selbst einen eigenen Schutzraum brauchen. Ich denke dabei z. B. an zwei Hebammen, die zu mir kamen mit dem Wunsch, mit mir zusammen das Grab eines tot geborenen Kind zu besuchen, weil auch sie in Ruhe von ihm Abschied nehmen und über ihre Erlebnisse sprechen wollten.

In den vergangenen drei Jahren habe ich damit begonnen, besondere geistliche Angebote für Mitarbeitende zu machen, wie z. B. Einkehrtage und Einübung in Meditation. Gemeinsam mit anderen haupt- und ehrenamtlichen Mitarbeitenden können sie dabei Gemeinschaft erfahren, Sprache finden für das, was sie bewegt und ihren eigenen geistlichen Weg vertiefen. Um die spirituelle Kompetenz der Mitarbeitenden zu fördern, hat etwa die Stiftung kreuznacher diakonie ihren Mitarbeitenden ein Ritualbuch zur Begleitung von Sterbenden und ihren Angehörigen an die Hand gegeben, um darüber miteinander ins Gespräch zu kommen und Hilfestellung anzubieten auf dem gemeinsamen Weg der Begleitung von Menschen in Grenzsituationen.

Supervision und eigene Gebete stärken die Klinikseelsorgerin

In meiner Arbeit als Krankenhauspfarrerin bin ich ebenfalls Mitbetroffene von der Krise der Krankheit und allen Bedrohungen, die von ihr ausgehen. Dessen muss ich mir stets bewusst sein. Und es gilt für mich, in diesen Situationen authentisch zu sein. Ganz besonders in den schwierigen Momenten, in denen ich als Seelsorgerin dorthin gerufen werde, wo sonst keiner mehr da sein kann oder will. »Wie können Sie das aushalten?«, werde ich manchmal gefragt. Supervision und eigene geistliche Begleitung sind für mich dabei wertvolle Hilfen und eine persönliche Stärkung auf meinem Weg.

»Gott, steh mir bei! Sei mit mir! Beschütze mich!«, so oder ähnlich bete ich oft vor schweren Situationen. Es hilft mir und entlastet mich, wenn ich meine eigene Ohnmacht und Hilflosigkeit, meine eigene Sprachlosigkeit vor Gott aussprechen und um seinen Beistand bitten kann. Unsere Kapelle wird dann auch für mich zu einem heilsamen Ort, an dem ich mich wieder sammeln, ein Gebet sprechen oder eine Kerze anzünden und ihm die Menschen anvertrauen kann, die ich begleite. In solchen Momenten erlebe ich mich als eine im Kreis derer, die – mit allen anderen – auch darauf angewiesen ist und bleibt, dass Gottes Geist ihr hilfreich zur Seite steht. So wie der Apostel Paulus in Röm 8,22–26 schreibt: »... der Geist selbst vertritt uns mit unaussprechlichem Seufzen.« Das heißt für mich: Alle unser Gefühle und Empfindungen, unsere ganze Sehnsucht kennt er und bringt sie vor Gott zu Gehör, auch wenn unsere Worte und wir selbst versagen. Er kennt und teilt das Leiden und Klagen der gesamten Schöpfung. Der Geist Gottes, sein Beistand für uns, ist in seinem Wirken ein unverzichtbarer, solidarischer Verbündeter für uns alle in unserem Einsatz, die Krise der Krankheit zu bewältigen. Darum gilt es, den Geist Gottes als den »unsichtbaren Dritten« auf dem gemeinsamen Weg wahrzunehmen und immer wieder einzuladen.

Ich vertraue darauf, dass er längst schon da ist, wo wir noch nicht sind und viel weiter greift als all unsere Möglichkeiten und auch noch da bleibt, wenn wir nicht mehr da sein können. Und so stehen wir nie allein am Krankenbett. »Gottes Geist am Krankenbett« heißt darum auch dieser Artikel, und es gilt, mit ihm immer wieder in Berührung, in Kontakt zu kommen, ihn zu spüren und erfahrbar werden zu lassen für andere.

Mit diesem »Verlangen«, mit dieser »Sehnsucht« wenden sich deshalb manchmal Menschen an mich in meiner speziellen Funktion als »Geistliche« im Krankenhaus.

Und das andere, Unverzichtbare für mich ist das: In aller Professionalität und Kompetenz kommen wir nicht wirklich weiter, wenn wir es ohne die Liebe tun (vgl. dazu das Hohe Lied der Liebe in 1 Kor 13,1 – 13), denn sie ist eine Geistesgabe, die uns davor bewahren kann, uns als Maßstab für andere zu setzen. Sie weist uns achtsam an unser Gegenüber. Sie kann Patientinnen und Patienten, Angehörigen und Mitarbeitenden helfen, in aller Brüchigkeit des Lebens nicht zu resignieren, sondern darauf zu vertrauen, dass Gott unser Stückwerk vollenden will. Die Liebe, die von Gott kommt, ist das, was bleibt und nicht verloren geht – auch nicht durch Krankheit oder Tod.

»... DIE ES HUNGERT UND DÜRSTET NACH GERECHTIGKEIT«

Die Polizeiseelsorge macht spezielle spirituelle Angebote
für Polizistinnen und Polizisten | Von Claudia Kiehn

Die kirchliche Begleitung durch die Polizeiseelsorge unterstützt Polizistinnen und Polizisten im Dienstalltag und in Krisensituationen kritisch und solidarisch durch Besuche auf den Dienststellen, durch Seelsorge und Beratung. Darüber hinaus helfen Polizeipfarrerinnen und Polizeipfarrer in Aus- und Fortbildung durch den berufsethischen Unterricht schwierige berufliche Begegnungen zu reflektieren und stabile Werte zu entwickeln, die ein Gegengewicht zu den oft einseitigen und negativen Erfahrungen mit den Menschen bilden können. Besonders wichtig für das ganzheitliche Erleben dieser speziellen Berufsgruppe ist das Angebot spiritueller Veranstaltungen im Berufsalltag selbst und in besonderen geistlichen Seminaren außerhalb der Arbeitszeit.

Verdrängte Gefühle durch Spiritualität zurückgewinnen

Zum Berufsalltag von Polizeibeamtinnen und Polizeibeamten gehören Tod, Gewalt, Leid, Not und Elend – sie erleben eigene Hilflosigkeit und Ohnmacht. Um in den oft sehr krisenhaften Einsatzlagen, die schnelles und entschlossenes Handeln erfordern, handlungsfähig zu sein und zu bleiben, müssen Polizistinnen und Polizisten ihre Gefühle »professionell verdrängen«. Sie dürfen sich nicht von ihrer Angst oder Trauer, nicht von ihrem Ekel lähmen lassen, sie dürfen sich auch nicht von ihrer Wut zu unangemessenem Handeln verleiten lassen.

Das heißt, dass Menschen, die in der Polizei tätig sind, immer wieder auf ihr »Ganzsein« verzichten müssen, um den schweren Dienst in der Polizei zum Wohle unserer Gesellschaft leisten und das staatliche Gewaltmonopol für uns alle verwalten zu können. Hier ist das spirituelle Angebot der Polizeiseelsorge ein Gegengewicht, das die Menschen in der Polizei einlädt, wieder vor Gott »ganz zu werden«. Aus den extremen Belastungen im Polizeiberuf ergeben sich viele existenzielle Fragen nach dem Sinn des Lebens, nach Tod und Leid in dieser Welt, auch nach Schuld. In der Polizeiseelsorge bekommen sie Raum.

Die spirituellen Angebote müssen auf die existenziellen Erfahrungen, denen Polizeibeamtinnen und Polizeibeamte ausgesetzt sind, ausgerichtet sein: »Ein naiver Glaube von der ›heilen Welt‹ kann ihrer Berufserfahrung nicht standhalten. Die Sehnsucht nach Halt und Geborgenheit, nach Zugehörigkeit und Hoffnung teilen sie dennoch mit allen Christen. Darum ist es wichtig, spirituelle Angebote speziell für Polizisten anzubieten: denn unter Kollegen müssen sie die Spannung zwischen beruflicher Erfahrung und religiöser Sehnsucht weder erklären noch verstecken.«[1] Deshalb legen spirituelle Angebote der Polizeiseelsorge besonderen Wert darauf, über die Erfahrungen von Polizistinnen und Polizisten mit der unerlösten Welt hinauszuweisen und den Horizont zu eröffnen für die Glaubensgewissheit, dass Gott alle Tränen abwischen wird und der Tod nicht mehr sein wird, noch Leid noch Geschrei noch Schmerz (vgl. Offb 21,4).

[1] Claudia Kiehn: »Wer's braucht. Spirituelle Angebote in der Polizeiseelsorge«, in: »Handbuch Polizeiseelsorge«, Hrsg. Grützner u. a., Göttingen 2006, S. 233.

Gottesdienste und Andachten

Spezielle Gottesdienste für die Polizei finden in vielen verschiedenen Formen und zu verschiedenen Anlässen statt:

- Zu besonderen kirchlichen Feiertagen, z. B. als traditioneller »Weihnachtlicher Gottesdienst für die Polizei und andere interessierte Menschen«.

- Zu besonderen Anlässen: Gedenkgottesdienste für verstorbene oder getötete Polizeibeamte, Gottesdienste anlässlich von Vereidigungen und Diplomierung etc.
- Angebunden an eine Gemeinde als sogenannter »Gottesdienst für Polizei und Gemeinde«. Hier bringen sich Polizeibeamtinnen und Polizeibeamte mit ihren spezifischen Erfahrungen in den Gemeindegottesdienst ein.
- Gemeinsam mit Feuerwehr und den Rettungsdiensten, etwa Deutschem Rote Kreuz und Technischem Hilfswerk.
- Während mehrtägiger Großeinsätze, z. B. während des Polizeieinsatzes im Wendland zum Schutz des Castortransportes.
- In der polizeilichen Auslandsmission: Seit dem Jahr 2004 findet jährlich am Heiligen Abend ein ökumenischer Gottesdienst für die deutschsprachigen Polizeibeamtinnen und Polizeibeamten statt, die im Kosovo ihren Dienst versehen. Im jährlichen Wechsel wird dieser Gottesdienst von Vertreterinnen und Vertretern der evangelischen und der katholischen Polizeiseelsorge verantwortet.
- Als regelmäßiges wöchentliches Angebot für alle Bediensteten einer Polizeibehörde: In der Kreispolizeibehörde Düren etwa wissen die Polizeibeamtinnen und Polizeibeamten: »Mittwochs ist Kirchentag.« Das heißt, dass die Polizeipfarrer beider Konfessionen an diesem Tag in der Behörde präsent sind und den Tag mit dem Angebot einer Kurzandacht vor Dienstbeginn des Tagesdienstes (7.10 bis 7.25 Uhr) beginnen. In einem Raum der Fortbildungsstelle wird die Kurzandacht in einfacher liturgischer Form und mit meditativen Elementen gefeiert.
- Gestaltung von Taufen, Trauungen, Beerdigungen und Kircheneintritten für Polizeibeamtinnen und Polizeibeamte und ihre Angehörigen.

Claudia Kiehn
Jahrgang 1967, seit 2000 Landespfarrerin für Polizeiseelsorge der Evangelischen Kirche im Rheinland, 1997 – 2000 Pastorin im Sonderdienst für Polizeiseelsorge im Kirchenkreis Barmen für die Kreispolizeibehörde Wuppertal, Ehe- und Lebensberaterin (EKFuL).

Räume der Stille

Im Jahr 2005 wurde auf Initiative der Polizeiseelsorge der rheinischen Kirche und mit Unterstützung des Kölner Polizeipräsidenten Klaus Steffenhagen der bundesweit erste Raum der Stille in einem Polizeipräsidium eingerichtet. Vertreterinnen und Vertreter der evangelischen und katholischen Polizeiseelsorge pflegen den Raum. Dort werden regelmäßig Andachten und Gottesdienste gestaltet. Der Raum der Stille kann von allen Bediensteten der Kölner Polizei jederzeit zum Gebet, zur Meditation und für eine »Auszeit« genutzt werden. Manche schreiben etwas in das ausgelegte Fürbittenbuch. Sie finden dort im lärmenden und hektischen Berufsalltag einen Ort der Ruhe und Kontemplation. »Über seine unmittelbare Funktion als ›Oase der Ruhe‹ hinaus ist dieser Raum auch ein Zeichen dafür, dass in einer Behörde – neben der Notwendigkeit von Effizienz, Leistung, Aktion und kraftvollem Handeln – auch die menschliche Begrenztheit in Rechnung gestellt, gesehen und gewürdigt wird.«[2]

2 Claudia Kiehn: »Wer´s braucht. Spirituelle Angebote in der Polizeiseelsorge«, in: »Handbuch Polizeiseelsorge«, Hrsg.: Grützner u. a., Göttingen 2006, S. 236.

Viele weitere Polizeipräsidien befinden sich zurzeit – unterstützt von Polizeipfarrerinnen und Polizeipfarrern – in der Planungsphase, um einen Raum der Stille in der jeweiligen Polizeibehörde einzurichten, sodass in den kommenden Jahren mit weiteren kirchlichen Räumen an diesen staatlichen Orten zu rechnen ist.

Spirituelle Seminare im Haus der Stille

Die Nachfrage nach spirituellen Seminaren ist aus den Reihen der Polizei im vergangenen Jahrzehnt deutlich gestiegen. Zurzeit finden in der rheinischen Kirche im Haus der Stille in Rengsdorf mehrfach im Jahr fünftägige sogenannte Stille-Seminare für Polizeibeamtinnen und Polizeibeamte statt. In diesen Seminaren wird tatsächlich überwiegend geschwiegen, um aus dem Lärm des Alltags zur Ruhe zu kommen und die Begegnung mit religiösen Fragen, mit der eigenen Person und Gott zu ermöglichen.

Diese Seminare werden in der Mehrzahl von kirchenfernen oder -fremden Polizisten und wenigen Polizistinnen besucht. Die Gewissheit, mit Kolleginnen und Kollegen zusammen zu sein, die die Alltagswirklichkeit im Beruf kennen und denen nichts erklärt werden muss, ermutigt sie, sich den eigenen Fragen nach Gott zu stellen. Schweigend machen sie die überraschende Erfahrung großer emotionaler Verbundenheit mit ihren Kolleginnen und Kollegen und finden oftmals neue Zugänge zur spirituellen Praxis und zu ihrer Heimatgemeinde.

Für diejenigen, die das lange Schweigen bei den Stille-Seminaren abschreckt, wird ein dreitägiges Seminar »Aus-Zeit. Spirituelle Schnuppertage« im Kloster Kall angeboten. Dieses niederschwellige Angebot, mit religiösen Fragen in Kontakt zu kommen, erfreut sich noch größerer Beliebtheit. Auch in den Räumen der Fortbildungsstellen der einzelnen Polizeibehörden finden mehrtägige spirituelle Seminare statt. So zum Beispiel in Köln unter dem Titel »Bewältigung beruflicher Belastungen durch Glaubenserfahrungen«. Dabei hat die große Nähe zum beruflichen Umfeld sowohl Vor- als auch Nachteile: Das religiöse Angebot der Polizeiseelsorge wird einerseits stärker an den Berufsalltag der Polizei geknüpft, andererseits greift der Berufsalltag sehr stark in die Seminare hinein, wenn z. B. die Dienststelle in der Mittagspause anruft.

Segensworte

Zum Aufgabenfeld von Polizeipfarrerinnen und Polizeipfarrern gehören viele repräsentative Termine wie Geburtstags- oder Beförderungsfeiern, Grundsteinlegungen, Jubiläen, Behördenfeste, Weihnachtsfeiern etc. Dort bringen sie die spirituelle Dimension hinein, jedes Grußwort ist auch immer ein Segenswort.

Jedes spirituelle Angebot der Polizeiseelsorge bekennt vor den nach Gerechtigkeit hungernden und dürstenden (vgl. Mt 5,6) Polizeibeamtinnen und Polizeibeamten: »Wir aber warten eines neuen Himmels und einer neuen Erde nach Gottes Verheißung, in welchen Gerechtigkeit wohnt.«

GEISTLICH IM MINUTENTAKT
Möglichkeiten und Grenzen der Spiritualität im gemeindlichen Pflegealltag | Von Volker König

Als »die Gemeindeschwester mit ihrer Tracht durch die Straßen«[3] radelte, war die Welt in puncto Spiritualität und Pflege noch in Ordnung. Die Frau in der Tracht verkörperte geradezu die geistliche Mitte der helfenden Tat, sie war Kirche und Diakonie in Person. Die Geschwindigkeit des Dienstfahrzeugs (Fahrrad) war so, dass ein Stopp jederzeit möglich war – um eben mal guten Tag zu sagen und nach dem Ergehen zu fragen (»Alltagsseelsorge«).

Auf den Straßen der Städte und Gemeinden in Rheinland, Westfalen und Lippe ist heute eine ganze Armada kleiner Pflegedienst-Flitzer der 250 Diakoniestationen mit mehr als 2000 Pflegekräften unterwegs, unübersehbar mit dem Kronenkreuz der Diakonie »gebrandet«, wie man neudeutsch sagt. Dies scheint aber wenig geistliche Identifikationsfläche zu bieten. Vielleicht liegt es daran, dass diese kleinen Flitzer von

[3] *Wolfgang Huber: »Die Aufgaben der Kirchen im Gesundheitswesen«, in: epd sozial Nr. 24 vom 15. Juni 2007.*

[4] Wolfgang Huber: »Die Durstigen tränken. Quellen und Perspektiven christlicher Spiritualität«. Eisenacher Vorträge zu den Werken der Barmherzigkeit, 12. Juli 2007.

[5] Fulbert Steffensky: »Der Schmerz und die Gnade der Endlichkeit«, Vortrag, herausgegeben von der Hospizarbeit im Evangelischen Johanneswerk e. V., Bielefeld, Nr. 7.

[6] Christa Olbrich: »Spiritualität in der Bedeutung für die Pflege«, in: Pflege & Gesellschaft, 11. Jg., Februar 2006, Heft 1, hrsg. v. der Deutschen Gesellschaft für Pflegewissenschaft e. V.

[7] Mathias Spaeter: »Spiritualität in der Sterbebegleitung«, 3. Fachtagung zur Hospizarbeit der Bayerischen Stiftung Hospiz am 13. Oktober 2003 in Schloss Schney, www.bayerische-stiftung-hospiz.de/texte3/vortrag4.htm

Termin zu Termin brausen und sich die Fahrerinnen und Fahrer beim besten Willen das kurze Gespräch, eine Geste der Hinwendung und Wahrnehmung gar nicht leisten können.

Spiritualität in der Pflege – was ist damit gemeint?

Für den früheren EKD-Ratsvorsitzenden Wolfgang Huber ist die gegenwärtige Sehnsucht nach Spiritualität »Ausdruck des Protestes gegen die Kommerzialisierung von allem und jedem«, die auch vor der Seele nicht haltmache. Dabei leite sich Spiritualität »vom Spiritus Sanctus, dem Heiligen Geist, her. Wo der Heilige Geist Fühlen, Denken und Handeln eines Menschen bestimmt«, so Huber, sei das Leben spirituell.[4]

Dass dieser Spiritus Sanctus nicht nur geglaubt und gedacht ist, sondern konkrete Formen annimmt in Rhythmen und Gewohnheiten, in Sitten, Formen und Orten, ist nach Fulbert Steffensky die Herausforderung der Gegenwart: »Der Geist stirbt, wo er sich nur verbirgt.«[5] Man erwarte, so Steffensky, »die Deutlichkeit und Sichtbarkeit des Geistes«, aus dem heraus die helfende Arbeit der Diakonie gegründet wurde.

Die Pflegewissenschaftlerin Christa Olbrich[6] arbeitet drei wesentliche Momente eines spirituellen Grundverständnisses heraus, das die Pflegepraxis bestimmen sollte:

- Die Achtung und Ehrfurcht gegenüber den anderen Menschen.
- Die Erkenntnis einer universellen Verbundenheit.
- Das Wissen um eine Offenheit bezüglich aller potenziellen Möglichkeiten des Menschen.

Der Klinikseelsorger Mathias Spaeter[7] verortet im Rückgriff auf die Gestaltpsychologie Spiritualität im Kontext der Frage nach Werten und Sinn als eine wesentliche Dimension (Säule) menschlicher Identität (neben Körperlichkeit, Beziehung, Arbeit, materieller Sicherheit). Gerade in Krisenzeiten (Krankheit, Sterben), so Spaeter, gewinne diese Dimension an Bedeutung. Ganz neu stellt sich die Frage, was letztlich trägt.

Wo der Geist weht – wider die Funktionalisierung von Spiritualität

Das Thema Spiritualität hat auch in der evangelischen Kirche Konjunktur: »Re-Spiritualisierung« als Gegenbewegung zu einem Prozess der

»Selbst-Säkularisierung« der Kirche. Dabei ist Spiritualität nach evangelischem Verständnis niemals Mittel zum Zweck. Geistlich leben heißt entlastet leben, heißt geteiltes Leid und gestärkte Hoffnung. Mitarbeitende der Pflegedienste erleben Spiritualität dagegen oft als Forderung. Zusätzlich zu einer hohen pflegerischen Professionalität, die selten gedankt wird, sollen sie auch noch das protestantische Profil verkörpern, das der Kirche als Ganzer in der Gesellschaft abhanden gekommen ist.

Auf den Nächsten/die Nächste wirkt sich der gelebte Glaube heilsam und wohltuend aus. Das spüren Menschen, wenn sie sich im Pflegefall in Abhängigkeit von anderen Menschen begeben (müssen). Aber der Geist lässt sich nicht vermarkten. Geistliches Leben lässt sich nicht »zur Masche« machen. Dafür haben Menschen ein feines Gespür. Zu einem geistlichen Leben gehört die Abwendung vom Alltäglichen und die Hinwendung zum »unsichtbaren Gott«. Hier bildet sich eine Haltung, die das ganze Leben durchdringt. Evangelische Spiritualität lebt im erfüllten Herzen, im geistlichen Wort oder Lied genauso wie in der geistgewirkten Tat, ohne dass es hier eine qualitative Abstufung gäbe.[8]

Der Geist weht, wo er will, er ist für den Menschen unverfügbar. Wer von einer Besinnung auf Spiritualität Profilbildung erwartet, muss sich darauf gefasst machen, gründlich enttäuscht zu werden. So wenig sich das Wirken des Geistes erzwingen lässt, so wenig lässt es sich steuern oder gar beschränken. So findet sich nicht nur Geistvergessenheit und Lieblosigkeit in evangelischen Einrichtungen, sondern auch Menschenfreundlichkeit und Zugewandtheit (die Gottes Menschenfreundlichkeit widerspiegeln) in nichtkonfessionellen Einrichtungen. Solches Wissen sollte vor all zu viel Rigorismus und Sendungsbewusstsein bewahren.

Facetten von Spiritualität in der ambulanten Pflege
Spiritualität im gemeindlichen Pflegealltag wird konkret in Personen, im Zwischenmenschlichen, in unseren Strukturen und Funktionsbeschreibungen.

1. Spiritualität und Leitung
Die Frage nach der Spiritualität im gemeindlichen Pflegealltag ist zuerst eine Frage nach der Spiritualität im gemeindlichen Leitungsorgan, dem

[8] *Eine der Lebensäußerungen, die am nachhaltigsten die Glaubwürdigkeit der urchristlichen Gemeinden gefördert und missionarisch gewirkt hat, war das Bestatten der unbekannten Toten, die vom Meer angeschwemmt worden waren. Wenn es eines »Beweises« bedurfte, dann wird gerade hier deutlich, dass der Sinn der Barmherzigkeit darin liegt, Notleidenden zu helfen, ohne dabei an einen »Lohn« zu denken. Auch zusätzliche Kirchgänger ließen sich hieraus nicht rekrutieren.*

Presbyterium. Nur ein Presbyterium, das selbst Formen geistlichen Lebens praktiziert und dem Geist erkennbar Raum gibt in den Alltagsfragen des »Gemeinde-Managements«, wird glaubwürdig und sensibel, angemessen und nachhaltig die Frage nach Spiritualität in der Arbeit der gemeindlichen Diakoniestation thematisieren können.

Auch bei veränderten Organisations- und Rechtsstrukturen von Pflegediensten (etwa als eigenständige gGmbH) trägt das Presbyterium eine Letztverantwortung für die Leitlinien und die Praxis der Arbeit des Pflegedienstes. Verantwortung kann nur tragen, wer sich interessiert und wer informiert ist. Eine Entlastung des Presbyteriums von operativen Alltagsgeschäften schafft Raum für regelmäßige Gespräche (Zuhören, Wahrnehmen, Wertschätzen, Austauschen, Vereinbaren) und ein Mitdenken in Sachen Konzeption. Im gegenseitigen Mit-Teilen und Mit-Tragen von Erfahrungen, Einschätzungen, Lasten und Freuden gewinnt der Geist Gestalt.

Für eine geistlich motivierte Gemeindeleitung stellen sich Fragen nach dem Verständnis und der Praxis von Dienstgemeinschaft. Dazu gehört etwa eine Verständigung über Kriterien der Personalauswahl – insbesondere bei der Besetzung von Leitungsstellen. Abgesehen vom Erfordernis einer formalen Zugehörigkeit zur evangelischen Kirche kann man fragen, welche Kenntnisse, Erfahrungen und Erwartungen an die Gemeinde eine Bewerberin oder ein Bewerber mitbringt. Neben einer formalen Beschreibung der Aufgabenstellung kann man sagen, welche Erwartungen die Gemeinde im Blick auf spirituelle Fragen in der Pflegearbeit hat, welche Unterstützung das Presbyterium, Pfarrer, Pfarrerin, beruflich und ehrenamtlich Mitarbeitende der Gemeinde bieten und wie man sich die Vernetzung von Pflegearbeit und Gesamt-Gemeindearbeit vorstellt. Dass sich hier Mitarbeitende mit unterschiedlichem »Status« (ehrenamtliche Presbyterinnen und Presbyter, beruflich Mitarbeitende, Pfarrerinnen und Pfarrer) als »Dienstgemeinschaft« begreifen, gehört zu den unverzichtbaren Grundlagen eines evangelischen Gemeindeverständnisses.
Nicht nur aus Qualitätssicherungsgründen, vielmehr aus geistlicher Perspektive ist regelmäßig die Frage nach der Übereinstimmung von Leitbildern und Praxis zu stellen. Dies gilt hinsichtlich der Umsetzung

des Pflegeleitbildes in den konkreten Pflegesituationen. Gleiches gilt aber auch hinsichtlich der Umsetzung des Gemeinde-Leitbildes in den konkreten Anstellungsverhältnissen: Die Art und Weise, wie zwischen Presbyterium und Pflegedienstleitung und wie innerhalb des Pflegedienstes Leitungshandeln wahrgenommen wird, welche Grundsätze für Kommunikation dort gelten, welche Tarife bezahlt werden, wie die Arbeitsplätze ausgestaltet sind, spiegelt dies alles das Leitbild einer dienenden Gemeinschaft wider?

Ein wichtiger Punkt ist dabei die Frage, wie die Arbeit des Pflegedienstes vernetzt ist mit der Gesamt-Gemeindearbeit. Wo ein öffentlich refinanzierter Dienst an seine Grenzen kommt, können in einer Gemeinde – um der Menschen willen – kreative Wege zur Unterstützung gesucht und gefunden werden. Häufig fehlt es einfach daran, dass die wesentlichen Beteiligten (noch) nicht oder nicht regelmäßig miteinander im Gespräch sind.

VOLKER KÖNIG

Jahrgang 1958, Seminaristisch-Theologische Ausbildung, Dozent an der Evangelistenschule Johanneum, Kommunikationswirt. Seit 2005 Theologischer Referent des Vorstands des Diakonischen Werkes im Rheinland, seit 1. Juli 2008 Leiter der Stabsstelle Diakonisches Profil und Kommunikation in der Diakonie Rheinland-Westfalen-Lippe e.V.

2. Spiritualität und Anleitung

Dadurch, dass Pflegedienste rechtlich selbstständig geworden sind, haben die Pfarrerinnen und Pfarrer vielfach ihre Funktion als Dienstvorgesetzte der früheren Gemeindeschwestern verloren. Oft wird nur der Verlust beklagt: Da ist keine Unterstützung mehr. Es gibt aber auch eine positive Sicht der Dinge: Der Pfarrer/die Pfarrerin, der/die nicht mehr Dienstgeber sein muss, hat gegenüber den Mitarbeitenden des gemeindlich getragenen Pflegedienstes neue Möglichkeiten als Anleiter/-in und Begleiter/-in in Sachen Spiritualität und Seelsorge. Es ist die Aufgabe des Presbyteriums, dies im Rahmen einer Schwerpunktsetzung oder Gemeindekonzeption als Beauftragung zu beschreiben und allen Beteiligten zu kommunizieren.

Die veränderte Rollenzuschreibung äußert sich in einer veränderten Aufmerksamkeit gegenüber den Mitarbeitenden des Pflegedienstes: Achtsamkeit statt Kontrolle. Selbst erfahrene Achtsamkeit vermittelt am nachhaltigsten eine eigene Haltung von Achtsamkeit gegenüber anderen, etwa Pflegebedürftigen. Die Aufgabe der Anleitung kann zum Beispiel in der Initiierung und Durchführung von Fortbildungseinheiten zum Thema (Alltags-)Seelsorge im Pflegealltag mit den Mitarbeitenden der Diakoniestation bestehen.

Ein (Dauer-)Thema in der spirituellen Begleitung von Pflegedienst-Mitarbeitenden könnte die Fragestellung »Beruf und Berufung« sein: Wie kann es angesichts der »Sachzwänge« gelingen, meinen Beruf als Gottesdienst im Alltag der Welt zu begreifen? Eine Aufgabe könnte auch darin bestehen, gemeinsam mit den Mitarbeitenden des Pflegedienstes angemessene »kleine Formen« der Entlastung und der Vergewisserung im Pflegealltag zu (er-)finden und zu üben.

Über diesen Weg geschieht es oft, dass Pfarrerinnen und Pfarrer ganz neu die Chancen einer Zusammenarbeit entdecken. Pflegedienst-Mitarbeitende sind zwar nicht mehr mit dem Fahrrad unterwegs, aber sie kommen in unzählige Häuser, begegnen unzähligen alten, auch leidenden Gemeindemitgliedern – und deren Angehörigen. Sie können nach wie vor Brückenbauer zur Gemeinde sein.

3. Spiritualität als professionelle Grundhaltung in der Pflege

Die Frage nach der Spiritualität in der Pflege ist kein von außen herangetragenes, zusätzliches oder gar sachfremdes Thema, das zur Not entbehrlich wäre. Sie erhebt sich vielmehr inmitten von Fachlichkeit und Selbstverständnis von Pflege.

Pflege ist ein Beziehungsgeschehen zwischen zwei eigenständigen Personen mit Möglichkeiten und mit Grenzen. Nach protestantisch-diakonischem Grundverständnis bildet sich in diesem Beziehungsgeschehen die Grundbeziehung zwischen Gott und Mensch ab. Dabei begegnen sich jeweils Söhne und Töchter des einen Gottes als Schwestern und Brüder auf gleicher Ebene. Danach gibt es kein Macht-Gefälle zwischen dem/der Helfenden und dem/der Hilfebedürftigen.
Beziehung in der Pflege gelingt am besten, wenn es allen beteiligten Personen gelingt, sich gegenseitig mit allen Möglichkeiten und Grenzen zu respektieren. Es gehört sicher zu den besonderen Herausforderungen für Mitarbeitende in der Pflege, jeden zu pflegenden Menschen in seiner Unverwechselbarkeit zu achten und ihn nicht nur als »Fall« zu sehen – und dies jeden Tag neu. Es gehört sicher zu den besonderen Herausforderungen von Menschen, die gepflegt werden, die Würde der pflegenden Person zu achten, die sich auch in ihrer Fehlbarkeit äußert – und sie nicht nur als »bezahlten Dienstleister« zu sehen – und dies jeden Tag neu.

Beides gilt im Übrigen in besonderer Weise für die Angehörigen von Menschen in Pflege.

Dabei ist es eine besondere Herausforderung, die mit dem Grundverständnis von Glauben als Hoffnung zusammenhängt, den Menschen nicht nur als Defizit-Wesen zu sehen, sondern als Zukunftswesen. Die Herausforderung für die Pflegekräfte besteht darin, die Entwicklungsmöglichkeiten eines pflegebedürftigen Menschen zu sehen und zu fördern. Allzu schnell werden pflegebedürftige Menschen aufgegeben, wird ein gesundheitlicher Status als nicht mehr veränderbar hingenommen. Nach evangelischem Verständnis ist auch Pflege zum Sterben hin nicht sinnlos, weil auch das Sterben nicht ein Letztes und der Weg dahin darum nichts »Sinnloses« ist.

Was sich die meisten Pflegebedürftigen wünschen, ist Zeit. Worunter die meisten Pflegekräfte leiden, ist der Mangel an Zeit. Dabei ist es nicht allein die schiere Menge an Zeit, die für das Gelingen einer Begegnung wichtig ist. Vielmehr ist es die Fähigkeit zur Gegenwärtigkeit in der vorhandenen Zeit.[9] Gegenwärtig sein heißt ganz da zu sein – und den anderen oder die andere ganz wahrzunehmen. Gegenwärtig sein heißt, den anderen auszuhalten so, wie er oder sie ist: mit den Schmerzen, mit ihrem Leid, mit seiner Bitterkeit, mit ihrer Ungeduld, mit seiner Sehnsucht. Gegenwärtig sein heißt, sich dem anderen nicht zu entziehen: mit meinem eigenen Glauben, meiner eigenen Wahrnehmung, meinen Hoffnungen und Fragen.

Was für die Spiritualität von Pflege-Mitarbeitenden hilfreich ist, nämlich kleine Formen der Vergewisserung und der Entlastung zu entwickeln und zu üben, gilt auch für Menschen, die pflegebedürftig sind. Solche kleinen Formen und Gesten gilt es zu entwickeln, die unaufdringlich, bedarfsgerecht und verlässlich das Leben der Kirchengemeinde ins Haus bringen oder das Kirchenjahr symbolisieren. Das kann der Gemeindebrief sein, eine Grußkarte, ein kleiner Kalender, ein Geburtstagsbesuch, ein Ostergruß.[10]

Wider den »Zeit«-Geist

Vom Geist, der Gestalt gewinnt – davon handelt Spiritualität. Dass das keine harmlose Angelegenheit ist, vielmehr in ernsthafte Auseinander-

[9] *Auf eine geistliche Übung weist folgende Geschichte hin: Ein Schüler fragte einmal seinen Meister, warum dieser immer so ruhig und gelassen sein könne. Der Meister antwortete: »Wenn ich sitze, dann sitze ich. Wenn ich stehe, dann stehe ich. Wenn ich gehe, dann gehe ich. Wenn ich esse, dann esse ich ...« Der Schüler fiel dem Meister ins Wort und sagte: »Aber das tue ich doch auch!« »Nein«, sagte da der Meister. »Wenn Du sitzt, dann stehst Du schon. Wenn Du stehst, dann gehst Du schon. Wenn Du gehst, dann bist Du schon am Ziel.«*

[10] *Vgl. Christel Ludewig: »Pflege und Spiritualität. Ein ABC mit Texten, Ritualen und kleinen Übungen«, Gütersloh 2008.*

setzungen führen kann, daran erinnert Wolfgang Huber: »Für 25 Euro werden heute die Winterreifen in der Werkstatt gewechselt. Genau dieselbe Summe steht für eine ›erweiterte große Körperpflege‹ zur Verfügung. Die Hilfe beim Aufstehen und beim Gang zur Toilette, das Aus- und Ankleiden, das Waschen, Duschen oder Baden, die Mundpflege, das Kämmen und Rasieren – derselbe Preis wie das Wechseln von vier Rädern. Am Bett zu sitzen, dem Patienten zuzuhören, die Hand zu streicheln, einen gemeinsamen Spaziergang zu machen – das alles ist erst gar nicht vorgesehen. So kann es nicht bleiben.«[11]

[11] *Wolfgang Huber: Bericht des Rates der EKD – »Im Geist Gottes bekennen« bei der 1. Tagung der 11. Synode der EKD, Würzburg, 30. April bis 3. Mai 2009, IV Welcher Geist leitet uns?*

Wo die Frage nach dem geistlichen Leben in unserer Kirche und Diakonie Raum gewinnt – wo sie nicht nur gedacht, sondern vielmehr gelebt wird, führt sie schnell über den »Tellerrand« der Gemeinde, auch über den Binnenraum einer professionellen Pflegeethik hinaus – mitten hinein in die gesellschaftlichen Auseinandersetzungen unserer Zeit. Gewinnt der Geist Gottes Raum, so trifft er auf den Zeit-Geist, der sich gerne harmlos im Gewand der Sachzwänge und ökonomischen Logik (»Zeit ist Geld«) kleidet, in Wirklichkeit aber nichts anderes als der Ungeist der Menschenverachtung ist. Die Frage, ob und wie weit das geistliche Anliegen in der Pflege von alten, kranken und schwachen Menschen Raum bekommt, wird zur Nagelprobe für die Frage, wie menschlich unsere Gesellschaft wirklich ist. Geistliche Fragen sind zutiefst Profilfragen.

BORN TO BE WILD
Kirche und Motorradfahrer können viel miteinander erleben |
Von Heiner Mausehund

Nur wir, der Wind und die Straße zum Pazifik – das ist Freiheit. Was haben wir noch, worauf wir uns freuen können? Wenn nicht jetzt, wann dann? Ich bin wild und frei. Ich bin ein Mann. Ich lebe und das ist ein tolles Gefühl! Davon erzählt der Film »Born to be wild«. Die Sehnsucht nach Freiheit, Unabhängigkeit und Abenteuer bewegt vier Männer mittleren Alters dazu, ihren Alltag hinter sich zu lassen. Die vier – Woody, Dudley, Doug und Bobby – schwingen sich auf ihre Harleys und das Abenteuer beginnt. Das Leben muss noch mehr zu bieten haben als das Einerlei des Alltags, die immer wieder gleichen Abläufe, die eingespielten Rollen und die berufliche Routine. Ein anfangs heiterer, typisch amerikanischer Film. Wie immer man im Einzelnen darüber denken mag, er rührt etwas an, nicht nur in der Bikerseele: Das Leben muss noch mehr zu bieten haben …

Motorradfahrende, die sich heute vor allem als Freizeitfahrer/-innen aufmachen, sind oft im mittleren Alter und darüber hinaus. Für viele ist das »Moppedfahren« ein Synonym für Freizeit, Freiheit, Vergnügen und Spaß. Den Alltag hinter sich lassen, sei es auch nur für ein paar Stunden, ist ein schönes Gefühl – den Fahrtwind spüren, die Landschaft genießen, den Sound der Maschine hören, sich in Kurven legen … Bikertreffs anfahren auf einen Kaffee und/oder Pommes rot/weiß – Gleichgesinnte treffen, klönen, andere Maschinen sehen und begutachten, fachsimpeln, usw. »Moppedfahren« verbindet! Themen ergeben sich spontan, sei es zur Maschine, zum Wetter, sei es der ein oder andere Tipp für unterwegs. Es bedarf keiner großen Förmlichkeiten. Man duzt sich.

HEINER MAUSEHUND
Jahrgang 1956, Gemeindepfarrer in Velbert und im Auslandsdienst in Norwegen, seit 2000 Gemeindepfarrer in Essen-Steele. Er teilt sich seit 1989 die Pfarrstelle mit seiner Ehefrau Hanna. Ausbildung zum Geistlichen Begleiter 2006 – 2008. Besondere Aufgaben in der Gemeinde und im Kirchenkreis: Geistliche Begleitung, Pilgerwanderungen, Motorradgottesdienste, Kulturhauptstadt 2010, nebenher Religionsunterricht an einer Hauptschule.

Sensibel für die Kostbarkeit des Lebens

Im Vergleich zum Auto ist man auf dem Motorrad ungeschützter, man ist der Straße näher, kann die Schönheiten der Natur unmittelbarer genießen, ist natürlich auch Regen, Nässe und Kälte direkt ausgesetzt. Motorradfahren ist, laut Aussage des ADAC, achtmal gefährlicher als Autofahren. Vielen ist das bewusst. Es schafft eine Sensibilität für die Kostbarkeit des Lebens.

Was motiviert Bikerinnen und Biker, zu kirchlichen Veranstaltungen zu kommen? Die Gründe sind vielfältig, von Neugierde und Interesse, dem Wunsch, etwas anderes zu erleben, nette Leute zu treffen, Maschinen anzuschauen bis zum gezielten Wunsch, einen Bikergottesdienst zu erleben, Antwort zu bekommen und für sich persönlich aufzutanken. Die mehr oder weniger bewusste Sehnsucht, das Leben muss noch mehr zu bieten haben, bewegt viele dazu, sich auf ihre Maschinen zu schwingen und zu kommen.

Die Gebete sind zugeschnitten auf die Biker

Bikertreffen im kirchlichen Kontext sind meist gekennzeichnet durch vier Punkte: Eintreffen auf dem Platz, Korso, Gottesdienst, Essen und Klönen. Es sind spirituelle Treffen! Das zeigt sich erstens darin: Bikerinnen und Biker werden wahr- und ernst genommen. Schon beim Eintreffen gibt es Leute vom Vorbereitungsteam, die die Ankommenden begrüßen, darauf hinweisen, wo es Kaffee gibt, und die ersten Fragen beantworten. Man fühlt sich willkommen! Weiter geht es mit dem Korso, begleitet von der Polizei. Korso fahren macht Spaß! Dabeisein, mitfahren, sich gegenseitig wahrnehmen, von anderen unterwegs wahrgenommen werden – das hat seinen eigenen Wert. Man demonstriert dabei z. B. für mehr Rücksicht im Straßenverkehr, gegen Ungerechtigkeit und Bildungsnotstand, gegen sexuellen Missbrauch usw. Bei der Feier des Gottesdienstes kommt ein zweites spirituelles Element hinzu, das ganz eng mit dem ersten verbunden ist: Lieder, Gebete und Ansprache knüpfen unmittelbar an die Situation der Bikerinnen und Biker an. Das Thema ist auf sie abgestimmt, z. B. »no risk – no fun«, »voll tanken«, »Leerlauf«, »unterwegs«. Das Anknüpfen an Vertrautes ermöglicht das ganz Andere, ermöglicht, das Evangelium zu hören, sich ermutigen, herausfordern und in Frage stellen zu lassen. Lebenssituation und Evangelium werden miteinander »versprochen« verbunden. Es wird spürbar und fassbar: Das Leben hat noch mehr zu bieten!

Die Christlichen Motorradfreunde Osterfeld (cm-o) bringen zu den Motorradgottesdiensten Gebete und Lieder für Motorradfahrer in einem kleinen Heft heraus. Da heißt es im Zündschlüsselgebet: [12]

[12] Ausgabe 2006, S. 5

Ich sitze auf dem Motorrad und stecke den Schlüssel in das Zündschloss. Dann sitze ich still und besinne mich: Lass mich ruhig werden, Herr, und aufmerksam für Straße und Verkehr. Segne mich und meine Lieben. Segne den Tag: Meine Hände mögen mich auf dem Motorrad sicher ins Ziel führen.

Neben dem gesprochenen Wort ist die Musik im und nach dem Gottesdienst ein unverzichtbares Element. In der Regel sind es Rock- und Popbands, die zum Mitsingen und -schwingen einladen. Vertraute und neue Klänge inspirieren Körper, Seele und Geist.

Viele haben mit Kirche nichts zu tun, lassen sich aber einladen

Zu den Motorradgottesdiensten finden sich oft Menschen ein, die sonst wenig oder gar nichts mit der Kirche zu tun haben. Viele von ihnen lassen sich ansprechen, motivieren und auch begeistern. »Beim nächsten Mal bin ich wieder mit dabei«, heißt es nicht selten beim Abschied. Das Hobby bekommt einen Ort in der Kirche und es bekommt ein Thema. Das macht Kirche für viele interessant und einen Besuch wert. Neben den verlässlich traditionellen Gottesdiensten haben zielgruppenorientierte Gottesdienste ihre Chance.

Wenn ich hier von Spiritualität spreche, meine ich nicht etwas Abgehobenes und nur für besondere Menschen Geeignetes. Spiritualität, wie ich sie verstehe, nimmt den Alltag ernst und stellt Erlebtes in einen größeren Zusammenhang, macht es transparent für Gottes Gegenwart und Handeln in unserem Leben und in der Welt. Sie öffnet unsere Sinne und unser Verstehen für den Atem des Lebens im wörtlichen und übertragenen Sinn und für die Augen und Ohren unseres Herzens.

Dass das so Erfahrene und Erkannte Auswirkungen auf das Verhalten im Straßenverkehr und in der Fahrpraxis hat, versteht sich von selbst. Rücksichtvolles und verantwortliches Fahren – was den Spaß ja nicht ausschließt – sowie Hilfsbereitschaft unterwegs werden in der kirchlichen Bikerszene großgeschrieben.

Bikergottesdienste von März bis November

1961 fand der erste Bikergottesdienst der Evangelischen Kirche im Rheinland (EKiR) statt, in Verbindung mit dem BVDM, dem Bundesverband für Motorradfahrer in Deutschland, der zu seinem weltbekannten Elefantentreffen eingeladen hatte. Seitdem gibt es zunehmend Gemeinden und motorradbegeisterte Pfarrerinnen und Pfarrer, die zum Gottesdienst, Korso und gemütlichem Beisammensein mit Imbiss einladen. Bikergottesdienste beginnen mit dem Saisonstart im März/April und reichen bis zu Gedenkgottesdiensten und -fahrten im November. Manchmal auch darüber hinaus. Viele Gruppen haben ihre festen und verlässlich planbaren Termine. Die Gruppen in der EKiR haben sich in der Aktion Blauer Punkt zusammengeschlossen. Ihr gehören die Gruppen in Köln, Waldbröl, Osterfeld, Worringen und Essen-Steele an. Der für die Motorradseelsorge der EKiR verantwortliche Pfarrer lädt zu regelmäßigen Treffen und zum Austausch zwischen Vertretern der Gruppen ein und bietet seine Hilfe bei Planung und Durchführung von Veranstaltungen an.

Zum Selbstverständnis der Aktion Blauer Punkt heißt es auf der Home-page www.aktion-blauer.de unter dem Stichwort Punkt:

»Uns liegt daran, Dinge auf den Punkt zu bringen – das heißt, vom Glau-ben zu sprechen in einer Sprache, die ein Mensch, der mit beiden Beinen auf der Erde und mit beiden Rädern auf der Straße steht, auch heute noch nachvollziehen kann.

Wir verstehen uns nicht als abgehobene Gruppe, sondern als eine mobi-le und geistig bewegliche Gemeinschaft von Menschen, die nicht von Bewertungen leben, sondern davon, dass sie die Sprache und die Welt mit anderen Menschen teilen und damit für sie da sind.

Ein Punkt mag wohl ein kleines Zeichen sein, aber an der richtigen Stelle gesetzt, entfacht er große Wirkung. So zählt auch für uns der Einzelne mehr als die Masse.«

Ein kleines, aber nicht unbedeutendes Zeichen unterwegs: Man grüßt sich kurz mit der Hand. »Moppedfahren« verbindet! Und nicht selten ist der alte Bikergruß zu hören: Bei allen Fahrten immer genug Asphalt un-ter dem Gummi!

[13] *Gebete und Lieder für Motorradfahrer, 2006, cm-o, S. 32*

Der Bikersegen [13]:
Herr, unser Gott,
führe mich, wenn ich morgens verschlafen in den Tag hineinfahre;
führe mich, wenn ich zu selbstsicher die gewohnte Kurve nehme;
führe mich, wenn meine Gashand sich verselbstständigt;
führe mich, wenn die Hektik mich gefangen nimmt;
führe mich, wenn ich nur noch die Fehler anderer,
nicht aber meine eigenen sehe;
führe mich auf der Straße meines Lebens mit Dir.
Amen.

Literatur- und Filmtipps

»Gebete und Lieder für Motorradfahrer«, hrsg. vom cm-o, Christliche Motorradfreunde Osterfeld, 2006, 3. Auflage, zu beziehen unter www.cm-o.de

DVD »Born to be wild«, Autor: Brad Copeland,
Regisseur: Walt Becker, 2007

DVD »Mit Herz und Hand« (The world`s fastest Indian),
Roger Donaldson, 2005

Linktipps
www.aktion-blauer.de
www.cmg-koenigssteele.de
www.cm-o.de
www.motorradfreunde-worringen.de
www.motorrad-gottesdienst2010.de
www.motor-pastor.de

KEIN EVENT, SONDERN JEDEN TAG
Jugendkirchen und Jugendgemeinden wollen jungen Menschen
ein spirituelles Zuhause bieten | Von Simone Mechels

»Die Jugend wohnt längst in einem Haus, das wir nicht betreten werden ...« Dieser legendär gewordene Satz des damaligen Präses Peter Beier entstammt seiner Zeitansage »pro juventute«, einem Bericht, gehalten vor der Landessynode 1995, in dem Beier ein leidenschaftliches
Plädoyer für Kinder und Jugendliche und den damit zusammenhän-
genden Herausforderungen für die Kirche hielt.[14] Jugendkirchen und
Jugendgemeinden sind ein spannender spiritueller Schritt, auf solche
Herausforderungen zu reagieren. Spannend, weil wir im Bereich der
Evangelischen Kirche im Rheinland noch an keinem Endpunkt, an keinem Ziel angekommen sind, sondern noch mitten im Werden und
Wachsen sind.
2007 hat sich als Projektgruppe der Evangelischen Jugend im Rheinland
ein Netzwerk Jugendkirchen/Jugendgemeinden gegründet. Bislang gehören dazu rund 30 bestehende oder im Aufbau begriffene Jugendkir-
chenprojekte. Sie alle sind institutionell angebunden an Gemeinden,
Kirchenkreise oder Vereine. Doch was genau sind Jugendkirchen, wie
sind sie entstanden, welche Funktion haben sie, welche Herausforderung stellen sie für die Kirche dar?

[14] Vgl. Peter Beier: »pro
juventute«, Bericht Lan-
dessynode 2005 der
Evangelischen Kirche
im Rheinland.

Orte jugendspezifischer Spiritualität

Jugendkirchen/Jugendgemeinden sind »ein Ort, an dem der ›alte‹ Gott und junge Menschen sich begegnen können – je nach ihrer Art: Gott als der ›heilige Gott‹ und Menschen als ›menschliche Menschen‹. Genau dies ist Spiritualität.«[15] Jugendkirchen und Jugendgemeinden sind Orte der Spiritualität, aber – das ist ihre Besonderheit – jugendspezifisch spirituell.

Jugendspezifisch, denn sie sind keine generationenübergreifenden offenen Angebote, sondern orientieren sich ausschließlich und auf Zeit an der Zielgruppe Jugendlicher. Dabei stehen die Gemeinschaft und ihre eigene Kultur, ihre Ausdrucksform, ihre Themen und Inhalte, ihre Musik, ihre Lebensstile und Bedürfnisse im Vordergrund. Jugendkirchen/Jugendgemeinden sind Beteiligungskirchen und somit partizipatorisch organisiert. Sie sind an Institutionen gebunden und gleichzeitig frei und eigenverantwortlich in ihrer Gestaltung. Beruflich Mitarbeitende bieten Kontinuität, sind Ansprechpartner, Beraterinnen und Begleitende Jugendlicher.

»Jugendkirchen sind nicht das auf (angeblich) jugendliche Konsumgewohnheiten zurechtgestutzte, ermäßigte Sonderangebot für spirituelles Fastfood, sondern sie sind heilige Orte der Gegenwart Gottes, in denen Jugendliche mit ihrer Kultur und Lebensgeschichte – eben ihrem Lebensgeheimnis – Ort, Raum und Zeit haben.«[16]

Beten im Kino, im Ladenlokal und in der Fabrikhalle

Gottesdienste werden an manchmal recht ungewöhnlichen Orten gefeiert. Nicht nur in alten Kirchgebäuden, die Jugendliche nach ihren Vorstellungen, häufig in Kombination mit moderner Technik, verändernd gestalten. Zum Teil finden ihre Gottesdienste in Kinos oder leer stehenden Ladenlokalen, in Sportzentren, Fabrikhallen, Bahnhöfen oder im Freien statt. Jugendliche geben nicht nur die Themen vor, sie gestalten auch die Gottesdienste selbst, begleitet von Theologinnen/Theologen oder Pädagoginnen/Pädagogen. Die Jugendlichen sind aktiv an den Angeboten ihrer Jugendkirche/Jugendgemeinde beteiligt. Vieles ist möglich – von ruhigen, meditativen Anbetungsfeiern über Gottesdienste mit aufwendiger Dekoration, kleinen kreativen Theater-, Tanz- oder Filmvorführungen bis hin zu lauten, von Punk-, Pop- oder Rockmusik begleiteten Gottesdiensten.

[15] *Michael Freitag: »Zwischen Jugendhaus und Tempel; Jugendkirchen als Erfahrungsräume für Spiritualität«, in: »das baugerüst«, Zeitschrift der Arbeitsgemeinschaft der Ev. Jugend in der Bundesrepublik Deutschland (aej) 3/05, S. 54.*

[16] *Michael Freitag: »Zwischen Jugendhaus und Tempel; Jugendkirchen als Erfahrungsräume für Spiritualität«, in: »das baugerüst«, Zeitschrift der Arbeitsgemeinschaft der Ev. Jugend in der Bundesrepublik Deutschland (aej) 3/05, S. 57.*

Jugendkirchen und Jugendgemeinden

Jugendkirchen und Jugendgemeinden sind zwei Stränge einer Bewegung, die man voneinander trennt und die sich doch hier und da wieder verflechten. Jugendkirche bedeutet in erster Linie: ein räumliches Angebot, ein Ort, ein Kirchgebäude, das Jugendlichen zur Verfügung gestellt wird, das sie nach ihren Vorstellungen gestalten und in dem sie regelmäßig ihre Gottesdienste feiern können. In den Jugendgemeinden steht das personale Angebot im Vordergrund. Oft stehen Jugendgottesdienste im Mittelpunkt, um die herum ein eigenes Gemeindeleben mit Freizeitprojekten, diakonischen, sozialen oder Bildungsangeboten entsteht.[17]

[17] Vgl. Anne Winter: »Projekt Jugendkirche in Württemberg«, in: »Thema Gottesdienst«, Hrsg. Arbeitsstelle für Gottesdienst und Kindergottesdienst – Bereich Gottesdienst, 27/2007, S. 14 ff.

Jugendseelsorge und Gottesdienste am Anfang des 19. Jahrhunderts

In der Zeit der Industrialisierung zog es viele junge Menschen als Arbeiterinnen und Arbeiter in die Großstädte. Viele waren von der oft körperlich schweren Arbeit, aber auch von der Anonymität einer Stadt überfordert. Alkoholprobleme und Suizid waren keine Seltenheit. Um die jungen Menschen aufzufangen und ihnen Gemeinschaft, eine Orientierung und einen Halt im Glauben zu geben, entstanden evangelische Jugendverbände und Vereine (etwa der CVJM). Der örtliche Bezug zur Heimatgemeinde konnte den veränderten Lebensbedingungen der jungen Leute nicht mehr standhalten.[18] Auch die Kirche spürte, dass hier eine zielgruppenorientierte Seelsorge notwendig wurde. So entstand 1863 in Württemberg das erste Jugendpfarramt. Jugendpfarrämter in Städten wie Essen, Dortmund, Breslau und Düsseldorf folgten.[19] Um 1920 sah der bayrische Jugendpfarrer Wilhelm Stählin die Notwendigkeit, eine eigene Jugendgemeinde zu gründen, doch die Kirche lehnte diesen Antrag ab. Jugendseelsorge und Jugendgottesdienste fanden aber vielerorts Unterstützung.

[18] Vgl. Maike Lauther-Pohl/ Uta Pohl-Patalong: »Kirchliche Jugendarbeit – aber wo?«, in: »das baugerüst«, Zeitschrift der Arbeitsgemeinschaft der Ev. Jugend in der Bundesrepublik Deutschland (aej) 3/05, S. 21.

[19] Vgl. Walter Posth: »Jugendpfarrer«, in: »Die Religion in Geschichte und Gegenwart«, Tübingen 1986, Band III, Sp. 1035.

Communauté de Taizé (seit Mitte des 20. Jahrhunderts)

Auch die Communauté de Taizé in Frankreich bildet eine Wurzel der Jugendkirchenbewegung. Der von dem Protestanten Frère Roger 1949 gegründete Männerorden zog im Laufe der Zeit immer mehr Jugendliche an. Nach den Erfahrungen des Zweiten Weltkriegs sollten hier Frieden stiftende, ökumenische, internationale Begegnungen möglich werden. Gottesliebe und Menschenliebe gehören untrennbar voneinander zur Spiritualität Taizés.

1960 fand die erste internationale Jugendbegegnung mit 1400 Jugendlichen aus 30 Ländern statt. In Taizé leben und arbeiten Mönche und Gäste in großer Gemeinschaft zusammen. Sie feiern liturgische Andachten, in denen neben Schriftlesungen kurze Lieder mit eingängiger Melodie in verschiedenen Sprachen gemeinsam gesungen werden. Sie tauschen sich in Jugendseminaren und Bibelarbeiten zu bestimmten religiösen und ethischen Themen aus.

Anglican Church Planting Initiative

SIMONE MECHELS
Jahrgang 1968, seit 2008 Landesjugendpfarrerin und Leiterin des Amtes für Jugendarbeit der Evangelischen Kirche im Rheinland; vorher Gemeindepfarrerin in Wuppertal mit dem Schwerpunkt Kinder- und Jugendarbeit und stellvertretende Skriba im Kreissynodalvorstand.

Ihre direkten Wurzeln hat die Jugendkirchen-/Jugendgemeindenbewegung in der anglikanischen Kirche. Dort gab es in den Achtzigerjahren durch finanzielle Krisen und einen enormen Kirchenmitgliederschwund große existenzielle Einbrüche im bisherigen kirchlichen Leben. Die Analyse war eindeutig: Das bisherige parochiale, auf kleine Gemeindestrukturen begrenzte Versorgungsmodell würde nicht mehr tragen. An seiner Stelle entstand ein neues, dem missionarischen Gemeindeaufbau zugeordnetes Sendungsmodell unter dem Namen »Anglican Church Planting Initiative« (anglikanische Gemeindepflanzungsinitiative). »In einem kirchlich wenig erreichten Gebiet (geografisch) oder für eine der Kirche entfremdete Gruppe von Menschen (sozial/kulturell) entsteht als Pflanzung einer Muttergemeinde, im Wesentlichen getragen und verantwortet von Laien, eine neue Gemeinde, die in der Gestaltung des Gemeindealltags der Zielgruppe entspricht und dabei am Missionsauftrag (Wort und Tat) orientiert ist.«[20]

[20] Vgl. Bob Hopkins/ Richard White: »Praxisbuch Gemeinde pflanzen«, Neukirchen-Vlyn 1999, S. 4.

Das heißt: Eingebunden in die Strukturen einer Muttergemeinde entstanden neue, kleine, zielgruppenorientierte Gemeinden, ein Teil dieser neuen Gemeinden waren verschiedene Jugendkirchen. Von diesen Entwicklungen beeinflusst entwickelten sich später auch auf deutschsprachigem Gebiet immer mehr Jugendkirchen/Jugendgemeinden – evangelische, katholische, in verfasster Kirche verankert oder in Trägerschaft freier Gemeinden oder Vereine.

Jugendreligiosität und -spiritualität in Fakten und Zahlen

Jugendkirchen/Jugendgemeinden entstanden in unterschiedlichen christlichen Prägungen, hatten unterschiedliche Formen, aber ein Gedanke war verbindend: »Wie können wir junge Menschen, die in ihrer eigenen Kultur leben und keinen Zugang zur ›Kirchenkultur‹ mehr finden, erreichen und die Verkündigung des Evangeliums mit der modernen Jugendkultur, mit ihrer Lebenswelt verbinden?«[21] Da liegt gewiss die Frage nahe: Warum finden Jugendliche keinen Zugang mehr zur »traditionellen Kirchenkultur«? Dabei ist es ein Irrtum zu denken, Jugendliche hätten keine Sehnsucht nach Spiritualität oder Jugendliche seien nicht religiös. Viele Jugendliche sind nicht mehr monoreligiös, nicht mehr an eine einzige Religion gebunden, sondern suchen sich im »Patchwork-Verfahren« die religiösen Elemente heraus, die zu ihrer momentanen Lebenssituation passen.

Laut SHELL-Jugendstudie[22] sind rund 50% der Jugendlichen religiös im Sinne einer einzigen Glaubensüberzeugung, davon 30% sehr religiös (in kirchlichem Sinne: Sie glauben an einen persönlichen Gott), 19% glauben an eine überirdische Macht. Unsicher sind 23% und ablehnend 28%. Auch ist es falsch zu denken, Jugendliche lehnten »Kirche« per se ab. Von den Jugendlichen, die an einen persönlichen Gott glauben, finden 89% gut, dass es Kirche gibt. Trotzdem haben den Gottesdienst in den letzten vier Wochen 60% gar nicht, rund 20% einmal und circa je 10% zwei- oder dreimal besucht. Aber auch 47% der Jugendlichen, die sich selbst als Atheisten bezeichnen würden, fanden gut, dass es Kirche gibt.
Das Dilemma liegt weniger bei einer grundsätzlichen Ablehnung von Kirche als vielmehr an diesem Punkt: »Die Kirche hat keine Antworten auf die Fragen, die mich wirklich bewegen!« Das sagten fast die Hälfte der gläubigen Jugendlichen (40%) und 89% der nicht gläubigen Jugendlichen. Hinzu kommt sicher, dass Kirche im traditionellen Sinn und insbesondere der Gottesdienst in Sprache, Musik, Stil und Lebenskultur weit weg ist von jungen Menschen.

Jugendlichen eine Heimat bieten

Wir wünschen uns, dass Jugendliche eine Heimat in unserer Kirche haben. »Heimat finden« heißt häufig, dass sich Menschen an die vorgefundenen Gegebenheiten anpassen und dadurch irgendwann zur Gemeinschaft gehören. Jugendkirchen und Jugendgemeinden haben das Prinzip auf den Kopf gestellt. Sie sagen: Bei uns gehören Jugendliche dazu, so wie sie sind. Jugendkirchen und -gemeinden leben von dem, was Jugendliche mitbringen. Ihre Gestalt ist geprägt von den Gesichtern, von

[21] Anne Winter/Ulrich Schwab: »Projekt Jugendkirche – ein starkes Stück Kirche«, Zwischendokumentation, Stuttgart 2005, S. 33.

[22] Klaus Hurrelmann/Mathias Albert (Hrsg.): 15. SHELL-Jugendstudie »Jugend 2006«, Frankfurt/Main.

den Lebenswelten und Anschauungen der jungen Menschen selbst, sie sind die Jugendkirche. Jugendkirchen und Jugendgemeinden wollen nicht bisherige Gemeindeformen und auch nicht andere Modelle evangelischer Jugendarbeit ablösen, sie wollen nicht Konkurrenz sein, sondern häufig überregional, übergemeindlich das spirituelle Angebot ergänzen und Jugendliche erreichen, die keinen Zugang zu den bisherigen Gemeindeformen gefunden haben. [23]

[23] Vgl. Yvonne Brück/ Claudio Gnypek: »projekt jugendkirche wuppertal«, Ein Interview, in: »Thema Gottesdienst«, Hrsg.: Arbeitsstelle für Gottesdienst und Kindergottesdienst – Bereich Gottesdienst, 27/2007, S. 29.

Wohnzimmer statt Partykeller

In vielen Gemeinden gibt es gut etablierte Jugendgottesdienste, zum Teil von Erwachsenen vorbereitet und durchgeführt. Oft aber auch von Jugendlichen für Jugendliche, mit beruflich Mitarbeitenden im Hintergrund, die den Akteurinnen und Akteuren zuarbeiten. Solche Projekte und Entwicklungen sind absolut zu befürworten. Trotzdem darf man sich der kritischen Frage nicht entziehen, ob solche Jugendgottesdienste wirklich eine spirituelle Heimat bieten können. Finden sie doch oft in viel größeren Abständen statt als »normale Sonntagsgottesdienste« und tragen eher einen Eventcharakter. Um ein Zuhause zu finden, braucht man aber ein Wohnzimmer, keinen Partykeller! Das heißt, es bedarf einer größeren Alltäglichkeit als der eines Ausnahmezustandes. Jugendkirchen und Jugendgemeinden wollen solch ein verlässliches Zuhause bieten. Dabei steht die Partizipation Jugendlicher, das «Selbstgestalten« im Vordergrund. Es ist zielgruppenorientiert, nicht generationenübergreifend, sondern bewusst von und für Jugendliche unter Zuarbeit und Mitwirkung von pädagogisch oder theologisch beruflich Mitarbeitenden. Die Aufgabe der Hauptberuflichen ist ein »leading from behind«, ein Zuarbeiten, ein(e) verlässliche(r) Ansprechpartnerin/ Ansprechpartner zu sein, authentisch das Leben und den eigenen Glauben zu gestalten, Beziehungsarbeit zu leisten.

Jugendkirche – und was dann? Eine Herausforderung für die Kirche

Wenn Jugendliche in einer Jugendkirche oder Jugendgemeinde Heimat gefunden haben, wachsen sie in einem solchen Projekt und werden älter. Was geschieht mit den Menschen, die aus einem Jugendkirchenprojekt herauswachsen? Vielleicht finden sie als junge Erwachsene Kontakte zu anderen Kirchengemeinden, vielleicht ist ihnen aber auch die traditionelle Kirche fremd geblieben. Rolf Ulmer schreibt dazu: »Für die

Kirche stellt sich hier die Herausforderung, anschlussfähig zu werden für die Menschen, die den Jugendkirchen entwachsen sind. An der Weiterentwicklung des Sonntagsgottesdienstes mit Formen der Beteiligung, einem breiteren Spektrum an musikalischer Gestaltung und einem ganzheitlichen und gemeinschaftlich orientierten Konzept führt kein Weg vorbei.« [24]

Da ist mehr drin

Auch in der Schule sind spirituelle Erfahrungen möglich, wenn es entsprechende Angebote gibt | Von Heribert Rösner

Bietet die Schule der Spiritualität Raum, also »dem Einkehren in Gottes Licht, dem Heimkehren in seinen Geist, dem Staunen vor seinem Geheimnis«? [25] Ist es möglich, dass in und durch die Schule ein Fenster geöffnet werden kann hin zu der Einsicht, dass die Welt und das Leben an sich eine größere »spirituelle« Tiefe besitzen, als auf den ersten Blick erkennbar ist? Mit anderen Worten: Kann die Frage nach Gott, kann die Erfahrung Gottes in der Schule zu bestimmten Zeiten ins Zentrum rücken; in einer Einrichtung, in der vermeintlich nichts so sehr im Mittelpunkt steht wie der Mensch bzw. seine Ausbildung?

Zuallererst: Ja, das ist möglich! Spiritualität, die Erfahrung von Gottes Geist, findet in dieser Welt statt. Jesus hat mit seinen Worten und Taten stets deutlich gemacht, wie nah Gott den Menschen im Alltag kommen kann. Und nicht zuletzt hat die erneute Betonung des Evangeliums in der Reformation diese Wahrheit wieder zum Klingen gebracht: Die Liebe Gottes zielt auf mich, genau so, wie ich bin, und genau dort, wo ich bin. Ich muss mich nicht verändern, ich muss nicht meinen Alltag verlassen, damit Gottes Liebe mich erreicht.

Schule – Ort täglichen Grauens oder bewusst gestalteter Lebensraum

Warum also sollte der Geist Gottes nicht auch in der Schule anzutreffen sein, dem Ort, an dem Jugendliche (und Lehrer/-innen) einen großen Teil ihres (All-)Tags verbringen? Hier wird manche vielleicht einwenden, dass die Schule kein herausragender Ort spiritueller Erfahrung ist, weil sie das selbst nicht erlebt hat und daher meint, dass das grundsätzlich

[24] Vgl. Yvonne Brück/ Claudio Gnypek: »projekt jugendkirche wuppertal«, Ein Interview, in: »Thema Gottesdienst«, Hrsg.: Arbeitsstelle für Gottesdienst und Kindergottesdienst – Bereich Gottesdienst, 27/2007, S. 29.

[25] Wolfgang Huber: »Der christliche Glaube. Eine evangelische Orientierung«, Gütersloh 2008, S. 176.

Heribert Rösner

Jahrgang 1963, als Schulpfarrer in Leverkusen tätig. Landespfarrer für Schülerinnen- und Schülerarbeit bis Januar 2009, in diesem Zusammenhang bei der Evangelischen Schüler- und Schülerinnenarbeit im Rheinland verantwortlich für Orientierungs- und Reflexionstagungen für Schüler und Schülerinnen, den Ausbau der internationalen Jugendarbeit durch Workcamps in Rumänien, Fortbildungen für Multiplikatoren u. a. Schauspielausbildung an der teaterschool Nijmegen, Niederlande, und abgeschlossenes Studium der Spiel- und Theaterpädagogik an der Hochschule der Künste, Berlin.

nicht möglich ist. Es ist tatsächlich schwer, sich die Schule als einen möglichen Ort spiritueller Erfahrung vorzustellen, wenn man selbst Schule z. B. eher als Zwangseinrichtung erlebt hat, als Kampfplatz um Zensuren, als unwirtliches Gebäude oder als Versammlungsort genervter Schülerinnen und Schüler, Lehrerinnen und Lehrer, denen nur ein Ziel gemein war, nämlich den Ort des täglichen Grauens so schnell wie möglich zu verlassen. Leider gibt und gab es diese Erfahrungen. Und leider wird es diese Erfahrungen auch immer wieder geben, weil Schule neben strukturellen Vorgaben insbesondere von den Menschen geprägt wird, die sich alltäglich dort mit ihren Stärken und Schwächen zusammenfinden. Es sind Menschen, die ein kompliziertes Beziehungsgeflecht bilden, das gut oder auch nicht so gut funktionieren kann.

Dass Schule entscheidend von den dort handelnden Menschen geprägt wird, birgt aber nicht nur ein Risiko, sondern hat auch den unschätzbaren Vorteil, dass sich immer wieder Chancen für neue Entwicklungen auftun. Wenn Jugendliche und Erwachsene es wollen, kann Schule mehr als bloßer Lern- und zufälliger Alltagsraum sein. Dann ist sie ein bewusst gestalteter Lebensraum, der eine Fülle von Möglichkeiten birgt – für alle Beteiligten und in jeder Hinsicht. Dann ist Schule auch ein Ort religiösen Lernens und Handelns.

Die Voraussetzungen dafür sind gut: In und mit der Schule verbringen Jugendliche einen Großteil ihrer Zeit. Hier treffen sie in der Regel ihre Freunde und Freundinnen und hier erhalten sie wichtige Anstöße für die Entwicklung ihrer Persönlichkeit. Und nicht zuletzt bringen sie ihre Hoffnungen und Sorgen, ihre schönen oder ihre bedrückenden Erfahrungen und ihre Fragen und Vorstellungen in Bezug auf Gott mit.

Schule ist schließlich nicht nur Unterrichtszeit. Pausen, Freistunden, Projekttage, Exkursionen und Klassenfahrten, freiwillige Arbeitsgemeinschaften am Nachmittag, diverse Feste und Feiern bieten Raum und Zeit für Begegnung und Bildung. In diesem Rahmen können auch Fenster für spirituelle Erfahrungen geöffnet werden, bei entsprechenden Ereignissen oder wenn sich Personen als Impulsgeber finden. Häufig übernehmen die Religionslehrer/-innen und Schulpfarrer/-innen die Initiative oder greifen ein äußeres Ereignis auf. Hier lohnt es sicher für Gemeinden, bei den Schulen der eigenen Nachbarschaft genau hinzuschauen, welche besonderen spirituellen Formen sich dort etabliert haben. Welche konkreten spirituellen Angebote an der Schule bestehen bzw. welche Angebote gemacht werden können, darüber gibt es bereits reiche Literatur, die an dieser Stelle gar nicht umfassend aufbereitet werden kann.[26] Die Ausführungen in diesem Artikel können deswegen auch nur Beispielcharakter haben.

Die meisten Kinder werden vom Religionsunterricht erreicht

Beim Thema »Religion und Spiritualität an der Schule« wird man natürlich zuerst an den Religionsunterricht denken. Er nimmt von allen religiösen Angeboten an der Schule die erste Stelle ein, wenn es um Kontinuität und Breitenwirkung geht. Denn in der Regel findet der evangelische Religionsunterricht durchgehend während der ganzen Schullaufbahn statt. Ausnahmen davon werden erst gemacht, wenn zu wenig Religionslehrer/-innen an einer Schule zur Verfügung stehen. Statistiken zeigen, dass die meisten evangelisch getauften Kinder und Jugendlichen vom evangelischen Religionsunterricht erreicht werden, zudem auch Ungetaufte sowie Kinder und Jugendliche anderer Konfessionen und Religionen.

Natürlich bietet der Religionsunterricht die Möglichkeit für spirituelle Erfahrungen z. B. durch Gebete und meditative Angebote. Vertiefende Projekte können aber häufig aufgrund mangelnder äußerer Bedingungen, wie etwa ungeeignete Räume, zu große Kursgruppen nicht gemacht werden. Nur wenige Schulen verfügen z. B. über einen ausgewiesenen Meditationsraum.

Damit ist das Thema Spiritualität für den Unterricht aber nicht erledigt. Denn der Religionsunterricht macht »sprachfähig« in Sachen Glauben bzw. Spiritualität. Kinder und Jugendliche lernen Begriffe, (biblische) Geschichten, Zusammenhänge und praktische Auswirkungen des Glaubens kennen, sodass sie ihren eigenen Glauben entwickeln und ihm Gestalt geben können. Glauben und spirituelle Praxis bedürfen neben einer unverfügbaren Grunderfahrung auch einer rituellen Praxis und einer in Worte zu fassenden Umschreibung dessen, was einer/einem im Glauben widerfährt. Wie zum Erlernen einer Fremdsprache das Vokabellernen gehört, so gehört zum Erlernen einer »Sprache des Glaubens« auch die Beschäftigung mit den Grundlagen und Begrifflichkeiten der Religion.

[26] Als ein gutes Beispiel sei hier genannt: »Und Tschüss! – Ideen zum Abschied. Spirituelle Momente (nicht nur) im Berufskolleg«. Hrsg.: Pädagogisch-Theologisches Institut der EKiR, erarbeitet von der Projektgruppe »Spirituelle Momente im Berufskolleg«, Düsseldorf 2007.

Dafür bietet der Religionsunterricht ein weites Feld, an dem sich auch Kirchengemeinden beteiligen können.[27] So gibt es für den Bereich der Grundschulen in NRW etwa die Möglichkeit, nach Absprache mit der Schulleitung eine »Kontaktstunde« in Verantwortung der Kirchengemeinde zu gestalten. Das kann eine Schulstunde pro Woche sein oder auch eine längere Einheit im Monat. Warum z.B. nicht einmal einen Kinderbibeltag in der Schule beginnen lassen? Während einer Schulstunde könnte ein biblisches Thema als improvisiertes Mitspieltheater angerissen werden und die Kinder für die Fortsetzung an einem folgenden Wochenende in die Kirchengemeinde eingeladen werden.

Darüber hinaus sind weitere Kooperationen zwischen Schule und Kirchengemeinde in Bezug auf den Religionsunterricht aller Schulformen möglich. Zum Thema »Kirche« kann eine pädagogische Begehung der Kirche stattfinden oder zum Thema »Sterben und Tod« eine Mitarbeiterin aus der Hospizarbeit in den Unterricht eingeladen werden.

Frühschichten in der Passionszeit, Taizé-Gebete und Bibellese

Neben dem Religionsunterricht sind die Schulgottesdienste am besten ins Schulleben integriert. Einschulungsgottesdienste genießen eine hohe Akzeptanz, gefolgt von Gottesdiensten anlässlich des Endes der Schulzeit. Daneben gibt es u.a. Gottesdienste zu Weihnachten oder anlässlich einmaliger Ereignisse, z.B. beim Tod eines Schülers oder einer Lehrerin. Leider nimmt mit zunehmendem Alter der Kinder und Jugendlichen das Angebot der Schulgottesdienste ab, auch weil die schulischen Anforderungen zu- und entsprechende Freiräume abnehmen. Als einen Grund bekommt man häufig zu hören, dass Jugendliche mit zunehmendem Alter immer schwieriger würden und Gottesdienste dann »nichts mehr bringen«. Natürlich ist der Umgang mit Jugendlichen in der Pubertät nicht immer einfach. Jugendliche lassen sich dann nicht mehr so gut mit traditionellen Gottesdiensten ansprechen. Das heißt aber nicht, dass damit auch jegliches Interesse an Glauben und spiritueller Praxis erloschen ist. Statt zu resignieren geht es vielmehr darum, jugendgemäße Gottesdienste und andere spirituelle Formen zu finden – wie es vielerorts bereits getan wird. Das können etwa besinnliche Zusammenkünfte vor Schulbeginn in der Passionszeit sein, sogenannte »Frühschichten«. Oder es ist das wöchentliche Taizé-Gebet[28] in einer Kir-

[27] *Laut Kirchenordnung der EKiR, Artikel 81, ist die Gemeinde sogar verantwortlich für den Religionsunterricht.*

[28] *Im Dorf Taizé in Frankreich begründete Frère Roger 1949 eine ökumenische Mönchsgemeinschaft, die Jugendliche einlädt, eine Woche am Klosterleben und den charakteristischen Gebeten teilzunehmen.*

che vor der ersten Schulstunde, oder es sind Bibelkreise, die sich zur regelmäßigen Bibellese in den großen Pausen treffen, meistens unter Anleitung älterer Schüler/-innen.

Kooperationen zwischen Schule und Gemeinde

Das Schulleben spielt sich zwar weitestgehend in den Schulgebäuden und auf dem Schulhof ab, ist aber nicht darauf reduziert. Exkursionen, Klassenfahrten usw. sind das Schulleben bereichernde Aktivitäten, die ohne den Raum der Schule auskommen. Hierhin gehören auch die »Orientierungs- und Reflexionstagungen«.[29] Das sind in der Regel dreitägige Seminare für Klassen oder Kursgruppen, die außerhalb der Schule, zumeist in einer nicht ortsnahen Jugendbildungsstätte, durchgeführt werden. Dabei handelt es sich nicht um eine Fortsetzung des Unterrichts. Vielmehr steht ein von den Schüler/-innen gewähltes Thema im Mittelpunkt, bei dessen Erarbeitung auch Methoden zum Zuge kommen, die in der Schule wegen Raum- oder Zeitmangel nicht infrage kommen. Im Idealfall hat eine Person die Leitung inne, die die Schüler und Schülerinnen nicht aus dem Schulunterricht kennt; also etwa die Gemeindepfarrerin oder der örtliche Jugendleiter. Wie intensiv religiöse bzw. spirituelle Zugänge geöffnet werden, hängt wesentlich von den beteiligten Jugendlichen ab. Erfahrungsgemäß ist aber der größte Teil von ihnen während der Tagung bereit, sich auf entsprechende Angebote einzulassen. Ein lohnendes Kooperationsprojekt zwischen Schule und Kirchengemeinde ist es allemal!

Vor allem Ganztagsschulen brauchen das Engagement der Gemeinden

Spiritualität an der Schule? Da ist viel drin. Welche konkreten Angebote es an einer Schule noch geben kann, hängt von den Rahmenbedingungen und nicht zuletzt vom persönlichen Engagement derjenigen ab, die solche Angebote anregen und tragen. Religionslehrer/-innen und Schulpfarrer/-innen sind in der Regel sehr engagiert, was Aktivitäten außerhalb des Regelunterrichts betrifft, besitzen aber nur begrenzte Ressourcen an Zeit und Kraft. Um aber z. B. ein Schülercafé mit Verkündigungselementen zu betreiben oder eine deutsch-israelische Schülerbegegnung durchzuführen, braucht es Menschen, die verantwortlich mittun, die sich gut kennen und einander vertrauen. Natürlich könnten dann auch, nach Rücksprache mit der Schulleitung, Gemeindepfarrerinnen und Jugendleiter, Kirchen-

[29] Andere Bezeichnungen sind »Tage religiöser Orientierung«, »Schulendtage«, »Klassentagungen« etc. Vgl. auch: »Zeit Räume Öffnen. Werkheft zu Orientierungs- und Reflexionstagungen«; hrsg. von Herribert Rösner im Auftrag der Evangelischen Schüler- und Schülerinnenarbeit im Rheinland, Düsseldorf 2003.

musiker und Presbyterinnen Projekte an der Schule begleiten – wie jedes andere Gemeindemitglied auch. Vorausgesetzt, dass sie die Schule als eine Chance für die Kirche als ganze und die Kirchengemeinde im Besonderen sehen. Vor allem die sich abzeichnende Entwicklung der Ganztagsschule als flächendeckendes Angebot bei allen Schulformen bietet ganz neue Chancen und Möglichkeiten für kirchliches Engagement, das von den Schulen in der Regel begrüßt wird. Ein guter Anfang könnten regelmäßige Einladungen von Religionslehrer/-innen und Schulpfarrer/-innen in die Gemeinden und Presbyterien sein.[30] Es sind schließlich die gleichen Jugendlichen, die am Morgen in der Schule sind und die man am Nachmittag und an den Wochenenden in die Gemeinde einladen möchte.

[30] *Kirchenordnung der EKiR, Art. 81(4): »Die Gemeinde unterstützt die Lehrer und Lehrerinnen, die in der Schule Religionsunterricht erteilen.«*

La Ola im Gottesdienst

Wie Spiritualität auf Großveranstaltungen wirken kann | Von Sabine Zoske

22. Deutscher Evangelischer Kirchentag in Frankfurt. 85 000 Menschen nehmen bei strahlendem Sonnenschein am Abschlussgottesdienst teil. Der südafrikanische Theologe Allan Boesak, damals Präsident des Reformierten Weltbundes, predigt über die Offenbarung des Johannes, Kapitel 21: »Und ich sah einen neuen Himmel und eine neue Erde; denn der erste Himmel und die erste Erde sind vergangen …« Die Vision, die schon der Prophet Jesaja hatte (Kap. 65) und die in der Offenbarung auf das Bild vom neuen Jerusalem hinausläuft, die Stadt, in der Gott alle Tränen abwischen wird und in der es kein Leid und kein Geschrei und keinen Schmerz mehr geben wird.

Allan Boesak spricht davon, wie nötig es sei, dass Himmel und Erde erneuert werden. Diese Erde werde verpestet vom Qualm der Fabrikschlote und der Strahlung der Atomreaktoren[31] und zu diesem Himmel schreie das Blut der Erschlagenen, Verfolgten und Gequälten. Und dann kommen die Sätze, die uns von den Sitzen reißen:
»Das neue Jerusalem ist keine künftige Welt irgendwo anders. Nein, das neue Jerusalem kommt vom Himmel in diese Wirklichkeit … Es braucht nicht auf die Ewigkeit zu warten. Dieses neue Jerusalem wird aus der Asche all dessen entstehen, was heute ›Pretoria‹ heißt.«

[31] *Der GAU von Tschernobyl war gerade anderthalb Jahre her.*

Unendlicher Jubel erfüllte damals das Frankfurter Waldstadion, zum ersten Mal auf einem Kirchentag machte la Ola, die Welle, die Runde. Wir alle waren zutiefst einig mit Allan Boesak, mit uns, mit Gott: Die Apartheid muss verschwinden und sie wird verschwinden. Ein paar Jahre später war es vorbei mit dem, »was heute ›Pretoria‹ heißt« ...

Ein Moment der Begeisterung

Es war ein Moment höchster politischer und theologischer Begeisterung, den wir damals erlebten. Und ein zutiefst spiritueller Augenblick, der mich bis heute nicht losgelassen hat. Es war ein Moment, auf den alles zutraf, was Fulbert Steffensky 2005 auf dem Kirchentag in Hannover zum Thema Spiritualität gesagt hat[32]: Wir erlebten eine »geschenkte Erfahrung«. Einen Augenblick »gebildeter Aufmerksamkeit«, in dem wir »den Schmerz Gottes im Schmerz der Menschen« lasen und die Hoffnung teilten, dass er Leid und Geschrei und Schmerz in Südafrika beenden werde – auch mit unserer Hilfe, mithilfe unserer Solidarität mit den Opfern der Apartheid. Wir gingen aus uns heraus – und waren ganz »da«.

Natürlich war da viel Harmonie, wir waren uns ja einig. Aber es war nicht diese Harmonie, die ihre süßlich-klebrige Soße über all die Verwüstungen, all die Zerstörung gießt, die Unterdrückung und Ausbeutung anrichten und unter denen die Schöpfung stöhnt (Röm 8,22). Sondern die Harmonie, die uns imstande bleiben ließ, von uns selbst wegzuschauen und hinter den Leiden dieser Zeit (Röm 8,18) die Schönheit der Zukunft Gottes mit den Menschen zu sehen, sozusagen ein Stückchen seines Reiches der Gerechtigkeit und des Friedens.

Wie gesagt, es war ein wunderbarer Augenblick. Ich habe seitdem immer wieder einmal ähnliche Momente erlebt, auf anderen Kirchentagen und auch während der beiden Tage rheinischer Presbyterinnen und Presbyter, die die Evangelische Kirche im Rheinland inzwischen veranstaltet hat. Aber dieser war für mich ein Schlüsselerlebnis. Denn er hat mich gelehrt, dass es tatsächlich so etwas gibt: Spiritualität auf Großveranstaltungen. Nicht nur in den Räumen der Stille und in den Foren und Workshops, in denen es um das »Handwerk Spiritualität« geht, von dem Steffensky[32] spricht, sondern unverhofft in einem Augenblick, der Geist-

[32] *Fulbert Steffensky: »Die große Sehnsucht – Suche nach spiritueller Erfahrung«, in: »Fest des Glaubens, Forum der Welt. 60 Jahre Deutscher Evangelischer Kirchentag«. Hrsg. im Auftrag des Deutschen Evangelischen Kirchentages von Rüdiger Runge und Ellen Ueberschär, Gütersloh 2009, S. 199–205.*

[32] a.a.O.

Dr. Sabine Zoske
Jahrgang 1955, Pfarrerin, Theologische Referentin im Landeskirchenamt der Evangelischen Kirche im Rheinland. Zuständig für die Bereiche Ehrenamt, Frauenarbeit, Kirchliches Leben in der Freizeitwelt. Bis Oktober 2009 Mitglied im Präsidium des Dachverbands Evangelische Frauen in Deutschland.

liches und Politisches so zusammenführte, dass wir inspiriert, begeistert waren. Damit, mit Inspiration und Begeisterung, hat Spiritualität auch zu tun, und nicht nur aus Gründen der Wortverwandtschaft.

Geistes-Gegenwart bei Massenbegeisterung

Natürlich weiß ich, dass es gerade in solchen (Zu-)Fällen darauf ankommt, sehr genau hinzuschauen und die Geister zu unterscheiden (1 Kor 12,10), die eine/einen da bewegen. Massenbegeisterung und Massenharmonie sind an sich nichts Gutes. Sie können missbraucht werden, sie können manipuliert werden und bedrohlich sein. Spiritualität auf Großveranstaltungen muss darum immer auch Spiritualität mit klarem Kopf sein. Und diejenigen, die diese Momente der Inspiration, der Begeisterung (bewusst oder unbewusst) »herstellen«, müssen einen noch klareren Kopf haben, müssen noch mehr von sich selbst wegschauen können, müssen noch mehr »bei der Sache« sein als die, die sie bewegen. Und: Die »Sache« muss tatsächlich eine im öffentlichen Diskurs überprüfbar gute sein. All das ist umso wichtiger, als auf Großveranstaltungen die Entscheidung über die Richtung, in die eine Masse Menschen sich bewegt, in Sekundenschnelle fällt. Es ist – in beiderlei Wortsinn – Geistes-Gegenwart nötig, damit der Moment der Begeisterung ein guter wird und bleibt.

Ich glaube noch heute, dass ich damals in Frankfurt einen solchen guten Augenblick der Begeisterung erlebt habe.

STICHWORTVERZEICHNIS
BILDNACHWEIS

A

Aaronitischer Segen | 48f., 55
Abendmahl | 124
Aberglauben | 39
Abschiedsraum | 191
Amen | 48
Andacht | 106, 125ff.
Anfechtung | 20, 56f., 112
Arndt, Johann | 59
Auferstehung | 116
Augustinus | 63, 123

B

Bach, Johann Sebastian | 120
Barmer Theologische Erklärung | 26
Begeisterung | 223f.
Behinderung | 137ff.
Beichte | 127ff.
Bekreuzigen | 122
Berendt, Joachim-Ernst | 60
Bibliodrama | 30, 93f., 141f.
Biografiearbeit | 74
Boesak, Allan | 222
Bonhoeffer, Dietrich | 24, 64, 110, 135f.

C

Calvin, Johannes | 59
Cardijns, Joseph Kardinal | 22
Christologie | 58f.
Citykirche | 159ff.
Clairvaux, Bernhard von | 57

D

Darwin, Charles | 159
Dionysius Aeropagita | 57

Dreifaltigkeit | 17
Dreimal-Heilig | 32
Dürkheim, Karlfried Graf | 136

E

Einkehrarbeit | 149f.
Einkehrtage | 30
Enomiya-Lassalle | 136
Exerzitien | 30

F

Familienfreizeit | 82
Familiengottesdienst | 81
Familienkirche | 81
Fasten | 133
Frömmigkeit | 36, 38ff.
Fußwaschung | 73

G

Gebärdengebet | 70
Gebet | 51ff., 69ff., 121, 131ff.
Gebetshaltung | 89f.
Geistliche Begleitung | 27f.
Gemeindeaufbau | 100
Gerhardt, Paul | 64ff.
Glaubenserfahrung | 17ff.
Glaubenshilfe | 100
Glaubenskurs | 101, 172f.
Glockenläuten | 121
Gospel | 60
Gottesbild | 85ff.
Gottesdienst | 119ff.

H

Halleluja | 48
Heiliger Geist | 105ff.
Heiligkeit | 32ff.
Herzensgebet | 54, 134
Hildegard von Bingen | 61
Hüsch, Hanns Dieter | 76

I

Inkarnation | 18

J

Jenseits | 60
Jesusgebet | 54, 134
Judentum | 47ff.
Jugendkirche | 211ff.
Jungschar | 81

K

Kinderbibeltag | 81
Kindergottesdienst | 81, 85
Kirchenmusik | 60ff.
Kirchentag | 222f.
Klepper, Jochen | 64, 66, 115
Kommunität | 143ff.
Konfirmation | 81
Kontemplation | 21, 89, 131ff.

L

Lebenshilfe | 10
Lebenswortgruppe | 30, 145
Leibarbeit | 18, 70
Leibspürübung | 89
Leitbild | 100

Lobpreislieder | 60
Luther, Martin | 19f., 22, 33, 34, 37, 39, 48, 52, 56ff., 62f., 112, 119, 122, 127

M

Meditation | 21ff., 89, 131ff.
Meditativer Tanz | 91, 184ff.
Melanchthon, Philipp | 59
Messias | 47
Mirjamsonntag | 72
Missbrauch | 41ff.
Motorradgottesdienst | 207f.
Musik | 60ff., 123

N

Nächstenliebe | 23

O

Oase-Gottesdienst | 170f.
Ökumene | 67
Olearius, Johann | 33, 119
Ostertag, Silvia | 61
Otto, Rudolf | 32, 34f., 136

P

Pietismus | 36
Pilgern | 30, 76, 90f., 155f.
Pflege | 199ff.
Pneumatologie | 58f.
Polizeiseelsorge | 195ff.
Potter, Philip | 24
Presbyterium | 105
Psalm | 49f, 113f.

R

Rechtfertigungslehre | 36, 143
Reformation | 56, 59, 63, 135
Religionsunterricht | 219

S

Sakraler Tanz | 91, 184ff.
Säkularität | 78
Salbung | 73, 91ff., 192
Schöpfungsauftrag | 24
Schuld | 128
Schule | 217ff.
Schulgottesdienst | 81
Seelsorge | 27, 41ff., 64
Segen | 55
Segnung | 73, 91f, 192
Shabbat | 48
Sölle, Dorothee | 71, 109
Spiritualität, feministische | 72ff.
Spiritualität, männliche | 76ff.
Steffensky, Fulbert | 5, 65, 223
Stille Zeit | 151f.
Sterben | 177f.
Stille | 89
Stille Tage | 30
Stille, Haus der | 198
Stille, Raum der | 197f.
Stundengebet | 54

T

Tagzeitengebet | 54
Taizé | 168f.
Tanz | 70, 73f., 91
Taufe | 80
Tauler, Johannes | 57

Tersteegen, Gerhard | 33, 64, 132f., 135
Thomasmesse | 167f.
Tillich, Paul | 34
Tod | 175ff.
Trauer | 175ff.

V

Vaterunser | 50, 52

W

Wallfahrt | 90f.
Weltgebetstag | 25f., 72
Weltverantwortung | 25f.
Werkgerechtigkeit | 17
Wertschätzung | 104
Wiedereintrittsstelle | 163
Worship-Night | 171f.

Z

Zen | 136
Zimmerling, Peter | 60
Zinzendorf | 60, 64
Zweifel | 112f.

Bildnachweis

Ellen Bornkessel: S. 147
Deutscher Frauenrat: S. 23
Sergej Lepke: S. 161
Uwe Möller: S. 33, 42, 49, 53, 73,
77, 78, 81, 96, 142, 150, 177, 214, 224
Andre Zelck: S. 184